Verena Plutzar/Nadja Kerschhofer-Puhalo (Hrsg.)

Nachhaltige Sprachförderung

W0045771

Band 12 der Reihe

Theorie und Praxis
Österreichische Beiträge
zu Deutsch als Fremdsprache

Serie B

Herausgegeben von:

Hans-Jürgen Krumm
und Paul R. Portmann-Tselikas

Verena Plutzar/Nadja Kerschhofer-Puhalo (Hrsg.)

Nachhaltige Sprachförderung

Zur veränderten Aufgabe des Bildungswesens
in einer Zuwanderergesellschaft.
Bestandsaufnahmen und Perspektiven

StudienVerlag
Innsbruck
Wien
Bozen

© 2009 by Studienverlag Ges.m.b.H.
Erlerstraße 10, A-6020 Innsbruck
e-mail: order@studienverlag.at
Internet: www.studienverlag.at

Gedruckt mit Unterstützung durch das Bundesministerium für Unterricht, Kunst und Kultur und das Bundesministerium für Wissenschaft und Forschung in Wien.

Satz und Umschlag: Studienverlag/Manuela Weiß

Gedruckt auf umweltfreundlichem, chlor- und säurefrei gebleichtem Papier.

Bibliografische Information Der Deutschen Bibliothek
Die Deutsche Bibliothek verzeichnet diese Publikation in der Deutschen Nationalbibliografie; detaillierte bibliografische Daten sind im Internet über <http://dnb.ddb.de> abrufbar.

ISBN 978-3-7065-4618-8

Inhaltsverzeichnis

AKZENTE

Sprachförderung auf allen Bildungsstufen _____ 155

Querschnittsthemen und übergreifende Fragestellungen

Nachhaltige Sprachförderung. Zur veränderten Aufgabe des Bildungswesens in einer Zuwanderergesellschaft

Unsere Gesellschaft ist zunehmend von sprachlicher und kultureller Vielfalt geprägt und damit steht auch das Bildungswesen vor neuen Aufgaben. Die österreichische Bildungspolitik ist der Partizipation und Chancengleichheit *aller* Mitglieder der Gesellschaft gesetzlich verpflichtet und muss auf die aktuellen gesellschaftlichen Veränderungen reagieren, indem sie Konzepte entwickelt, die eine gleichberechtigte Bildungsbeteiligung *aller* in diesem Land lebenden Menschen gewährleistet. Grundlage der gesellschaftlichen Partizipation von MigrantInnen ist die Entwicklung und Förderung von Sprachkenntnissen. Maßnahmen zur Sprachförderung in allen Bereichen des Bildungssystems sind damit ein grundlegender Beitrag für gesellschaftlichen Zusammenhalt und sozialen Frieden.

Welche Veränderungen mit der Anerkennung dieser Tatsachen einhergehen und wie nachhaltige Maßnahmen zur sprachlichen Förderung umgesetzt werden, ist Gegenstand des vorliegenden Bandes, dessen Anlass die Tagung „Nachhaltige Sprachförderung" am 28. und 29. Februar 2008 in Wien war und die von rund 500 TeilnehmerInnen besucht wurde. Organisiert wurde die Tagung vom Netzwerk SprachenRechte[1], das die Entwicklung der österreichischen Migrationspolitik speziell im Hinblick auf die Sprachensituation seit 2003 kritisch begleitet.

Seit 2003 wird im Rahmen der so genannten Integrationsvereinbarung der längerfristige Aufenthalt in Österreich für Zuwandernde aus so genannten Drittstaaten[2] an den Nachweis von Kenntnissen der deutschen Sprache gebunden, die von Erwachsenen durch das Absolvieren einer Sprachprüfung auf A2-Niveau nachgewiesen werden müssen[3]. Aus menschen- und sprachenrechtlicher Perspektive ist diese Praxis untrag-

---

[1]   Das Netzwerk Sprachenrechte (www.sprachenrechte.at) setzt sich aus VertreterInnen verschiedener Fachdisziplinen (SprachwissenschafterInnen, SprachdidaktikerInnen, JuristInnen, PolitologInnen, DolmetscherInnen u.a.) und Institutionen (Universitäten, NGOs, Sprachkursanbieter, Interessensvertretungen, etc.) zusammen. Ziel des Netzwerks ist ein Informationsaustausch zu sprachenrechtlichen Fragen, die Wahrung von Sprachenrechten im öffentlichen Diskurs und die Verwirklichung interdisziplinärer Projekte.

[2]   Drittstaatsangehörige sind weder EU- noch EWR-Bürger.

[3]   Für Jugendliche können ausreichende Sprachkenntnisse durch positive Schulzeugnisse nachgewiesen werden (vgl. auch den Beitrag von Beitrag von Blaschitz/de Cillia in diesem Band).

bar, vor allem dann, wenn das Bestehen einer Prüfung nicht nur darüber entscheidet, ob die Kosten für Sprachkurse rückerstattet werden, sondern auch Bedingung für den weiteren Aufenthalt in Österreich darstellt.

Im Schulbereich gab die PISA-Studie 2000 Anstoß zu einer Diskussion rund um Sprachkenntnisse von Kindern „mit Migrationshintergrund". Das relativ schlechte Abschneiden der österreichischen Schulen wurde in der öffentlichen Diskussion mit den vergleichsweise schlechteren Leistungen von Kindern „mit Migrationshintergrund" erklärt. Sie hätten durch ihre schlechten Deutschkenntnisse wie auch durch „fehlende Bildungsaspiration" die Ergebnisse der PISA-Studie negativ beeinflusst (vgl. kritisch dazu die Beiträge von Herzog-Punzenberger und Mayer in diesem Band).

Dem durch die PISA-Ergebnisse entdeckten Handlungsbedarf begegnete die Politik nicht primär mit einer kritischen Analyse des Schulsystems, seinem Aufbau und seiner Struktur, der Ausbildung der Unterrichtenden oder seinen Lehrplänen (vgl. auch den Beitrag von Reich in diesem Band), vielmehr werden die SchülerInnen selbst und ihre Eltern, vor allem jene „mit Migrationshintergrund", verantwortlich gemacht: In einer Novellierung zum bundesweit geltenden Schulunterrichtsgesetz wird den Erziehungsberechtigten die Sorge dafür übertragen, dass die Kinder zum Zeitpunkt der Schülereinschreibung die Unterrichtssprache Deutsch soweit zu beherrschen haben, dass sie dem Unterricht folgen können (vgl. die Beiträge von Blaschitz/de Cillia und Mayer in diesem Band). Zur Überprüfung der Deutschkenntnisse wurden in einer Hauruck-Aktion Sprachstandserhebungsinstrumente entwickelt, die Vorschulkinder 15 Monate vor der Schuleinschreibung unabhängig von ihrer Muttersprache testen, um etwaigen Förderbedarf zur Herstellung von Schulreife festzustellen. Da sie aber für einsprachig aufwachsende deutschsprachige Kinder konzipiert sind, tragen sie der Mehrsprachigkeit von Kindern in keinster Weise Rechnung und sind für diese daher völlig ungeeignet. Statt den tatsächlichen sprachlichen (und kognitiven) Entwicklungsstand eines Kindes und seine Schulreife zu testen, werden mit den zur Verfügung stehenden Instrumentarien lediglich Deutschkenntnisse überprüft. Der Entwicklungsstand in der Familiensprache des Kindes, der für die weitere sprachliche Entwicklung mindestens ebenso bedeutsam ist wie die Deutschkenntnisse (vgl. den Beitrag von Brizić in diesen Band), wird dabei nicht abgebildet. Übersehen wurde bei all den Aktivitäten zudem, dass Prüfen allein noch keine Sprachförderung darstellt, sondern dass einer Sprachstandsfeststellung ein solides Förderprogramm folgen sollte.

Generell wiederholt sich in der aktuellen Integrations- und Bildungspolitik folgendes Missverständnis immer wieder: Unter „Sprache" ist Deutsch gemeint und mit „Sprachförderung" wird Deutschprüfung verstanden. Wie die Sprachprüfung für Erwachsene im Rahmen der so genannten Integrationsvereinbarung sind auch die eingesetzten Sprachtestverfahren im Vorschulbereich umstritten. Ihr Einsatz ist nicht nur grundsätzlich in Frage zu stellen, sie werden auch qualitativ ihrem Anspruch nicht gerecht (vgl. die Beiträge von Krumm und Doubek/Hrubesch/Rössl in diesem Band).

Statt eines zwangsläufig eingeengten Blicks auf „Sprache" und „Förderung" durch die Brille einer Prüfung und statt der Vorstellung, dass Deutschförderung im Rahmen einer bestimmten Zahl von Maßnahmenstunden möglich ist, müsste Sprachförderung in einer Zuwanderergesellschaft als etwas die Lebenszeit und das Lebensfeld Umspannendes begriffen werden und vorhandene Sprachkompetenzen in anderen Sprachen einbeziehen. Die Situation erfordert daher ein weit differenzierteres Vorgehen als das bisher gewählte. Punktuelle Maßnahmen reichen nicht aus, um in einer vielsprachigen Zuwanderergesellschaft die erfolgreiche Beteiligung aller Kinder und aller Erwachsenen am österreichischen Bildungssystem zu ermöglichen. Doch genau dies muss das Ziel sein, denn nur dadurch kann Chancengleichheit hergestellt und Integration und sozialer Zusammenhalt erreicht werden. Differenzierte und kontinuierliche Angebote zur Entwicklung und Förderung von Sprachkenntnissen sind daher ein Grundpfeiler für eine erfolgreiche Bildungs- und Integrationspolitik, die Vernetzung aller Akteure im österreichischen Bildungswesen ist dabei von zentraler Bedeutung (vgl. die Beiträge von Kerschhofer-Puhalo und Mohr/Haider/Ilić-Marković/ Laimer/Lasselsberger).

Nachhaltige Sprachförderung bedeutet für uns die Förderung *aller in einer Gesellschaft gesprochenen Sprachen* und nicht nur die Förderung des Deutschen. Sprachförderung muss das gesamte Sprachvermögen der Lernenden im Blick haben, und das schließt bei *allen*, nicht nur bei MigrantInnen, die Förderung von *Mehrsprachigkeit* mit ein (vgl. die Beiträge von Reich, Krumm und Herzog-Punzenberger). Dem liegt nicht nur die Erkenntnis vieler Studien zugrunde, dass die Qualität der Entwicklung von Familiensprachen einen Einfluss auf Qualität der Entwicklung der Mehrheitssprachen hat, sondern auch die Überzeugung, dass nur durch die Anerkennung und Förderung von mehrsprachiger Identität sozialer Zusammenhalt möglich ist (vgl. die Beiträge von Krumm und Brizić in diesem Band).

Nachhaltige Sprachförderung bedeutet des Weiteren, dass Sprachförderung in allen Bildungsstufen stattfindet und dass sich Bildungsangebote aufeinander beziehen und ergänzen sollen. So ist es „nachhaltig" zu nennen, wenn der Sprachentwicklungsprozess über *alle Schulstufen und Bildungsinstitutionen hinweg* gefördert wird, wenn ein berufsbildender Kurs (für Jugendliche wie auch Erwachsene) auch als Sprachförderung verstanden und gestaltet wird, und wenn – im Sinne des lebenslangen Lernens – die Bildungserfahrungen *aller Generationen* – von Kindern wie auch Erwachsenen – als sich gegenseitig unterstützend und ergänzend verstanden werden (vgl. auch den Beitrag von Sprung in diesem Band). Nachhaltige Sprachförderung muss im gesamten Bildungssystem verankert sein und die sozialen Entwicklungen in einer von Migration geprägten Gesellschaft ebenso berücksichtigen wie die Lebenswelt der Zuwandernden selbst. Die Tatsache, dass das Innenministerium für Deutschkurse und Deutschprüfungen verantwortlich ist und nicht das Bildungsministerium, ist aus einer solchen Perspektive nicht zielführend, denn das Innenministerium ist der Gewährleistung der inneren Sicherheit verpflichtet und daher für pädagogische und sprachenpolitische Fragen rund um Sprachförderung wenig kompetent.

Im Rahmen des vorliegenden Bandes erfolgt nun eine Bestandsaufnahme zur aktuellen Situation in Österreich, bei der ExpertInnen aus Wissenschaft und Praxis aus vielen verschiedenen Disziplinen und Bereichen des österreichischen Bildungswesens aufzeigen, welche Veränderungen notwendig wären, um das Ziel einer umfassenden, kontinuierlichen und nachhaltigen Sprachförderung in Österreich zu erreichen. Dieser Band bietet nicht nur eine Bestandsaufnahme zu Sprachförderangeboten und pädagogischen Ausbildungen in *allen* Bereichen des österreichischen Bildungssystems (von der Frühförderung in Kindergarten und Schule bis zur Erwachsenenbildung), sondern auch eine kritische Reflexion der aktuellen gesetzlichen Bestimmungen in der Bildungs- und Integrationspolitik sowie die Zusammenfassung der Diskussionsergebnisse der vielen Arbeitsgruppen der Tagung, die Handlungsbedarf aufzeigen und konkrete Empfehlungen für Maßnahmen zur Verbesserung der Situation geben.

Der erste Teil dieses Bandes beinhaltet die Texte zu den Plenarvorträgen der Tagung. Der zweite Teil fasst die Ergebnisse der Workshops zusammen, in denen ExpertInnen und PraktikerInnen über die aktuelle Situation in den einzelnen *Bildungsstufen* und Einsatzbereichen (vom Kindergarten über den schulischen Bereich bis zur Erwachsenenbildung, pädagogischen Ausbildungen, Elternarbeit sowie Leistungsfeststellung und Dokumentation) berichten. Hier finden sich grundsätzliche Überlegungen und *Good-Practice*-Beispiele neben Anregungen, Kritik und Forderungen zur Verbesserung der aktuellen Lage. Die *Querschnittsthemen* Mehrsprachigkeit, Geschlechtergerechtigkeit und Stärkung von Ressourcen und Kompetenzen sowie übergreifende Fragestellungen wie Leistungsfeststellung und Elternarbeit werden ebenfalls im zweiten Teil dieses Bandes reflektiert. Die Situation der *pädagogischen Fachkräfte*, denen in Sprachvermittlungs- und Sprachförderungsprozessen eine Schlüsselrolle zukommt, wird im letzten Teil des Bandes beleuchtet.

Den Beiträgen vorangestellt sind die *Mindeststandards zur nachhaltigen Sprachförderung in Österreich*. Sie wurden im Vorfeld der Tagung von einer Redaktionsgruppe (Plutzar, Krumm, Kerschhofer-Puhalo, Brizić, de Cilla und Boeckmann) erarbeitet und im Rahmen der Tagung ergänzt. Die hier publizierte Fassung ist eine ausführlichere und überarbeitete Version des Kurztextes, der von den TeilnehmerInnen zum Abschluss der Tagung verabschiedet wurde. Der Kurztext ist auf der Homepage des Netzwerks Sprachenrechte abrufbar[4]. Der Katalog *Empfohlene Maßnahmen zur Umsetzung der Mindeststandards für nachhaltige Sprachförderung* (zusammengefasst von Kerschhofer-Puhalo und Reich) ist Produkt des zweitägigen intensiven Informations- und Diskussionsprozesses im Rahmen der Tagung, an dem sich insgesamt rund 500 Menschen beteiligt haben, und fasst die Ergebnisse der Workshops der Tagung zusammen.

Das Erscheinen dieses Bandes soll Anlass sein zu überprüfen, ob und wo bereits Veränderungen in Richtung nachhaltiger Sprachförderung in Gang sind und wo weiterer Handlungsbedarf besteht. Der Band soll all jene, die an diesen Veränderungen mitwirken, in ihrer Arbeit unterstützen und die Richtung für geeignete weitere Maßnahmen weisen.

Wir stehen als Herausgeberinnen dieses Bandes für eine große Gruppe von Menschen, die mit ihrem Engagement zum Gelingen der Tagung und damit auch zum Entstehen dieses Bandes beigetragen haben. Das sind neben den BeiträgerInnen des Bandes, den Vortragenden und WorkshopleiterInnen der Tagung v.a. auch jene, die im Vorfeld der Tagung viel geleistet haben. Wir danken Verena Blaschitz, Angelika Hrubesch, Claudia Lo Hufnagl und Brigitta Vavken für die organisatorische Unterstützung, Rudi de Cillia, Elfie Fleck, Hans-Jürgen Krumm und Werner Mayer für die inhaltliche Unterstützung und schließlich Klaus-Börge Boeckmann, Katharina Brizić, Rudi de Cillia, Hans-Jürgen Krumm und Hans Reich für die redaktionelle Mitarbeit an den Mindeststandards.

Nadja Kerschhofer-Puhalo
Verena Plutzar
Juni 2009

---

[4] http://www.sprachenrechte.at

Mindeststandards zur nachhaltigen Sprachförderung in Österreich

1. Grundsätze

1. Zuwanderung bedeutet, dass die Gesellschaft kulturell und sprachlich bereichert wird. Integration ist nicht als einseitiger Prozess der Anpassung von MigrantInnen, sondern als offener und gegenseitiger Lern- und Entwicklungsprozess auch der Mehrheitsgesellschaft anzusehen, der sprachliche und kulturelle Vielfalt zulässt. In diesem Sinne ist die Anerkennung und Förderung von Mehrsprachigkeit als allgemeines Bildungsziel anzustreben.

2. Der Erwerb der deutschen Sprache ist ein notwendiger Bestandteil des Integrationsprozesses. Sprachunterricht kann jedoch eine aktive Integrationspolitik nicht ersetzen, Sprachprüfungen dürfen nicht als Mittel der Ausgrenzung missbraucht werden. Integration kann nur gelingen, wenn die Deutschförderung in ein Gesamtkonzept eingebettet ist, das auch eine gleichrangige Förderung der sozialen und beruflichen Eingliederung umfasst und MigrantInnen von Anfang an Gelegenheit zur Teilhabe an der Gesellschaft des Aufnahmelandes bietet.

3. Der Erwerb einer neuen Sprache ebenso wie das Vertrautwerden mit der neuen Gesellschaft stellen einen langfristigen Prozess dar, für den es lebensbegleitender, interdisziplinärer Angebote bedarf, die über einzelne Bildungsangebote hinausgehend auch berufliche Perspektiven bieten sowie die ökonomischen und sozialen Lebensumstände der MigrantInnen einbeziehen. Dabei sind insbesondere die unterschiedlichen Lebenssituationen von Männern und Frauen zu berücksichtigen.

4. Der Zugang zur Landessprache und Gesellschaft Österreichs wird für MigrantInnen dann leichter, wenn die österreichische Gesellschaft ihrerseits, ihre Institutionen und Medien ebenso wie die BürgerInnen insgesamt offen für sprachliche und kulturelle Vielfalt sind und wenn MigrantInnen diese Offenheit in ihrem Alltag im Aufnahmeland auch tatsächlich erleben können.

2. Forderungen

2.1. Mehrsprachigkeit als allgemeines Bildungsziel

Nachhaltige sprachliche Bildung braucht eine Sprachenpolitik, die sich in ihren Grundsätzen zur Förderung von Mehrsprachigkeit bekennt und aktiv Maßnahmen und Strukturen schafft, die dem Recht auf Sprachen und der Entwicklung individueller Mehrsprachigkeit Rechnung tragen, anstelle ausschließlich Deutsch als Pflicht zu propagieren und einzufordern.

In der Integrationsdebatte wurde und wird immer noch von Einsprachigkeit und Deutschsprachigkeit als „Norm" ausgegangen: die spezifische Situation von MigrantInnen und v.a. ihre Mehrsprachigkeit wird im Bildungswesen nicht ausreichend berücksichtigt, Klassen mit hohen Anteilen von Kindern mit anderen Erstsprachen als Deutsch werden als „alarmierende Ausnahmen" betrachtet. Um der Norm gerecht zu werden, zielen Fördermaßnahmen daher bis dato vor allem auf das Bildungsziel „Deutschkompetenz" ab, nicht aber auf Entwicklung und Ausbau von Mehrsprachigkeit. Dass Mehrsprachigkeit ohnehin die Entwicklung der Deutschkompetenz beinhaltet, wird oftmals übersehen.

Die Notwendigkeit Deutsch zu lernen kann und darf die Anerkennung, den Erhalt und die Förderung der Herkunfts- und Familiensprachen von MigrantInnen und deren Kindern nicht in Frage stellen. Eine gut ausgeprägte Erstsprache ist v.a. für Kinder das Fundament, auf dem der Erwerb der Zweitsprache und die gesamte kognitive Entwicklung beruhen. Auch wenn diese Erkenntnisse teilweise von der Politik zur Kenntnis genommen wurden, fehlt es immer noch an einer konsequenten Umsetzung fördernder Maßnahmen im Bildungssystem.

Folgende Missstände in Bezug auf Mehrsprachigkeit sind festzustellen:

- Im Vorschulbereich orientieren sich Sprachstandserhebungen an einsprachigen deutschsprechenden Kindern, sprachliche Kompetenzen in anderen Sprachen (v.a. die Entwicklung der Muttersprache) werden dabei völlig außer Acht gelassen.
- In der Schule fehlt es an ausreichendem, differenziertem und stufenübergreifendem Deutschförderunterricht.
- Muttersprachlicher Unterricht wird nicht als vollwertiger Sprachunterricht in den Lehrplan integriert.
- Eltern werden nicht (ausreichend) in einer ihnen verständlichen Sprache und Form informiert.
- Der Umgang mit Mehrsprachigkeit und kultureller Vielfalt ist noch bei weitem zu wenig und viel zu uneinheitlich Inhalt pädagogischer Ausbildungen.

- So genannte „Integrationsprogramme" für erwachsene MigrantInnen reduzieren Integration auf den Erwerb des Deutschen in verpflichtenden Kursen.
- Die Notwendigkeit einer begleitenden sozialen Orientierung in den Sprachen der MigrantInnen wird übersehen.
- Es fehlen sprachlich angemessene Angebote beruflicher Weiterbildung, die das Lernen der Zweitsprache anhand von qualifizierenden Inhalten wie auch das Lernen *in der* Zweitsprache ermöglichen.

Ein verantwortungsvoller Umgang mit gesellschaftlicher Mehrsprachigkeit und kultureller Vielfalt im Bildungssystem erfordert hingegen
- eine flexiblere Unterrichtsorganisation auf allen Schulstufen
- Kooperation von Schulen, Volkshochschulen und anderen Kursanbietern
- kleinere Gruppengrößen, um auf spezifische Herkunftssprachen eingehen zu können
- die Entwicklung mehrsprachiger Unterrichtsmaterialien sowie die Entwicklung von sprachsensiblen und kultursensiblen Materialien
- die Bereitstellung unterschiedlicher Optionen der Sprachförderung, z.b. bilingualer Unterricht oder andere mehrsprachige Lehr-Lernkontexte
- den Verzicht auf ein Einheitsangebot an Sprachkursen und Prüfungen zu Gunsten einer Vielfalt von Angeboten, die unterschiedlichen Lernvoraussetzungen, Lebenssituationen und Berufsperspektiven Rechnung tragen
- das Angebot von beruflicher, kultureller und sozialer Weiterbildung in verschiedenen MigrantInnensprachen
- das Angebot verständlicher und ausreichender Information und Orientierung über das Bildungssystem in den Sprachen der MigrantInnen
- eine interkulturelle Öffnung von Bildungsinstitutionen, die sich in einer mehrsprachigen und kultursensiblen Informations- und Kommunikationspolitik (Gestaltung von Broschüren, Web-Seiten und Angebote von mehrsprachiger Beratung) ebenso zeigt wie in der Beschäftigung mit mehrsprachigem Personal auf *allen* Hierarchieebenen (Leitung, pädagogisches sowie administratives Personal und nicht nur Reinigungspersonal). Das Ziel der frühzeitigen Beteiligung von Kindern und Erwachsenen an den gesellschaftlichen Prozessen in Österreich machen mehrsprachige Informationsangebote auch für die Berufswelt, für den Gesundheitsbereich und die Verwaltung – vor allem in Hinblick auf die rechtliche Situation – notwendig.

Der Anspruch von MigrantInnenkindern auf umfassende Sprachförderung, d.h. auf Förderung in der deutschen Sprache *und* in ihrer Herkunfts- bzw. Familiensprache, sollte rechtlich verbindlich verankert werden. Auch die Autonomie von Bildungseinrichtungen darf nicht dazu führen, dass Angebote zu einer mehrsprachigen Erziehung beliebig bleiben.

Zusätzlich bedarf es einer kontinuierlichen Aufklärung der Öffentlichkeit, um den Mehrwert einer mehrsprachigen Erziehung vom kognitiven Gewinn bis zu den Vorteilen in der Berufswelt deutlich zu machen. Elternverbände, Schulen und Einrichtungen der Erwachsenenbildung sollten für entsprechende Aufklärungsarbeit hinsichtlich des Wertes von mehrsprachiger Erziehung gefördert werden.

2.2. Ressourcenorientierung und Kompetenzwahrnehmung

In einem Bildungssystem, das auf Einheitlichkeit baut und unter Qualifikation versteht, dass alle das Gleiche gleich gut können, werden Mehrsprachigkeit und kulturelle Vielfalt immer problematisch sein. Eine solche Auffassung von Bildung übersieht, dass mehrsprachige Kompetenz bedeutet, nicht alle Sprachen zu jedem Zeitpunkt gleich gut zu beherrschen und dass sprachliche Leistungen in Erst- und Zweitsprache nicht strikt von einander zu trennen sind. Prüfungen, die Kompetenzen von mehrsprachigen Kindern in nur einer Sprache testen (z.B. die Sprachstandserhebungen im Vorschulbereich oder PISA), ignorieren die gesamtsprachliche Kompetenz eines Menschen. Für Kinder bedeutet das, dass gleich zu Beginn ihrer schulischen „Karriere" ein wesentlicher Teil ihrer Kompetenzen überhaupt nicht zur Kenntnis genommen bzw. sogar abgewertet wird.

Menschen in der Migration besitzen vielfältige Kompetenzen, die innerhalb der herrschenden Strukturen der Mehrheitsgesellschaft nicht wahrgenommen werden. Neben Sprachkompetenzen sind das aus den Herkunftsländern mitgebrachte Qualifikationen und Berufserfahrungen, Schlüsselfähigkeiten, die in der Migration wichtig sind (z.B. Mobilität und Flexibilität), interkulturelle Erfahrungen und eine Vielzahl von Fähigkeiten, die in informellen Kontexten erworben wurden. Trotzdem werden die Kenntnisse von MigrantInnen in vieler Hinsicht als defizitär wahrgenommen, das Augenmerk wird auf „Defizite" und „fehlende" Kompetenzen und Qualifikationen gelegt. Dieses Fremdbild wirkt auf die Betroffenen zurück, indem es ihr Selbstkonzept negativ beeinflusst. Negative Erfahrungen mit dem österreichischen Arbeitsmarkt und Erfahrungen in der Schule können sich wiederum negativ auf die Lern- und Integrationsmotivation auswirken.

Es ist also von hoher Priorität für ein auf ZuwanderInnen reagierendes Bildungswesen, die Potenziale der Lernenden anzuerkennen und sie verstärkt und umfassend zu nutzen, um das in der Forschung vielfach dokumentierte, in der Regel hohe Interesse von MigrantInnen an einem beruflichen und gesellschaftlichen Aufstieg in der Einwanderungsgesellschaft zu erhalten und zu nützen.

Dafür ist es notwendig, die vielfältigen Kompetenzen und Ressourcen von mehrsprachigen und kulturell unterschiedlichen Menschen mit Migrationserfahrung zu nutzen. Das erfordert

- Methoden und Zugänge einer differenzierten Kompetenzerfassung, deren Fokus nicht die Bewertung erbrachter Leistung sondern die Förderung der weiteren Entwicklung ist. Der Arbeit mit Portfolios und der Lernberatung kommt hier besonderer Stellenwert zu.
- eine Didaktik, die Fragen an Lernende stellt an Stelle allzu rasch Antworten zu verlangen
- Maßnahmen zur umfassenden Orientierung in allen Bereichen (Sprache, Bildungssystem, Berufswelt, Verwaltung)
- Entwicklung adäquater Angebote zur beruflichen Qualifizierung, die an mitgebrachte Fähigkeiten anschließen und die sprachliches und fachliches Lernen verbinden
- die Entwicklung geeigneter Erhebungs- und Anerkennungsverfahren für mitgebrachte Kompetenzen und Qualifikationen

2.3. Herausforderungen für Unterrichtende

Unterrichtende in Deutsch als Zweitsprache übernehmen eine Schlüsselrolle im Integrationsprozess bzw. bekommen diese zugewiesen. Dabei stehen sie vor vielfältigen Herausforderungen. Sie müssen nicht nur mit Mehrsprachigkeit umgehen können und sich an den Kompetenzen der Lernenden orientieren. Sie sind auch MittlerInnen zwischen Mehrheitsgesellschaft und Zugewanderten.

In einem Bildungssystem, das nicht auf Zugewanderte zugeschnitten ist, müssten bzw. müssen Unterrichtende (speziell in Erwachsenenkursen) sozialpädagogische Aufgaben übernehmen. Die Lernenden befinden sich bedingt durch die Umstände ihrer Migration bzw. Flucht und der Situation der Neuorientierung im Aufenthaltsland oft in einer schwierigen psychosozialen Situation, die durch aufenthaltsrechtliche Unsicherheiten und erlebte Diskriminierung und Abwertung oft noch zusätzlich erschwert wird. Unterrichtende müssen hier vielfach eine ausgleichende Funktion übernehmen, um den sprachlichen Lernprozess zu sichern.

Das Bildungssystem mit seinen sich widersprechenden Anforderungen von Förderung einerseits und Selektion andererseits stellt Lehrende oft vor zwiespältige Entscheidungen. Unterrichtende sind oft mit strukturell verursachten Konfliktsituationen konfrontiert, die individuelle Ressourcen nicht selten überschreiten. Prüfungen, deren Ausgang existentielle Konsequenzen für Lernende haben, sind ein Beispiel dafür.

Damit Unterrichtende die Lernenden bzw. deren familiäres Umfeld in ihrem Lernprozess in bester Weise unterstützen können, ist es notwendig, die Rahmenbedingungen des Unterrichts zu verbessern. Das erfordert eine Neugestaltung der Ausbildungsinhalte in *allen* pädagogischen Ausbildungen (vom Kindergarten über alle

Schulstufen hinweg bis in die TrainerInnen-Ausbildungen der Erwachsenenbildung) mit deutlicher Schwerpunktsetzung in folgenden Bereichen:

- Vermittlung linguistischer und sprachdidaktischer Kenntnisse, v.a. in Bezug auf Mehrsprachigkeit
- Entwicklung einer interkulturellen Kompetenz, die den Umgang mit kulturell heterogenen Gruppen ebenso unterstützt wie die Fähigkeit, mit Eltern verschiedener Herkunft zu kommunizieren
- Wissen um Mechanismen der Ausgrenzung und Inklusion in durch Vielfalt bestimmten Gruppen
- Fähigkeit, die Situation von Menschen in einem Feld mit unbekannter Sprache zu berücksichten
- Kenntnisse von psychologischen, soziokulturellen, rechtlichen und (sprachen-) politischen Aspekten von Migration

Neben der Ausweitung der Ausbildungen sind auch folgende strukturelle Veränderungen erforderlich:

- eine Aufwertung der muttersprachlichen Lehrenden an Schulen
- der Einsatz von SozialarbeiterInnen und KulturmittlerInnen an Kindergärten, Schulen und Erwachsenenbildungseinrichtungen, die die Unterrichtenden entlasten und unterstützen
- die Entwicklung und der Einsatz von Bewertungssystemen, die Unterrichtende dabei unterstützen, Lernende zu fördern und nicht zu selektieren

Ein entscheidender Schritt wäre die Schaffung spezifischer Ausbildungsangebote für MigrantInnen in allen pädagogischen Berufen und die verstärkte Beschäftigung von MigrantInnen in diesen Berufsfeldern. Zwei- und mehrsprachig aufgewachsene Personen und spezifisch qualifizierte AbsolventInnen von pädagogischen Ausbildungen sollen vorrangig in den Schulbetrieb aufgenommen werden.

2.4. Schaffung von Kontinuität und Nachhaltigkeit in den Übergängen

Die momentanen Angebote der sprachlichen Förderung des Deutschen oder der Muttersprache im Rahmen des muttersprachlichen Unterrichts an Schulen beschränken sich auf punktuelle, in Stundenquanten berechnete Maßnahmen. Diese Konzeption übersieht, dass Sprachbildung sich über die gesamte Ausbildungszeit hinweg erstreckt und dem Prinzip des „Lebenslangen Lernens" folgend nie abgeschlossen ist. MigrantInnen werden von diesem Prozess des lebenbegleitenden Lernens ausgeschlossen, weil es grundsätzlich nur wenige Angebote gibt, weil von diesen wenigen Angeboten viele aufgrund ihrer spezifischen Lebenssituation nicht in Anspruch genommen werden können oder ihren Lernbedürfnissen nicht entsprechen und schließlich weil bei den Übergängen von einem Bildungsangebot zu einem anderen Anschlussmöglichkeiten fehlen. Die nachhaltige und kontinuierliche Förderung von Sprachentwicklung erfordert Förderangebote in allen Bereichen des Bildungssystems, die differenziert auf individuelle Fähigkeiten und Lernfortschritte eingehen können.

Um Kontinuität zu sichern und Sprachförderung nachhaltig zu gestalten, müssen die Lern- und Sprachenbiografien der Lernenden individuell berücksichtigt werden. Das erfordert

- eine Unterrichtspraxis, die auf den unterschiedlichen Vorkenntnissen der Lernenden aufbaut
- den Einsatz von unterstützenden Instrumenten einer solchen Unterrichtspraxis wie Lernberatung und Sprachportfolios
- eine Sicherung der Kontinuität an den Nahtstellen des Bildungssystems durch entsprechende Maßnahmen der Dokumentation der Lernprozesse, durch Schaffung von pädagogischen „Brücken" an den Übergängen wie Übergangsklassen, flexiblen Benotungssystemen u.ä.
- einen Dialog zwischen Bildungsinstitutionen und außerschulischen Lernorten, wie Jugendvereinen oder Firmen, hinsichtlich der Fähigkeiten und Qualifikationen, die in der weiterführenden Bildungseinrichtung bzw. von ArbeitgeberInnen erwartet werden
- eine gemeinsame Ausbildung aller pädagogischen Berufe auf Hochschulniveau, die in sich die Differenzierung vom Kindergarten bis zur AHS bietet. Das unterstützt einen Brückenschlag zwischen den verschiedenen Bildungsinstitutionen und ermöglicht die Anschlussfähigkeit von pädagogischen Maßnahmen und Ansätzen über die Schulstufen hinweg.
Bei der Entwicklung eines solchen Gesamtkonzepts müssen stärker als bisher die MigrantInnen selbst, Lehrende und SozialarbeiterInnen aus dem Praxisfeld sowie die vorhandenen wissenschaftlichen Expertisen eingebunden werden. An Stelle von polarisierenden Stellungnahmen soll konkrete integrative Arbeit in allen Bereichen des Bildungssystems und des Arbeitsmarkts die Grundlage eines erfolgreichen Integrationsprozesses bilden.

2.5. Geschlechtergerechtigkeit

Auch im Kontext von Migration spielt in Lern- und Bildungszusammenhängen die Geschlechtszugehörigkeit und –zuschreibung eine wesentliche Rolle. Frauen sind z.b. aufgrund von fremdenrechtlichen Bestimmungen bezüglich des Familienzusammenzugs in hohem Maße von Männern abhängig und daher in prekären existentiellen Situationen. Familienbetreuungspflichten bei gleichzeitig fehlenden Kinderbetreuungsplätzen erschweren für Frauen den Zugang zu Bildungsmaßnahmen. Auf Männern lastet die Verpflichtung eines Arbeitsverhältnisses zum Erhalt des aufenthaltrechtlichen und finanziellen Status der Familie. Zu geringes Einkommen bedeutet den Verlust der Aufenthaltserlaubnis. Männer können sich daher den Besuch von Bildungsangeboten aus zeitlichen und finanziellen Gründen nur selten leisten.

Sprachförderangebote, die auf Geschlechtergerechtigkeit achten, erfordern

* Kursangebote, die den Bedürfnissen von Frauen und Männern und ihrer Lebenssituation entgegenkommen. Das können u.a. reine Frauenkurse sein. Zugleich ist auf ausreichende Angebote zu achten, die auch von Männern besucht werden können, z.b. (geförderte) Kursangebote für Berufstätige (Männer wie Frauen) am Abend und an Wochenenden.
* die Bereitstellung von Kinderbetreuungsplätzen, wobei diese so gestaltet sein müssen, dass Eltern Vertrauen entwickeln können. Hier sollte ausschließlich gut ausgebildetes und gut bezahltes Personal zum Einsatz kommen.

Geschlechtergerechtigkeit sicherzustellen bedeutet auch, dass die pädagogische Arbeit vor allem in den Bereichen Kindergarten und Volksschule für männliche Pädagogen attraktiver gemacht werden muss, was nicht nur eine Frage des sozialen Prestiges sondern auch der Entlohnung ist.

Empfohlene Maßnahmen zur Umsetzung der Mindeststandards für nachhaltige Sprachförderung

1. Voraussetzungen für eine nachhaltige sprachliche Bildung

- Wahrnehmung von MigrantInnen als mehrsprachige Individuen
- Bildungsziel „Mehrsprachigkeit" statt Reduktion auf Prüfen der „Deutschkompetenz"
- Abkehr vom einsprachigen deutschsprechenden Individuum als „Normalfall"
- Berücksichtigung der spezifischen Bedürfnisse mehrsprachiger Menschen

2. Empfehlungen für Institutionen

- Differenzierung der Angebote nach Voraussetzungen und Perspektiven der Lernenden
- Anerkennung und Weiterführung mitgebrachter Ressourcen und Qualifikationen
- Professionalisierung pädagogischer Fachkräfte
- Kontinuität an den Schnittstellen zwischen Bildungseinrichtungen
- Beschäftigung von mehrsprachigen Fachkräfte in regulären Beschäftigungsverhältnissen auf allen Hierarchieebenen

3. Empfehlungen für die Didaktik

3.1. Differenzierung und Individualisierung

- Überwindung der derzeitigen Einheitsangebote in der Erwachsenenbildung durch Entwicklung zielgruppenspezifischer Angebote (Kurse *und* Prüfungen)
- Förderung des Deutschen als Zweitsprache in kleinen Lerngruppen und auf verschiedenen Niveaustufen
- Berücksichtigung der sprachlichen und kulturellen Situation der Lernenden bei der Leistungsbeurteilung

- Einbeziehung der Erstsprachen in Sprachdiagnosen zu Förderzwecken
- Bewusste Wahrnehmung der sprachlichen Aspekte des Sach- und Fachunterrichts
- Anknüpfen von Förderentscheidungen an individuelle Sprachdiagnosen

3.2. Wertschätzung der Mehrsprachigkeit

- Angebote mehrsprachiger Bildung vom Kindergarten bis in die Erwachsenenbildung
- Berücksichtigen von Mehrsprachigkeit in der Leistungsbeurteilung, Zertifizierung von Kenntnissen der Muttersprachen
- Bildungsabschlüsse: Anpassung an individuelle Bedürfnisse, Vorwissen und Lernkontext
- Angebote zur beruflichen, sozialen und kulturellen Weiterbildung über reine Sprachförderung hinaus als Integrationsmaßnahme, die Mehrsprachigkeit zulässt
- Verstärkte Informationen zum Bildungssystem für Eltern in MigrantInnensprachen
- Interkulturelle Öffnung von Bildungsinstitutionen
- Mehrsprachige Informationsangebote in allen Lebensbereichen (Beruf, Gesundheit, Verwaltung, Recht, ...)
- Bewusstsein für den *Mehrwert* von Mehrsprachigkeit bei LehrerInnen, Eltern, Schulen und Bildungseinrichtungen schaffen
- Verbindliches Recht auf Sprachförderung in Deutsch *und* der Herkunftssprache
- Förderung der frühzeitigen Beteiligung am Leben der vielsprachigen Gesellschaft in Österreich für Kinder und Erwachsene

3.3. Ressourcen und Kompetenzen

- Fokus auf der Förderung der weiteren Entwicklung statt Bewertung erbrachter Leistung (Lernberatung, Portfolios, ...)
- Entwicklung von Methoden zur differenzierten Erfassung von Kompetenzen
- Berücksichtigen der Entwicklung in der Erstsprache bei Sprachdiagnose von Kindern
- sensible entwicklungsfördernde Didaktik
- Erhebungs- und Anerkennungsverfahren für mitgebrachte Qualifikationen und Kompetenzen
- Austausch mit Eltern

- berufliche Qualifizierungsangebote, die
  - mitgebrachte Fähigkeiten anerkennen
  - sprachliches und fachliches Lernen verbinden
  - Entwicklung und Aufstieg im Einwanderungsland ermöglichen
- Orientierungsangebote
  - für alle Lebensbereiche (Beruf, Soziales, Verwaltung, …)
  - um vorhandene Potenziale zu erkennen und zu stärken

4. Empfehlungen für die Aus- und Fortbildung von pädagogischen Fachkräften

4.1. Pädagogische Ausbildungen

- Anpassung der Aus- und Fortbildungsinhalte in allen pädagogischen Ausbildungen (Kindergarten, Schule, Erwachsenenbildung)
- Gemeinsame Qualifizierungsangebote für Lehrende verschiedener Bildungsstufen und Fächer (einschließlich muttersprachlicher Unterricht)
- Überdenken bisheriger Bewertungssysteme (Entwicklungsförderung statt Selektion)
- Entlastung der Unterrichtenden durch SozialarbeiterInnen, KulturmittlerInnen u.a.
- Verpflichtende Inhalte pädagogischer Ausbildungen
  - Linguistische Grundlagen der Mehrsprachigkeit
  - Didaktik des Deutschen als Zweitsprache
  - interkulturelle Kompetenzen
  - soziale Prozesse (heterogene Gruppen, Konflikte, Ausgrenzung)
  - Sensibilität für das „Nicht-Verstehen"
  - Rechtliche, soziale und psychologische Aspekte von Migration

4.2. Mehrsprachige Fachkräfte

- Aufwertung muttersprachlicher Lehrkräfte
- Weiterqualifizierung der derzeit tätigen Kräfte des muttersprachlichen Unterrichts mit dem Ziel der Gleichstellung
- Ausbildungsangebote für MigrantInnen in pädagogischen Berufen

5. Empfehlungen für die Gestaltung der Übergänge zwischen Bildungseinrichtungen

- gemeinsame Ausbildungsangebote aller pädagogischen Berufe auf Hochschulniveau
- kontinuierliche, schulstufenübergreifende Planung von sprachlichen Bildungsgängen
- pädagogische „Brücken" an Übergängen (Dokumentation, flexible Benotung etc.)
- Kooperation von Schulen, Volkshochschulen, Vereinen und anderen Kursanbietern
- Verbünde von Bildungsinstitutionen verschiedener Stufen an einem Standort, Einbeziehen des Arbeitsmarkt
- Integrative Arbeit in allen Bereichen des Bildungssystems und des Arbeitsmarkts erfordert Dialog zwischen
  - MigrantInnen
  - Lehrenden und SozialarbeiterInnen in Praxis
  - ExpertInnen aus Wissenschaft und Lehre
  - ArbeitgeberInnen
  - Fördergebenden Institutionen

IMPULSE

Mehrsprachigkeit und Bildungschancen von MigrantInnen

Barbara Herzog-Punzenberger

Die zweifache Chancengerechtigkeit – nachhaltige Bildung im Einwanderungsland Österreich

1. Migration als Herausforderung für das Bildungssystem

Nachhaltige Sprachförderung sollte eingebettet sein in Strategien zur Sicherung der Nachhaltigkeit im gesamten Bildungssystem. Die Rede von der Nachhaltigkeit in der Bildung hat in Österreich allerdings nicht von Anfang an Minderheitengruppen, so wie es SchülerInnen mit Migrationshintergrund bzw. Mehrsprachigkeit in der Familie (derzeit noch) sind, beinhaltet. 2005, zu Beginn des „Jahrzehnts der Bildung für nachhaltige Entwicklung", fanden sie in den Informationen der österreichischen Website nicht einmal Erwähnung. Das hat sich geändert: der Ende 2007 erschienene zweite Trendreport des Forums „Nachhaltiges Österreich", der nach Eigendefinition zur Politikvorbereitung dient, ist dem Thema „Aktuelle Bildungsplanung und Integration" gewidmet. Es wurde von den Sozialpartnern erkannt, dass die vielfach aufgezeigte manifeste Bildungsbenachteiligung von mehrsprachigen Kindern und solchen mit Migrationshintergrund[1] zu Änderungen im Bildungssystem führen muss und daher in die grundsätzlichen Überlegungen zum Lebenslangen Lernen einzubeziehen ist.

---

[1] Die ersten repräsentativen Daten dazu wurden im Rahmen der PISA-Erhebungen 2000, 2003, 2006 für die 15-Jährigen (siehe Breit/Schreiner 2006, Schreiner/Breit 2006, Breit 2009) sowie im Rahmen von PIRLS 2006 für die 10-Jährigen (siehe Herzog-Punzenberger/Gapp 2009, Unterwurzacher 2007) hergestellt. In diesem Zeitraum fand auch eine Erhebung unter den 16- bis 26-Jährigen im Rahmen des FWF-Forschungsprojektes „Integration ausländischer Jugendlicher" statt (siehe Weiss 2007 bzw. Unterwurzacher 2007).

Beginnen möchte ich diesen kurzen Überblick mit der Frage, warum es denn so schwierig ist, dass sich die Akteure im österreichischen (Schul-)Bildungswesen und insbesondere jene auf der Steuerungsebene mit dem Thema Mehrsprachigkeit–Interkulturalität–Migration proaktiv und nicht nur defensiv auseinandersetzen[2]. Auch wenn sich aktuell Grundlegendes ändern sollte, liegt eine stark verzögerte Reaktion vor. Meine Hypothese ist, dass dies im österreichischen Fall mit zwei zentralen Missverständnissen zu tun hatte.

Missverständnis 1: Migration kann man aufhalten. Migration ist und bleibt ein schulisches Randproblem. Die Politik wird dafür sorgen, dass nicht noch mehr ZuwanderInnen nach Österreich kommen bzw. ein Teil wieder zurückkehrt.

Missverständnis 2: Mehrsprachigkeit ist ein Eliteprogramm, ergo ist und bleibt es ein schulisches Randthema. Die einsprachige Schule ist für alle das Beste und muss daher aufrechterhalten bleiben.

Mit einigen Fakten und Verweisen möchte ich in der Folge diese Annahmen als Missverständnisse aufklären und schließlich zeigen, dass einer nachhaltigen Bildungspolitik eine zweifache Chancengerechtigkeit zugrunde gelegt werden muss. Um wirksam werden zu können, muss sie jedoch von einem Maßnahmenbündel begleitet werden: Erstens der faktischen Gleichstellung langansässiger Drittstaatsangehöriger, zweitens der erleichterten Einbürgerung und drittens einer forcierten Anti-Diskriminierungspolitik.

1.1. Missverständnis 1: „Migration kann man aufhalten, es ist und bleibt ein schulisches Randproblem."

Interessanterweise bezieht man sich in der österreichischen Diskussion zu Migration nach wie vor hauptsächlich auf die Wanderung von Drittstaatsangehörigen, d.h. auf jene Personen, die nicht BürgerInnen der Europäischen Union sind. Wiewohl eines der Grundprinzipien der EU die Freizügigkeit der Arbeitskräfte und das heißt eben die Migration ist, wird im politischen Diskurs so getan, als ob man mit der Beschränkung der Einreise- und Niederlassung von Drittstaatsangehörigen etwaige Anforderungen an die Gesellschaft, die durch die Niederlassung von Personen mit anderen Sprachen und Kulturen entstehen, aus dem Weg räumen könne. Geradezu magisches Denken bestimmt dieses „Austauschprinzip": „Keine wenig qualifizierten Arbeitskräfte aus Nicht-EU-Ländern = keine multikulturelle und mehrsprachige Realität in Schule und Gesellschaft". Was aber wird passieren, wenn Österreich für Arbeitskräfte

---

2   Seit dem Amtsantritt der SP-Bildungsministerin Dr. Claudia Schmied 2007 ist allerdings eine wesentliche Erhöhung der Aufmerksamkeit und strategisch-langfristig angelegter Aktivitäten in diesem Themenbereich zu bemerken, wie die Schaffung einer neuen Abteilung für Migration, Interkulturalität und Sprachenpolitik oder die Erstellung eines einschlägigen OECD-Berichts.

aus Frankreich, Italien, Schweden attraktiver wird, diese nach Österreich übersiedeln und daher notwendigerweise ihre Kinder hier in die Schule schicken? Betrachtet man die vergangenen Jahre, so belaufen sich die Zuzüge nach Österreich aus dem Ausland immerhin auf rund 100.000 bis 130.000 im Jahr, wie die folgende Tabelle zeigt. Davon waren 80.000 bis 110.000 Personen anderer Nationalitäten. Gleichzeitig ziehen auch österreichische Personen ins Ausland und sind dort mit derselben Frage bezogen auf die Schulbildung ihrer Kinder konfrontiert. Wie „mobilitätsfreundlich" ist das jeweilige Schulsystem? Wie viel Unterstützung bekommen Kinder mit einer anderen Erstsprache als der Unterrichtssprache? Wie wird auf die vielfältige Herkunft der Kinder eingegangen? Wie viel Konfrontation mit (negativen) Stereotypen muss (m)ein Kind aushalten?

Staatsangehörigkeit	2002	2004	2006
Zuzüge	**113.165**	**127.399**	**100.972**
Österreich	20.598	18.452	15.588
Andere Nationalität	92.567	108.947	85.384
Wegzüge	**79.658**	**76.817**	**73.495**
Österreich	40.881	28.491	20.591
Andere Nationalität	38.777	48.326	52.904

Ein- und Auswanderung in Österreich
Quelle: Statistik Austria, zit. nach Lebhart/Marik-Lebeck (2007, 147)

LehrerInnen werden in Österreich nach wie vor nicht dafür ausgebildet, um mit einer mobilen SchülerInnenschaft umzugehen, und die nationalen Bildungssysteme in Europa haben sich auf die Herausforderung, SchülerInnen bei Wechsel der schulischen Bezugssysteme zu unterstützen, noch nicht ausreichend vorbereitet. Vorschläge, wie der Kenntnisstand der SchülerInnen in unterschiedlichen Bereichen nicht nur für die LehrerInnen im jeweiligen Einwanderungsland, sondern auch für die SchülerInnen und deren Eltern selbst aussagekräftig dokumentiert und international nachvollziehbar gemacht werden könnte (wie etwa bereichsspezifische Portfolios), wären hierfür auszuarbeiten. Dabei geht es nicht notwendigerweise um Probleme, etwa sozio-ökonomisch schwacher Familien, wie es bei den ehemaligen „GastarbeiterInnen" oder Flüchtlingskindern der Fall ist. Erfahrungsberichte von Eltern, die der Gruppe der sogenannten ElitemigrantInnen zuzurechnen sind, zeigen, dass LehrerInnen schon alleine von der Tatsache irritiert sein können, dass in anderen Schulsystemen die Vermittlung bestimmter Fähigkeiten in anderer zeitlicher Abfolge passiert, als dies der derzeitige österreichische Lehrplan vorsieht. Die fehlende Reflexion über die Kontingenzen des hiesigen Curriculums und die Konfrontation mit der offensichtlichen Nicht-Überlegenheit über andere Curricula kann LehrerInnen verwirren. Das

Faktum, dass ein Kind demgemäß zu einem bestimmten Zeitpunkt andere Sachen gelernt hat als Kinder in österreichischen Schulen, sagt aber weder über die Qualität eines Schulsystems noch über die kognitiven Fähigkeiten des Kindes etwas aus.

Als Beispiel soll die Erfahrung einer Familie im diplomatischen Dienst aus dem Jahr 2006 in Wien dienen. Am ersten Schultag des Kindes stellte die Lehrerin der 3. Klasse Volksschule fest, dass das Kind weder das Einmaleins noch Schreiben konnte. Obwohl die Eltern gerne Auskunft über das andere Schulsystem gegeben hätten, hatte die Lehrerin für die Familie an ihrem ersten Tag in einer österreichischen Schule (und trotz des hohen sozio-ökonomischen Status der Eltern) lediglich folgende abwertende Bemerkung parat: „Ja was kann denn das Kind überhaupt?" Nebenbei bemerkt, betraf es in diesem Fall ein Schulsystem, das bei den internationalen Leistungsvergleichen regelmäßig mit besseren Ergebnissen aufwartet als das österreichische, in dem allerdings das Einmaleins sowie das Schreiben erst in der dritten Schulstufe vermittelt werden.

Auch Zeugnisse aus anderen Ländern stellen vielfach bereits eine Hürde dar. Als Beispiel soll die folgende Erfahrung aus dem Jahr 2003, ebenfalls in Wien, dienen. Ein leicht lesbares, in englischer Sprache und Prozentpunkten verfasstes Zeugnis wurde – trotz der Bereitschaft und dem Wunsch der Eltern, dieses zu erklären – von mehreren SchulleiterInnen ohne Interesse, sich damit auseinanderzusetzen, sogleich weggelegt. Die im Vergleich positivste Reaktion einer Schulleiterin war: „Wir können das Kind ja als außerordentliche Schülerin aufnehmen." Auf Nachfrage, warum denn das notwendig wäre, wo das Kind doch Deutsch als Erstsprache hätte und ein darüber hinaus sehr gutes Zeugnis, gab die Direktorin zur Antwort: „Sicher ist sicher".

Als Anekdoten könnten diese Begebenheiten auch Ausnahmen sein, die eine Regel geradezu bestätigten und nicht als Beispiele ethnozentristischer Haltungen anzusehen wären. Gegen eine solche Interpretationsweise spricht allerdings zweierlei: Erstens gab es bis vor Kurzem weder verpflichtende Aus- und Weiterbildungsprogramme für schulisches Lehr- und Leitungspersonal bzw. für Angestellte in der Administration des Schulwesens, die dazu beitragen hätten können, solche Haltungen zu überwinden. Die Angebote auf freiwilliger Basis mussten oft aufgrund mangelnder Anmeldungen (etwa am damaligen Pädagogischen Institut in Wien) abgesagt werden. Zweitens spricht gegen eine optimistische Interpretationsweise, dass MigrantInnen im öffentlichen Diskurs ständig als Störfaktor und DefizitträgerInnen thematisiert werden. Es ist in diesem Zusammenhang auch kritisch zu sehen, dass im bereits eingangs erwähnten Trendreport 02 des Forums „Nachhaltiges Österreich" vorgeschlagen wurde, dass QuereinsteigerInnen im ersten Jahr neben intensivem Deutschunterricht die Kernfächer des Schuljahres wiederholen sollten, das sie bereits im Heimatland absolviert hatten. Dass es auch anders funktionieren kann, zeigt Kanada, wo neu ankommende Kinder in die altersgemäße Klasse eingestuft werden, wenn sie nicht mehr als zwei Jahre in einigen zentralen Fertigkeiten zurückliegen. In British Columbia, wo der Anteil der

SchülerInnen mit Migrationshintergrund mit 33% um Einiges höher liegt als in Österreich, erreichte die 1. Generation[3] sogar höhere Punkte beim internationalen Lesetest der 10-Jährigen (PIRLS 2006) als die SchülerInnen ohne Migrationshintergrund. Eine Defizitorientierung, wie sie im österreichischen Schulsystem gepflegt wird, erleichtert die Entwicklung eines positiven Selbstkonzeptes von SchülerInnen mit Migrationshintergrund jedenfalls nicht. Und das positive Selbstkonzept ist die Grundlage für erfolgreiches Lernen (vgl. auch den Beitrag von Brizić in diesem Band).

Zusammenfassend kann festgestellt werden, dass Migration kein vorübergehendes Phänomen und kein Randproblem der Schule ist. Die Entwicklungen der Ein- und Auswanderungsstatistik – nicht nur Österreichs – lassen klar werden, dass Migration ein Dauerphänomen ist, das nach wie vor im Ansteigen begriffen und daher auch das Schulwesen in steigendem Maß davon betroffen ist. Bereits im Jahr 2006 gaben im Rahmen der PIRLS-Erhebung[4] im bundesweiten Durchschnitt 26% der VolksschülerInnen (4. Schulstufe) an, aus einem mehrsprachigen Haushalt zu stammen (Herzog-Punzenberger/Gapp 2009).

1.2. Missverständnis 2: Mehrsprachigkeit ist ein Eliteprogramm

Hartnäckig hält sich die Vorstellung, dass Mehrsprachigkeit höchstens für eine kleine Elite in Frage käme und ansonsten Monolingualität der sichere Weg zum Bildungserfolg wäre. Auf Basis einer einfachen Korrelation, die zeigt, dass die Erreichung eines höheren Bildungsabschlusses wahrscheinlicher ist, wenn man nur eine Sprache spricht, wird der Schluss gezogen, dass es für Kinder aus mehrsprachen Familien besser wäre, zu Hause nur Deutsch zu sprechen und zu hören (Esser 2006). Der Analyseansatz, der von der Frage ausgeht, wer im hiesigen Schulsystem erfolgreicher sei, bedingt so schon das Ergebnis, denn es darf nicht verwundern, dass in einem auf Monolingualität aufgebauten Schulsystem[5] monolinguale SchülerInnen erfolgreicher sind. Aus einer forschungsstrategischen Sicht scheint es auch nicht zufällig, dass bestimmte Schlussfolgerungen in Studiendesigns häufiger vorkommen, die sich auf grobes statistisches Zahlenmaterial verlassen und sich kaum mit Sprache, Spracherwerb und Sprachpolitik inhaltlich auseinandersetzen, häufiger vorkommen als in solchen, die eine kritische Sicht gegenüber einem monistischen[6] Welt- und Men-

---

3   Das sind SchülerInnen, die im Ausland geboren wurden.
4   PIRLS ist das Akronym von „Progress in International Reading Literacy Study" und kann als „PISA für 10-jährige SchülerInnen" bezeichnet werden. http://www.bifie.at/pirls-2006
5   Gogolin (1994) hat den Begriff „monolingualer Habitus der multilingualen Schule" geprägt.
6   Wimmer (2008) spricht vom Herder'schen Commonsense (nach der Formel „ein Volk = eine Nation = eine Kultur = eine Sprache), in den in den Sozialwissenschaften und selbst in der Migrationsforschung noch immer weithin verbreitet ist.

schenverständnis (Parekh 1996 und 2000) vertreten. Anstatt das Augenmerk darauf zu richten, unter welchen Umständen mehrsprachige Kinder ein hohes Bildungsniveau erreichen und womöglich zwei oder mehrere Sprachen auf hohem Niveau nutzen können, wird der monolinguale Habitus vieler Nationalstaaten essentialisiert und die Bildungsbenachteiligung von mehrsprachigen SchülerInnen sozusagen als Beweis für die Überlegenheit der Monolingualität verwendet – ein Zirkelschluss, für den besonders methodisch quantitativ orientierte SoziologInnen und ÖkonomInnen prädestiniert scheinen!

HistorikerInnen (Hobsbawm/Ranger 1984) und SozialanthropologInnen (Gellner 1983) haben demgegenüber auf das Faktum hingewiesen, dass die jeweilige Hoch- und Schulsprache bei der Herausbildung des modernen Nationalstaates eine zentrale Rolle gespielt hat und nicht zuletzt deshalb ein wesentlicher Baustein bei der Konstruktion bzw. (Re)Produktion nationaler Identität ist, dem große symbolische Bedeutung zukommt. Gerade aus diesem Grund muss in der interkulturellen Bildung[7] die Entwicklungsgeschichte der nationalen Hochsprache vermittelt und die historischen Zufälle und nicht so zufälligen Machtkonstellationen kritisch reflektiert werden. Es fehlt in Österreich, wie auch in anderen europäischen Ländern, im Allgemein noch das Bewusstsein der Relativität des eigenen Bildungsverständnisses. So sehen sich manche europäische Länder als Vorzeigeländer bildungsbürgerlicher Hochkultur und übersehen, dass andere Länder, die sich selbst als mehrsprachig und multikulturell definieren, durchaus bessere Ergebnisse bei internationalen Vergleichen von Lese- oder Mathematikkompetenzen ihrer SchülerInnen erzielen.

2. Migrationshintergrund und Mehrsprachigkeit als Einflussfaktoren auf Leseleistungen

Zum Testzeitpunkt des zweiten Durchgangs der internationalen Leseleistungsstudie PIRLS[8] im Jahr 2006 hatten in der 4. Schulstufe der österreichischen Volksschulen 17% der SchülerInnen einen Migrationshintergrund, d.h. dass beide Eltern im Ausland geboren waren. Der Anteil ist ungefähr gleich hoch wie in Deutschland (16%) oder den USA (18%) und ist im internationalen Vergleich nicht außergewöhnlich hoch. In der kanadischen Provinz Ontario (12 Mio. EinwohnerInnen) waren es zu diesem Zeitpunkt etwa 36%. Die Differenzen in den Leistungen zwischen SchülerIn-

---

[7] Als Voraussetzung für die effektive Umsetzung des Unterrichtsprinzips „Interkulturelles Lernen" muss die Aus- und Weiterbildung der Lehrenden in diesem Bereich gelten.

[8] Alle hier genannten Daten sind dem österreichischen PIRLS Bericht (Suchán et al 2007) entnommen, und zwar dem Kapitel 4.4 Migrationshintergrund, 34-35 (Stöttinger 2007a) sowie Kapitel 4.5 Migration: Einfluss der Sprache, 36-37 (Stöttinger 2007b).

nen mit und ohne Migrationshintergrund sind in den Ländern sehr unterschiedlich. In Österreich erreichten SchülerInnen mit Migrationshintergrund 56 Punkte weniger als solche ohne, in Neuseeland wiederum erreichten die im Ausland geborenen und im Laufe ihres eigenen Lebens zugewanderten SchülerInnen (1. Generation) signifikant bessere Ergebnisse als jene ohne Migrationshintergrund. In einigen Ländern gibt es auch einen signifikanten Unterschied zwischen solchen SchülerInnen, die selbst eingewandert sind, der sogenannten 1. Generation, und solchen, die schon im Land geboren wurden und deren Eltern eingewandert sind, der sogenannten 2. Generation. Die 2. Generation schneidet in den USA mit 22 Punkten besser ab als die 1. Generation, in Schweden mit 27 Punkten und in England mit 47 Punkten. In Österreich gibt es keinen bedeutenden Unterschied. In British Columbia sind wiederum die Leistungen der 1. Generation etwas besser als die der 2. Generation.

Mit solchen Punktevergleichen wissen wir – abgesehen von einem Durchschnittswert der Leseleistungen – noch recht wenig. Interessant ist ja unter anderem wie viele SchülerInnen in den verschiedenen Ländern mehrsprachig sind. In Österreich gibt es SchülerInnen mit Migrationshintergrund, deren Eltern aus Deutschland eingewandert sind, Deutsch als Erstsprache aufweisen und gegenwärtig zu Hause nur Deutsch sprechen. Migrationshintergrund lässt also nicht notwendigerweise auf Mehrsprachigkeit schließen. Wie umgekehrt auch SchülerInnen ohne Migrationshintergrund nicht notwendigerweise einsprachig sind. Drei Viertel der 10-Jährigen in Österreichs Schulen gaben an, zu Hause immer Deutsch zu sprechen, was heißt, dass ein ganzes, nämlich das vierte Viertel mehrsprachig ist. 24% gaben an, zu Hause manchmal Deutsch zu sprechen und 2% gaben an, zu Hause nie Deutsch zu sprechen. Im Unterschied zu den vorher genannten 17% mit Migrationshintergrund, von denen auch ein Teil zu Hause nur Deutsch spricht, ist der Anteil von 26% an SchülerInnen, die nicht monolingual sind, deutlich höher. Dies erklärt sich daraus, dass es zwei Gruppen von SchülerInnen gibt, die nicht unter die Definition „SchülerInnen mit Migrationshintergrund" fallen, weil ihre Eltern in Österreich geboren wurden. Die erste Gruppe ist jene der historischen Minderheiten mit den staatsvertraglich abgesicherten Sprachrechten. Sie sind auf bestimmte Gebiete im Süden und Osten Österreichs konzentriert. Die zweite Gruppe stellt bereits die 3. Generation der seit den 1960er Jahren angeworbenen Arbeitskräfte dar. Ein Elternteil oder beide wurden demnach bereits in Österreich geboren.

Auch wenn der Prozentsatz der mehrsprachigen SchülerInnen (hier eben wieder bewusst unterschieden von jenen mit Migrationshintergrund, auch wenn sich diese beiden Gruppen weitgehend überlappen) in Österreich höher ist als jener mit Migrationshintergrund, ist er im internationalen Vergleich nicht besonders hoch. Ontario in Kanada weist mit 39% einen wesentlich höheren Prozentsatz auf, aber auch Spanien mit 40%, Israel mit 43% und Singapur mit 78%. Nun stellt sich die Frage, wie sich der höhere Anteil an mehrsprachigen SchülerInnen auf die Leseleistungen in der PIRLS Studie auswirkte. Singapur ist aufgrund seiner unglaublich großen Sprachenvielfalt ein sehr gutes Beispiel. Es hat unter den zahlreichen Sprachen vier als offizielle Sprachen definiert, nämlich Englisch, Malay, Mandarin (China) und Tamil. Lediglich 21% der SchülerInnen geben an, zu Hause nur die Unterrichtssprache zu sprechen. Die meisten SchülerInnen sind zweisprachig, viele aber mehrsprachig. Trotzdem sind die Leseleistungen der 10-jährigen SchülerInnen in Singapur signifikant besser als die der österreichischen SchülerInnen und zwar in beiden Kategorien, d.h. die einsprachigen *und* mehrsprachigen SchülerInnen. Obwohl in Singapur die mehrsprachigen SchülerInnen etwas weniger Punkte als die einsprachigen erreichten, liegen erstere noch immer vor den einsprachigen SchülerInnen in Österreich. Und nicht in jedem Land erreichen die einsprachigen SchülerInnen einen höheren Durchschnittswert als die mehrsprachigen. So lesen etwa in Israel und Neuseeland jene SchülerInnen besser, die zu Hause nicht immer die Unterrichtssprache sprechen, als jene, die zu Hause immer die Unterrichtssprache sprechen. In Österreich, wie in vielen anderen Ländern auch, ist das Verhältnis allerdings umgekehrt. Der Leseleistungsdurchschnitt jener SchülerInnen, die zu Hause nicht nur die Unterrichtssprache sprechen, liegt deutlich unter dem der SchülerInnen, die nur einsprachig sind. Mit 31 Punkten ist in Österreich von allen bei PIRLS 2006 teilnehmenden Ländern die Differenz zwischen den zwei Gruppen am größten und dabei handelt es sich immerhin um 40 Länder. Österreich wird knapp gefolgt von Deutschland mit 28 Punkten.

Diese wissenschaftlichen Befunde sollen vor allem einem Ziel dienen, nämlich einen sachlichen und der Lebenssituation der betroffenen Menschen angemessenen Umgang mit der Frage der Mehrsprachigkeit zu finden. Dass diese Auseinandersetzung keine Frage der Gnädigkeit österreichischer Schulverwaltung und –politik gegenüber den SchülerInnen mit Migrationshintergrund sein sollte, sondern eine Frage zukunftsfähiger Bildung, wäre auf der Webseite[9] des österreichischen Unterrichtsministeriums nachzulesen, wo Folgendes festgestellt wird: „Einsprachigkeit kostet – jährlich verlieren kleine und mittlere Firmen Exportaufträge, weil ihre Mitarbeiter/innen zu wenig Sprachen können und kein interkulturelles Know-How haben. Verkaufserfolge hat man in der Sprache der Kunden!" Dass sich solche EU-bezogenen Statements noch kaum in der realen Politik niedergeschlagen haben, kann man an der Zögerlichkeit der Umsetzung verpflichtender Aus- und Weiterbildungsprogramme für das Personal österreichischer Bildungsinstitutionen erkennen (siehe auch die Beiträge von Boeckmann, Plutzar und Sprung in diesem Band).

Um aufzuzeigen, was notwendig wäre, um ein solches Ziel umzusetzen, soll im nächsten Abschnitt ein neuer Begriff eingeführt werden – die *zweifache Chancengerechtigkeit*. Er sollte für die Diskussion um nachhaltige Sprachförderung zentral werden.

---

9   http://www.bmukk.gv.at/europa/vorteile_eu_buerger.xml, 16.3.09

3. Zweifache Chancengerechtigkeit

Bevor ich darauf eingehe, dass in der Zuwanderungsgesellschaft aus analytischen Gründen über zwei Arten von Chancengerechtigkeit gesprochen werden soll, möchte ich die allgemeine Definition des Begriffs vorstellen, der ich mich anschließe, und die dem OECD-Bericht zu Chancengerechtigkeit in der Bildung entnommen ist (Thematic Review on Equity in Education OECD 2005, zitiert nach SKBF 2007, 25):

„Equity[10] im Bildungswesen entspricht einer Lernumgebung, in der Individuen während ihres gesamten Lebens Optionen abwägen und Entscheidungen treffen können, welche auf ihren Fähigkeiten und Talenten, nicht auf Stereotypen, verzerrten Erwartungen oder Diskriminierungen basieren. Diese Lernumgebung ermöglicht Frauen und Männern aller Nationalitäten und sozio-ökonomischer Hintergründe, Fähigkeiten zu entwickeln, welche nötig sind, um als produktive mündige Bürger am öffentlichen Leben teilzunehmen. Sie eröffnet ökonomische und soziale Chancen, unabhängig von Geschlecht, Nationalität oder sozialem Status."

Chancengerechtigkeit wurde lange Zeit vor allem hinsichtlich der Schichtzugehörigkeit thematisiert und fallweise wurde in den 1970er und 1980er Jahren sogar versucht zu zeigen, dass alle anderen Differenzen zwischen Kategorien von Menschen, wie Frauen und Männer, nur Nebenwidersprüche des Hauptwiderspruchs zwischen der herrschenden und beherrschten Klasse wären. In etwas abgemilderter Form hieß es dann während der 1990er Jahre auch, dass es gerade der erfolgreichen Manipulation der Politklasse geschuldet wäre, durch das Einfordern kultureller Rechte die Energie für das Einfordern sozialer und politischer Rechte zu mindern oder das Ziel der rechtlichen und sozialen Gleichstellung gänzlich aus den Augen zu verlieren. Meiner Ansicht nach hat sich deutlich gezeigt, dass sich diese beiden Forderungen weder ausschließen, noch die eine die andere aufheben würde. Daher plädiere ich auch im Zusammenhang mit Nachhaltigkeit im Bildungssystem für eine analytische Trennung zwischen sozio-ökonomischer und kulturell-sprachlicher Chancengerechtigkeit.

3.1. Lösungsansatz 1: Herstellen sozio-ökonomischer Chancengerechtigkeit

Gerade in Ländern, die als Folge der Anwerbung kostengünstiger Arbeitskräfte während der Zeit des starken Wirtschaftswachstums nach dem 2. Weltkrieg eine Unter-

---

[10] „Equity" ist der englische Begriff für „Chancengerechtigkeit" und wird auch in deutschsprachigen Dokumenten verwendet.

schichtung mit bestimmten Herkunftsgruppen erfuhren, muss dass Herstellen von sozio-ökonomischer Chancengerechtigkeit in Bildungssystem prioritärer Lösungsansatz sein. Durch die internationalen Bildungssystemvergleiche geriet das Thema der Benachteiligung von SchülerInnen, denen ein unterdurchschnittliches Maß an materiellen Ressourcen zur Verfügung steht, sowie geringe Bildungserfahrung der Eltern, die zumeist mit einer niedrigen beruflichen Position einhergeht, wieder auf die Tagesordnung bildungspolitischer Diskussionen. Dies aber vor allem in jenen Ländern, in denen eine statistisch nachweisbar starke Reproduktion des familiären Hintergrunds durch die Schule nachgewiesen werden konnte. Dazu gehörten auch Österreich und Deutschland. Obwohl das Schulsystem sicher nicht alleinverantwortlich für die geringere Leistungserbringung von SchülerInnen aus sozio-ökonomisch schwachen Familien ist, wurde doch deutlich, dass Schulsysteme in sehr unterschiedlichem Ausmaß fähig sind, die Reproduktion der Bildungserfahrung und des sozialen Status der Eltern durch ihre Kinder auszugleichen. Das Schulsystem ist in ein gesellschaftliches Selbstverständnis eingebettet und fallweise stark an der Wirtschaftsstruktur ausgerichtet, die in jeweils unterschiedlichem Ausmaß soziale Mobilität über die Generationen hinweg erlaubt.

In diesem Zusammenhang ist auch die Tatsache bemerkenswert, dass der Zusammenhang zwischen den Leseleistungen der Kinder und dem Bildungsgrad der Eltern in den mitteleuropäischen Ländern besonders groß ist. Wiewohl auch in Deutschland und der Schweiz ein hochselektives Schulsystem vorliegt, sind unter den 10-jährigen SchülerInnen diese Zusammenhänge nicht so stark zu beobachten wie in Teilen der früheren Österreichisch-Ungarischen Monarchie, nämlich Österreich, Ungarn, Slowenien und der Slowakischen Republik. Über die Gründe kann vorerst nur spekuliert werden, denn diesbezügliche Forschung steht noch aus. Vielleicht hängt es aber mit dem Erbe eines konservativ katholisch-ständischen Gesellschaftsverständnis zusammen, das in der Schulstruktur, in der LehrerInnenschaft und unter den Eltern auf subtile Weise andauert und sich auf die Entfaltung der Kinder auswirkt. Neben den strukturellen Faktoren wäre es auch wichtig, deren Wirkmechanismen auf der individuellen Ebene nachvollziehen zu können. Wie funktionieren Selbstausschließungsmechanismen bezüglich akademischer Institutionen bzw. Elitepositionen in Kindern von Familien aus der ArbeiterInnenschaft? Welche Rolle spielt das Selbstkonzept, für das Lernen als auch die beruflichen Aspirationen und gesellschaftliche Positionen?

Für Österreich ist wichtig zu bemerken, dass zusätzliche finanzielle Mittel für Schulen bzw. Lehrpersonal zwar anhand der Zahl außerordentlicher SchülerInnen (bis 2002 auch solcher mit einer anderen Erstsprache als Deutsch) berechnet werden, aber nicht anhand der SchülerInnen, die sozio-ökonomisch benachteiligt sind. In etlichen Ländern spielt jedoch der sozio-ökonomische Hintergrund der SchülerInnen für die Zuteilung der Finanzmittel an Schulen eine Rolle. So setzen sich in Australien, Irland und Belgien Zuteilungsschlüssel aus verschiedensten Faktoren zusammen, darunter der sozio-ökonomische Hintergrund. In einigen Ländern gibt es zumindest kostenloses Mittagessen für die Kinder aus einkommensschwachen Haushalten, wie etwa in Kalifornien (USA).

Die bisherigen Forschungsergebnisse deuten daraufhin, dass die zeitlich umfassendere Einbindung von Heranwachsenden in staatliche Institutionen[11], gekoppelt mit einem bestimmten Maß an egalitär-meritokratischer Grundausrichtung der Schulen, zu höherer Bildungsbeteiligung von Kindern aus sozio-ökonomisch benachteiligten Elternhäusern führt. Allerdings ist es nicht mit der quantitativen Erhöhung von institutioneller Bildung getan. Es geht natürlich um Qualität und auch um inhaltliche Fragen – welche Inhalte sollen wie vermittelt werden. Es soll also nicht nur die Anpassung an eine bildungsbürgerlich geprägte Schule für Kinder aus anderen Milieus erleichtert werden, sondern es muss auch die umgekehrte Bewegung stattfinden. Gerade die bildungsbürgerliche Festlegung der Schule muss hinterfragt und die Hierarchisierung von Wissensbeständen und Fertigkeiten aufgebrochen werden. Diese Forderung bezieht sich aber nicht nur auf die schichtspezifischen kulturellen Ausformungen sondern auch auf unterschiedliche Sprachen, Traditionen und Herkunftskulturen, wie im nächsten Absatz ausgeführt wird.

3.2. Lösungsansatz 2: Herstellen sprachlich-kultureller Chancengerechtigkeit

Wie eben dargestellt, ist die Situation der Mehrsprachigkeit für einen immer größer werdenden Teil der österreichischen SchülerInnen Normalität. Die meisten LehrerInnen werden in ihrer Ausbildung auf die Situation aber nicht vorbereitet, sehen Mehrsprachigkeit v.a. als Problem und fühlen sich vielfach überfordert. Weder ist die Forschung noch die Aus- und Weiterbildung für LehrerInnen im Bereich der Mehrsprachigkeit auf einem hohen Entwicklungsstand, noch ist das Themenfeld der Interkulturalität als Kernkompetenz von angehenden LehrerInnen im Berufsbild verankert. In einer Situation, in der die überwiegende Zahl der Schulstandorte mehrsprachige SchülerInnen aufweisen, müssen die Institution Schule und der Unterricht selbst an die Bedürfnisse dieser Kinder angepasst werden. Um in einem Kontext der Mehrsprachigkeit die Potentiale der Kinder bestmöglich zu entwickeln, sollte sowohl die Unterrichtssprache als auch andere Erst- und Alltagssprachen auf einem möglichst hohen Niveau entwickelt werden. Das beginnt bereits bei der Alphabetisierung. Unzählige Untersuchungen sind darauf ausgerichtet, zu zeigen, in welchem Ausmaß Mehrsprachigkeit ein Faktor für niedrigeren Bildungserfolg – in der einsprachigen Schule – ist. Es gibt aber kaum Untersuchungen, die den erfolgreichen Bildungsprozessen mehrsprachiger SchülerInnen gewidmet sind und herausarbeiten, welche

---

[11] In Frankreich wird der Großteil der Kinder bereits mit 3 Jahren institutionell betreut.

Bedingungen dafür notwendig sind. Entgegen dem dominierenden Diskurs, der den Spracherwerb – zumeist den Erwerb der Landessprache – als Lösungsansatz, um Benachteiligungs- und Ausschließungsprozessen entgegenzuwirken, deutlich überhöht, soll hier betont werden, dass es auch noch andere Prozesse jenseits der Sprache zu beachten gilt, die auch den Spracherwerb selbst maßgeblich beeinflussen.

Am Beispiel der Interaktionsmuster, die SchülerInnen mit Migrationshintergrund erleben, wie auch am Beispiel der Schulbücher, konnte in den letzten Jahren gezeigt werden, mit welchen Hürden diese Heranwachsenden im Speziellen zu kämpfen haben. Mark Terkessidis (2004, 172–203) beschreibt fünf Mechanismen, mit denen Jugendliche mit Migrationshintergrund – unabhängig von ihrem Schulerfolg – in der gesellschaftlich gegebenen und erlebten Normalität, konfrontiert werden: Entfremdung, Verweisung, Entantwortung, Entgleichung und Spekulation. Dahinter steht die Einsicht, dass weniger kulturelle Differenzen Quelle von Konflikten sind, als vielmehr diskriminatorische Praktiken kulturelle Differenz erzeugen und verfestigen. Diesen Prozess der Differenzierung zu verstehen und in reflektierter Weise mit realen Differenzen umzugehen, ohne Stereotypisierungsmechanismen zu unterliegen, sollte ein zentraler Bestandteil der LehrerInnenaus- und weiterbildung sein (vgl. auch den Beitrag von Plutzar in diesem Band). Parallel müssen die Inhalte der Lehrpläne und Lehrmaterialien entsprechend überarbeitet werden. So haben Markom und Weinhäupl (2007) gezeigt, wie Rassismen, Exotismen, Sexismen und Antisemitismus in österreichischen Schulbüchern zwar nicht an der Oberfläche aber knapp darunter ihren Niederschlag finden. Und sie zeigen auch auf, wie dies verändert werden kann. Schließlich sollten Prozeduren entwickelt werden, die es den mobilen SchülerInnen erleichtern, in das österreichische Schulsystem einzusteigen bzw. mit der Leistungsdokumentation aus dem hiesigen System in ein anderes umzusteigen.

4. Conclusio

Um das Ziel der zweifachen Chancengerechtigkeit verwirklichen zu können, sollten die folgenden Vorschläge einer gründlichen Prüfung unterzogen werden:

(1) früher Beginn der Pflichtschule bzw. frühes Alter, in dem die Teilnahme an qualitativ hochwertigen Betreuungs- und Bildungsinstitutionen in einer Gesellschaft üblich ist

(2) späte Selektion in unterschiedliche Schultypen, am besten nach Ende der Pflichtschule

(3) längere Dauer der Pflichtschule, d.h. 10–12 Jahre

(4) das individuelle Recht jedes Kindes auf Deutsch- und Erstsprachenförderung

(5) längere tägliche Dauer der Schule, d.h. Ganztagsschule mit kostenlosem Mittagessen

(6) Aus- und Weiterbildung von Schulpersonal (LehrerInnen, Leitung und administrative Kräfte) in den Bereichen Mehrsprachigkeit und Interkulturalität

(7) kultursensible Umgestaltung der Lehrmaterialen, der Lehrpläne und Didaktik

Die Logik hinter dieser Aufzählung ist einfach und scheint sich durch die ländervergleichenden statistischen Untersuchungen zu bestätigen: Je mehr institutionelle Unterstützung den SchülerInnen zur Verfügung steht, desto eher können klassen-reproduzierende Selektionsmechanismen entschärft und Benachteiligungen aufgrund von Abweichungen von der monolingualen, monokulturellen Norm ausgeglichen werden. Als Endziel jedoch soll die Veränderung der Lehrinhalte und -formen sein, sodass Vielfalt in sprachlicher, kultureller, religiöser Hinsicht die Normalität darstellt, von der im Klassenzimmer ausgegangen wird.

Es sei hier noch einmal betont, dass alledem als Ausgangsbasis die rechtliche Gleichstellung der Drittstaatsangehörigen zugrunde liegt, zumindest wenn sie, wie in den EU-Richtlinien definiert, nach 5 Jahren Niederlassung in Österreich als langansässig zu kategorisieren sind und damit so gut wie keiner rechtlichen Diskriminierung mehr unterliegen sollten. Wichtig wäre weiters, nach diesem Zeitraum die Einbürgerung zu forcieren. Schließlich muss als dritter Teil einer rechtlichen Strategie der nachhaltigen Sicherung von Teilhabe und Teilnahme an der österreichischen Gesellschaft eine unmissverständliche, nachdrückliche und klare Anti-Diskriminierungspolitik betrieben werden. Strukturelle Chancengerechtigkeit findet dort ihre notwendige Vervollständigung, wo nicht diskriminierendes Verhalten auf der individuellen Ebene ein allgemein akzeptiertes Anliegen wird.

Literatur

Online Ressourcen wurden am 16.3.09 zuletzt eingesehen

Breit, Simone/Schreiner, Claudia (2006), Sozialisationsbedingungen von Schüler/innen mit Migrationshintergrund, in: Haider, Günter/Schreiner, Claudia (Hrsg.), *Die PISA-Studie. Österreichs Schulsystem im internationalen Wettbewerb*, Wien/Köln/Weimar, 169–178.

Esser, Hartmut (2006), *Sprache und Integration. Konzeptionelle Grundlagen und empirische Zusammenhänge*, Working Paper Nr. 7, Kommission für Migrations- und Integrationsforschung der Österreichischen Akademie der Wissenschaften, Wien. http://www.oeaw.ac.at/kmi/Bilder/kmi_WP7.pdf

Forum Nachhaltiges Österreich (2007), *Trendreport 02*. http://www.nachhaltigkeit.at/strategie/forum/pdf/071217_TRENDREPORT_02_DE.pdf

Gellner, Ernest (1995/1991), *Nationalismus und Moderne*, Hamburg.

Gogolin, Ingrid (1994), *Der monolinguale Habitus der multilingualen Schule,* Münster/New York.

Herzog-Punzenberger, Barbra/Gapp, Patricia (2009), Sozialisationsbedingungen von Schüler/innen mit Migrationshintergrund, in: Suchan, Brigitte/Wallner-Paschon, Christine/Schreiner, Claudia (Hrsg.), *PIRLS 2006.* Die *Lese-Kompetenz am Ende der Grundschule. Österreichischer Expertenbericht,* Graz, 55–65.

Hobsbawm, Erec/Ranger Terence (1992/1983), *The Invention of Tradition,* Cambridge.

Lebhart, Gustav/Marik-Lebeck, Stephan (2007), Zuwanderung nach Österreich. Aktuelle Trends, in: Fassmann, Heinz (Hrsg.), *2. Österreichischer Migrations- und Integrationsbericht 2001–2006,* Rechtliche Rahmenbedingungen, demographische Entwicklungen, sozioökonomische Strukturen, Klagenfurt/Celovec, 145–163.

Markom, Christa/Weinhäupl, Heidi (2008), *Die Anderen im Schulbuch. Rassismen, Exotismen, Sexismen und Antisemitismus in österreichischen Schulbüchern,* Wien.

Parekh, Bhikuh (1996), Moral Philosophy And Its Antipluralist Bias, in: Archard, David (Hrsg.), *Philosophy and Pluralism,* Cambridge, 117–134.

Parekh, Bhikuh (2000), *Rethinking Multiculturalism. Cultural Diversity and Political Theory,* Hampshire/London.

Schreiner, Claudia/Breit, Simone (2006), Kompetenzen von Schüler/innen mit Migrationshintergrund, in: Haider, Günter/Schreiner, Claudia (Hrsg.), *Die PISA-Studie. Österreichs Schulsystem im internationalen Wettbewerb,* Wien, 179–192.

SKBF Schweizerische Koordinationsstelle für Bildungsforschung (2007), *Bildungsbericht Schweiz 2006,* 2. Aufl., Aarau.

Stöttinger, Elisabeth (2007a), Migrationshintergrund, in: Suchán, Birgit et. al. (Hrsg.), 34–35.

Stöttinger, Elisabeth (2007b), Migration: Einfluss der Sprache, in: Suchán, Birgit et. al (Hrsg.), 36–37.

Suchán, Birgit/Wallner-Paschon Christina/Stöttinger, Elisabeth/Bergmüller, Silvia (2007), *PIRLS 2006 Internationaler Vergleich von Schülerleistungen,* Graz. http://www.bifie.at/sites/default/files/publikationen/2007-11-28_pirls-2006-ersteergebnisse.pdf

Terkessidis, Mark (2004), *Die Banalität des Rassismus. Migranten zweiter Generation entwickeln eine neue Perspektive,* Bielefeld.

Unterwurzacher, Adelheid (2007), „Ohne Schule bist du niemand!" – Bildungsbiographien von Jugendlichen mit Migrationshintergrund, in: Weiss, Hilde (Hrsg.), 71–96.

Weiss, Hilde (Hrsg.) (2007), *Leben in zwei Welten. Zur sozialen Integration der zweiten Generation.* Wiesbaden.

Wimmer, Andreas (2008), Ethnische Grenzziehungen in der Immigrationsgesellschaft. Jenseits des Herder'schen Commonsense, in: *Kölner Zeitschrift für Soziologie und Sozialpsychologie,* Sonderheft 48/2008, 57–80.

Hans H. Reich

Förderung von Mehrsprachigkeit an Schulen – Bedingungen und Konsequenzen

Mehrsprachigkeit und Schulen – das geht nicht ohne weiteres zusammen. Über mehr als zwei Jahrhunderte hinweg waren die Schulen in Europa programmatisch Förderer der nationalen Einsprachigkeiten (Kremnitz 1997). Dieses Selbstverständnis wirkt fort – im Fächerkanon und in den Stundentafeln, im Bewusstsein zumindest der älteren Lehrendengeneration, in der Interessenvertretung der Sprachenlehrer, deren Verbände sich in der Zeit der alten Sprachenordnung etabliert haben. Es wirkt fort, obwohl seine politisch-gesellschaftlichen Grundlagen gegen Ende des 20. Jahrhunderts hinfällig geworden sind. Um dieses Spannungsverhältnis geht es, wenn heute von der Förderung von Mehrsprachigkeit an Schulen die Rede ist.

Zu sprechen ist von der realen gesellschaftlichen Vielsprachigkeit als der neu gegebenen Voraussetzung sprachlichen Lernens an öffentlichen Schulen. Zu sprechen ist dann zweitens von „der Schule" als Institution der Sprachenvermittlung, ihren Traditionen, ihren Veränderungen und ihren Veränderungsmöglichkeiten. Dazu kommt dann drittens die Sache, die von der Schule gefördert werden soll, also die Mehrsprachigkeit als Gegenstand des Lehrens und Lernens.

Vorausgesetzt wird, was allgemein bekannt ist:

(1) dass die Schülerschaft an den Schulen und die Gesellschaften außerhalb der Schulen in Europa de facto vielsprachig sind

(2) dass in dieser Situation individuelle Mehrsprachigkeit ein pädagogisch gerechtfertigtes Ziel ist

(3) dass also durch die Erziehung zur Mehrsprachigkeit sowohl die Teilhabechancen des Einzelnen gewährleistet werden als auch dem staatlichen Interesse an Zusammenhalt der Gesellschaft und soliden internationalen Beziehungen gedient wird.

1. Gesellschaftliche Vielsprachigkeit

Die Schule der Einsprachigkeit hatte sich für den Umgang mit der Sprachenvielfalt eine gedankliche Grundlage geschaffen, die sich als außerordentlich wirksam erweisen sollte: die kategorische Unterscheidung von Muttersprache und Fremdsprache und die Gleichsetzung der Muttersprache mit der Nationalsprache. Sprachliche Verhältnisse, die nicht in Übereinklang damit standen, wurden bekämpft (vgl. Gogolin/Krüger-Potratz 2006, 86–90). Dass Muttersprache und Fremdsprache etwas Grundverschiedenes seien, erscheint auch heute noch den meisten Staatsbürgern völlig plausibel, und die Identifikation von Sprachen mit (politischen) Territorien ist eine nach wie vor gängige Vorstellung. In diesem Sinne wurden die „anderen" Sprachen definiert als die Nationalsprachen anderer Staaten, und die Frage, welche Sprachen in welcher Reihenfolge mit welcher Stundenzahl an welchen Schulen unterrichtet werden sollten, wurde nach dem Maßstab des internationalen Verwendungswertes dieser Sprachen entschieden. Schulsprachenpolitik war Unterdrückung nach innen und Anerkennung von Machtverhältnissen nach außen. Sie fußte auf der Autonomie der Nationalstaaten und dem Eurozentrismus der Außenpolitik.

Die Wandlungsprozesse, die unter dem Namen Globalisierung zusammengefasst werden, haben Sprachenverhältnisse in Europa geschaffen, denen mit der einfachen Unterscheidung von Mutter- und Fremdsprache und der Orientierung an einer linearen Skala des internationalen Gebrauchswerts nicht mehr beizukommen ist: In den europäischen Staaten leben und arbeiten Menschen verschiedenster Muttersprachen nebeneinander und miteinander. Dabei behaupten zwar die Nationalsprachen ihre traditionell starke Stellung als Medien der direkten Kommunikation, der täglichen Information und der schulischen Bildung. Doch fungieren daneben lokal wie transnational zahlreiche andere Sprachen als Medien der direkten Kommunikation und der täglichen Information. Als übergreifende, internationale Kommunikationssprache – in der Wirtschaft, im Verkehr, in den Medien, in der Technik, in den Naturwissenschaften – herrscht das Englische vor. Diese übergeordnete Stellung wirkt zurück in die Domänen der Nationalsprachen. Es kommt zu Konkurrenzen in den Bereichen der Unterhaltung, der Freizeit, der medialen Selbstdarstellung, der fachspezifischen Information, der Geisteswissenschaften. Der Bedarf an Englischkenntnissen ist allgemein, der Bedarf an sonstigen Sprachenkenntnissen nimmt *relativ* gesehen ab. Wohlgemerkt: relativ gesehen, denn gleichzeitig nimmt – aus wirtschaftlichen, politischen, kulturellen und persönlichen Gründen – der Bedarf an Sprachenkenntnissen *generell* zu. Darum bedeutet der Rückgang des *Anteils* der nicht-englischen Sprachen an der internationalen Kommunikation nicht zwangsläufig, dass auch die *absolute* Zahl der Sprecher und Lerner dieser Sprachen abnimmt.

In dieser Situation könnte man erwägen, die Sprachbildung an den öffentlichen Schulen allein der Vermittlung der jeweiligen Nationalsprache und des Englischen dienstbar zu machen, und alles übrige Sprachenlernen privater Initiative zu überlassen. Doch würde man damit der Bildung insgesamt einen schlechten Dienst erweisen. In den nationalen Bildungssystemen würden die Bildungsinteressen der Sprachminderheiten, der alteingesessenen wie der in den vergangenen Generationen zugewanderten, weiter marginalisiert, mit voraussehbar negativen Folgen für den gesellschaftlichen Zusammenhalt. Und mit dem Verzicht auf die Repräsentierung der gesellschaftlichen Vielsprachigkeit im öffentlichen Bildungssystem ginge voraussehbar ein Verlust an kultureller Informiertheit und kultureller Offenheit der Gesellschaft insgesamt einher. In der internationalen Kommunikation würde die ökonomische, politische und militärische Überlegenheit derer, die Englisch als Muttersprache haben, auf einige Generationen hinaus durch zusätzliche Bildungsüberlegenheit verstärkt; die Bildungsungleichheit in der Welt nähme zu.

Die Konsequenz daraus lautet: Die Förderung der Mehrsprachigkeit an Schulen liegt im Interesse friedlicher Sprachenverhältnisse, im Interesse der Bildungsgleichheit und im Interesse der allgemeinen Bildungsziele. Sie kann aber nur erfolgreich sein, wenn sie die gegebenen Machtverhältnisse zwischen den Sprachen in ihre Politik mit einbezieht (Reich 2000). Insbesondere wird die Mehrsprachigkeit der Migranten und Migrantinnen nicht nachhaltig gefördert werden können, wenn sie nicht in ein Gesamtkonzept allgemeiner sprachlicher Bildung eingefügt ist (vgl. Gogolin 2003).

Konkret bedeutet dies: Die Beibehaltung der Nationalsprache als Medium des öffentlichen Unterrichts fordert, da sie nicht mehr selbstverständlich ist, verstärkte didaktische Anstrengungen. Es geht darum, ihre Nutzbarkeit als Bildungssprache für alle zu gewährleisten durch Förderung des sprachlichen Verstehens, durch Sprachaufmerksamkeit in sachbezogenen Lernprozessen, durch gezielte Arbeit an fachspezifischen Textarten, schriftlich wie mündlich. Diese bewusste Arbeit an der Nationalsprache als Bildungssprache schließt die intensivere sprachliche Förderung derjenigen Schülerinnen und Schüler ein, deren Familiensprache nicht eine Varietät der Nationalsprache ist. Ihre sprachliche Gleichausstattung hat im Rahmen einer Politik der Beibehaltung der Nationalsprache als Unterrichtsmedium höchste Dringlichkeit. Geschieht dies nicht, werden die Privatschulen rasch für eine weitere Spaltung der Gesellschaft sorgen.

In zweiter Linie ist der besonderen Stellung der englischen Sprache Rechnung zu tragen. Die Bildung in allen sonstigen Sprachen und die Förderung aller sonstigen Sprachen setzen voraus, dass die Deckung des Englischbedarfs gewährleistet ist. Es haben viele kluge Köpfe viele gute Argumente dafür vorgebracht, diese Bedingung zu relativieren (exemplarisch: Weinrich 1988); die Erfahrungen der beiden letzten Jahrzehnte haben aber definitiv gezeigt, dass sie nicht zu relativieren ist. Der Weg geht in die Richtung des Englischen als einer zweiten Bildungssprache (neben den jeweiligen Nationalsprachen), einer zweiten Bildungssprache für alle. Schulisch gesprochen bedeutet dies: früher Beginn und baldmöglichste Überführung in den Status eines

Unterrichtsmediums. Durch diese Umnutzung wird das Englische herausgenommen aus der Konkurrenz der Sprachen, in der Stundentafel wird Platz frei für die sonstigen Sprachen.

Hier, jenseits des unabweisbaren Bedarfs, öffnet sich der Raum der Sprachenvielfalt. Hier sollte es frühe Wahlmöglichkeiten geben, *Optionen für die Schulen* in Abhängigkeit von personellen, lokalen und regionalen Voraussetzungen, *Optionen für die Schülerinnen und Schüler* in Abhängigkeit von familiären oder persönlichen Orientierungen.

Da ist zunächst die Option auf die Sprache der Primärsozialisation als Bildungsgegenstand, wo sie nicht Medium des Unterrichts sein kann. Die Herkunftssprachen der Migranten und Migrantinnensind hier an erster Stelle zu nennen, aber auch die Sprachen der altansässigen Minderheiten gehören hierher. Da ist ferner die Option auf die Sprachen der politischen und geographischen Nachbarschaft, die in den mitteleuropäischen Staaten besonders nahe liegt, aber auch im Balkan, in den skandinavischen Staaten, in den Anrainerstaaten des Mittelmeers einen guten Sinn macht. Da sind schließlich nach wie vor Optionen, die auf wirtschaftliche Verwertbarkeit setzen oder von besonderen kulturellen Loyalitäten ausgehen.

2. Schule als Institution der Sprachenvermittlung

In der Gesellschaft wird individuelle Mehrsprachigkeit gefördert durch materielle, vor allem berufliche Interessen, durch nahe persönliche Beziehungen, durch kulturelle Neugier und durch die Versuche, Balancen herzustellen zwischen sprachlicher Loyalität und sprachlicher Notwendigkeit, zwischen dem Leben in der Minderheit und dem Leben in der Mehrheitsgesellschaft, zwischen Herkunft und Zukunft. Noch nie hat es so viele Gelegenheiten zur Mehrsprachigkeit gegeben wie heutzutage.

So weit das Leben. Was aber hat die Schule mit dem Leben zu tun? Das ist, man weiß es, eine knifflige Frage. Es gibt viele Versuche, das Leben in die Schule hineinzuholen oder die Schule dem Leben anzuähneln. Sie zeigen aber gerade durch ihr inständiges Bemühen, dass ein Gegensatz zwischen Schule und Leben immer schon vorausgesetzt werden muss. Er ist, wie die Historische Pädagogik lehrt, durch die zunehmende Differenzierung der Gesellschaften, insbesondere durch die zunehmende Arbeitsteilung entstanden. Man kann versuchen, ihn zu verringern, vielleicht auch zu überbrücken, abschaffen kann man ihn nicht, so wenig wie die gesellschaftliche Differenzierung selbst. Die Schule wirkt in diesem Gefüge als eine „eigen-sinnige" Institution, halb abhängig, halb unabhängig von der Gesellschaft. Sie schafft sich einen Raum des schulisch wertvollen Wissens, durch dessen Einrichtung sie sich vor der Gesellschaft legitimiert, aber auch von der alltäglichen Kultur der Gesellschaft abhebt. Er ist gekennzeichnet durch den Anschluss an das, was in der Gesellschaft für wertvoll gehalten wird, durch die Systematisierung dieses Wissens in Fächern und Lehrplänen und durch formelle Bewertungsverfahren. Durch den Anschluss an den gesellschaftlichen Wertekonsens und durch die Werthaltungen, die in der systematisierenden Weiterführung vermittelt werden, sichert die Schule zugleich Kontinuität und die Möglichkeit von Innovation (Diederich/Tenorth 1997).

Am konkreten Beispiel: Schule lehrt nicht den erfolgreichen Steuerbetrug, aber auch nicht das ehrliche Ausfüllen von Steuererklärungen, sondern den systematischen Umgang mit Tabellen, die Analyse von Texten und die Rechenarten, die man u.a. dazu braucht, als Staatsbürger seine Pflicht zu tun. Indem Schule derartiges Wissen vermittelt, vermittelt sie auch, implizit, eine Werthaltung der rationalen Erledigung gesellschaftlicher Aufgaben und schafft damit auch die Möglichkeit, über das Gegebene hinaus zu gehen und auch neue und künftige Aufgaben rational anzupacken. In diesem Sinne kann man fortfahren: Die Schule lehrt nicht das Basteln von Höllenmaschinen, aber auch nicht das Ingangsetzen von Motoren, sondern Chemie und Physik, nicht das Musizieren, sondern das Notenlesen und das Verständnis musikalischer Formen, nicht das Kommunizieren mit anderen Menschen, sondern *Sprachen*.

Die Konsequenz daraus lautet, dass die Förderung von Mehrsprachigkeit an Schulen nur erfolgreich sein kann, wenn sie sich dem „Eigen-Sinn" der Institution fügt. Mehrsprachigkeit wird nur dadurch zu einem schulisch wertvollen Wissen, dass sie sich in die Formen schulischer Wissenskonstitution und schulischer Wissensvermittlung einpasst. Im Klartext: Mehrsprachigkeit wird gefördert durch die Zuweisung eines Ortes oder mehrerer Orte im Fächerkanon, durch Verankerung in den Lehrplänen, und durch Relevanz für Bewertungsverfahren. Das Bemühen um ein sprachenfreundliches Klima an der Schule ist eine gute Sache, aber es wird nur wirksam sein, wenn es durch Angebote im Unterricht beglaubigt ist, die nicht zurückbleiben hinter den Standards anderer Unterrichtsinhalte. Eine nur-spielerische Begegnung mit der Sprachenvielfalt mag Spaß machen, aber auch sie wird nicht weit tragen, wenn sie das Siegel der Unernsthaftigkeit an sich trägt. Sprachförderung als Querdimension des Unterrichts in allen Fächern wäre gewiss ein großer Fortschritt – wenn nicht im Konflikt- oder Zweifelsfall doch immer die curricular festgeschriebenen Inhalte der Fächer den Vorrang hätten.

Die Mehrsprachigkeit an Schulen wird nur gefördert, wenn eine wirkliche Mehrzahl von Optionen sprachlicher Bildung geboten wird und für alle Optionen faire Konkurrenzbedingungen gelten. Man wird sich dabei zunächst gleichberechtigte Unterrichtsfächer im traditionellen Sinne vorstellen; doch ist es auch erlaubt, z.B. an altersgemischte Niveaugruppen, an geregelte Umsteigemöglichkeiten, an Kooperationen mit außerschulischen Instanzen zu denken.

Es ist wünschenswert, dass diese Angebote nicht beziehungslos nebeneinander stehen. Geht man davon aus, dass die meisten Angebote einer schulischen Didaktik des Sprachenlernens folgen werden, dann ergibt sich eine weitere mögliche Konsequenz, die auch unter zeitökonomischen Gesichtspunkten von Interesse ist: Dem Unterricht der verschiedenen Sprachen, und hier sind die Nationalsprache und die Weltsprache eingeschlossen, sind kognitive Inhalte gemeinsam, die eigentlich nicht jedes Mal neu erarbeitet werden müssen: grammatische und semantische Begriffe, Lern- und Erschließungsstrategien, sprachvergleichende und sprachgeschichtliche Elemente. Sie können zusammen mit sprachsoziologischen Grundbegriffen zu einem Fach „Sprache" gebündelt werden, das man sich als eine Schaltstelle der Bildung zur Mehrsprachigkeit vorstellen kann. Wichtig auch hier, dass es nicht bei ein paar netten *language-awareness*-Ideen bleibt, sondern ein seriöses Curriculum entsteht, das von der Vorschule bis in die Oberstufe der Gymnasien reicht.

3. Mehrsprachigkeit als Lerngegenstand

Persönliche Mehrsprachigkeit ist eine Aggregation von Kompetenzen, die sich aufbauen und verändern und aufs engste mit dem Lebenslauf des Menschen verwoben sind. Ganz zu Beginn des Lebens macht die Sprachaneignung einen großen Teil der persönlichen Entwicklung aus, da ist auch der gleichzeitige Erwerb zweier Sprachen – förderliche Umstände vorausgesetzt – kein Problem (Tracy 2007). Das Schulalter scheidet dann möglicherweise zwischen einer Sprache, die schriftlich weiterentwickelt wird, und einer, die mündlich bleibt. Es führt neue Sprachen ein, und zwar in einer neuen Art und Weise, nämlich als kognitive Lerngegenstände. Es ist ein Glück, wenn der kognitive Lerngegenstand auch als Mittel der Kommunikation erfahren werden kann (zwei Einzelfälle: Reich 1998 und 1995, 151f). Ein Akt bewusster Lebensgestaltung ist es, wenn junge Erwachsene beschließen, die eine oder andere ihrer Schulsprachen zu „kapitalisieren", die anderen liegen zulassen. Es kann aber auch eine Folge persönlicher Begegnungen sein, die zu einer Veränderung des „Sprachenlebens" führen. Mehrsprachigkeit bedeutet lebenslanges Lernen.

Die Sprachen, die die persönliche Mehrsprachigkeit ausmachen, werden in unterschiedlichem Maße und zu unterschiedlichen Zwecken erworben, von den „minimalen Mehrsprachigkeiten", wie sie in der Gastronomie, der Unterhaltungsmusik, der Werbung (Androutsopoulos 2007) vorkommen, über die Touristen-Sprache, eine nur mündliche Alltagssprache, eine Nur-für-den-Beruf-Sprache usw. bis hin zur „Breitband-Beherrschung" einer oder mehrerer Sprachen.

Die Sprachen, die die persönliche Mehrsprachigkeit ausmachen, sind nicht unabhängig voneinander im Gehirn des Menschen „abgespeichert". Menschen verarbeiten ihre verschiedenen Sprachen nicht einzeln und getrennt voneinander, sondern in einem dynamischen System, das auch „Beziehungen zwischen den Sprachen" organisiert. Vor Jahren hat Hans-Jürgen Krumm „Sprachenporträts" gesammelt, in denen Jugendliche einen Körperumriss mit Farben und Figuren füllen, die ihre Sprachen symbolisieren. Eine der Sprachenporträtmalerinnen, die die Farben für ihre Sprachen sorgfältig über Beine, Arme und Kopf des Bildes verteilt hat, schreibt dazu: „eigentlich vermischt sich immer alles → es ‚kreiselt' im Körper herum!" Spiralen im Bauch, zwei bis sechs Stück pro Sprache, in den fünf Farben, die die Jugendliche dafür braucht, machen anschaulich, was sie meint (Krumm/Jenkins 2001, 68f).

Was einmal angeeignet wurde, ist Voraussetzung und Grundlage des Nachfolgenden – die vierte und fünfte Sprache lernen sich leichter als die zweite und dritte. Dabei kann es schon auch einmal zu Verwechslungen, „Interferenzen", kommen, aber auch diese sind nicht selten nur ein Mittel, um die Kommunikation aufrecht zu erhalten, um nicht steckenbleiben zu müssen – alles in allem überwiegen die Aktivposten das Lästige der kleinen Störungen bei weitem. Mehrsprachigkeit ist ein Gewinn. Die Annahme, eine Unterrichtung der Erstsprachen würde der Aneignung der Zweitsprache Zeit wegnehmen (Hopf 2005), ist wenig plausibel und empirisch nicht belegt (Söhn 2005).

Das neu Gelernte wirkt auch zurück auf das schon Angeeignete: Die Alphabetisierung in der Zweitsprache führt zu Versuchen, auch die nur-mündliche Erstsprache zu schreiben. Die grammatikalischen Erklärungen einer Schulsprache, des Lateinischen womöglich, ermöglichen auch den bewussten Zugriff auf die Kommunikationssprachen. Die Auseinandersetzung mit einer typologisch andersartigen Sprache erweitert die Möglichkeiten der bewussten und der unbewussten Regelbildung.

Die *Konsequenzen* liegen auf der Hand.

Erstens: Zum lebenslangen Umgang mit Sprachen kann Schule immer nur Vorläufiges beibringen; schulische Sprachenvermittlung muss sich selbst als Element und Katalysator in diesem Prozess definieren. Sie muss versuchen, das schulische Sprachenlernen so zu gestalten, dass es bestmögliche Beiträge zum außerschulischen Sprachenlernen leistet und gute Grundlagen zum lebenslangen Sprachenlernen legt. Grundlegend ist die Fähigkeit eines bewussten und selbstsicheren Umgangs mit der Mehrsprachigkeit. Zu dieser Fähigkeit gehört Wissen über den Bau und das Funktionieren von Sprachen, aber auch Kenntnis und einige Übung strategischen Lernens. Angestrebt werden sollte,

- verschiedene Modi der Annäherung an eine Sprache miteinander verbinden zu können: direkte Kommunikation und schulische Instruktion, mediale Rezeption und orale Produktion, allgemeines Regelwissen und themenspezifisches Vokabelwissen
- begonnene Lernprozesse zu einem späteren Zeitpunkt fortführen zu können; Sprachenportfolii bieten ausgezeichnete Grundlagen dafür
- erworbenes Wissen und Können von einer Sprache auf eine andere übertragen zu können

Diese Fähigkeiten sind nicht abstrakt, sondern am „Stoff" konkreter Sprachen zu vermitteln. Sie muss sich schulisch im Bereich des unabweisbaren Bedarfs wie im Bereich der sprachlichen Optionen bewähren.

Zweitens: Die schulisch angebotenen Sprachen sollten erkennbar unterschiedlichen Zwecken dienen. Neben die „Breitband"-Beherrschung der Nationalsprache und die sichere Kommunikationsfähigkeit in der Weltsprache treten die Weiterführung gesprochener Alltagssprachen zu ihren standardsprachlichen Verwendungen, die Nutzung auch dieser Sprachen als Medien der Wissensvermittlung und der internationalen Kommunikation, die Annäherung an fremde Kulturen, die tiefere Durchdringung von persönlicher Herkunft oder historischer Vergangenheit. Diese funktionale Differenzierung vermeidet demotivierende Doppelungen in den Zielsetzungen und erlaubt Konzentrationen auf je unterschiedliche Aspekte von Sprachen.

Drittens: Für die Förderung der Mehrsprachigkeit an Schulen ist eine Didaktik auszuarbeiten, die auch den dynamischen Beziehungen zwischen den Sprachen eines Individuums Rechnung trägt (Bausch 2003). Zum Vergleichen von Sprachen anzuleiten ist die Kernaufgabe dieser Didaktik (Meißner 1998). Sie soll dazu führen, sprachliches Vorwissen gezielt zu aktivieren, Gemeinsamkeiten und Unterschiede zu erkennen, Regelmäßigkeiten in den Entsprechungen abzuleiten, die als Brücken von Sprache zu Sprache dienen können. Gerade mit Blick auf die Herkunftssprachen von Migranten und Migrantinnen kann und soll eine solche Didaktik Einsichten in die wechselseitigen Beziehungen zwischen den Sprachen schaffen, die sich wechselseitigen Kulturkontakten verdanken, aber auch Einsichten in die jeweilige typologische Eigenständigkeit der Sprachen vermitteln. Anerkennung des Eigenen und Austausch mit Anderen sind die Grundprinzipien interkulturellen Lernens, sie sind auch die Grundprinzipien einer nachhaltigen Förderung der Mehrsprachigkeit.

Literatur

Online Ressourcen zuletzt aufgerufen am 16.3.09

Androutsopoulos, Jannis (2007), „Minimale Mehrsprachigkeiten", *www.streitfall-zweisprachigkeit.de.*
Bausch, Karl-Richard (2003), „Zwei- und Mehrsprachigkeit: Überblick", in: Bausch, Karl-Richard/Christ, Herbert/Krumm, Hans-Jürgen (Hrsg.), *Handbuch Fremdsprachenunterricht,* 4. Aufl., Tübingen und Basel, 439–445.
Christ, Herbert (2003), „Sprachenpolitik und das Lehren und Lernen fremder Sprachen", in: Bausch, Karl-Richard/Christ, Herbert/Krumm, Hans-Jürgen (Hrsg.), *Handbuch Fremdsprachenunterricht,* 4. Aufl., Tübingen und Basel, 102–110.
Diederich, Jürgen/Tenorth, Heinz-Elmar (1997), Theorie der Schule. Ein Studienbuch zu Geschichte, Funktionen und Gestaltung, Berlin.
Gogolin, Ingrid (2003), „Interkulturelle Erziehung und das Lehren und Lernen fremder Sprachen", in: Bausch, Karl-Richard/Christ, Herbert/Krumm, Hans-Jürgen

(Hrsg.), *Handbuch Fremdsprachenunterricht*, 4. Aufl., Tübingen und Basel, 97–102.

Gogolin, Ingrid/Krüger-Potratz, Marianne (2006), *Einführung in die Interkulturelle Pädagogik*, Opladen und Farmington Hills.

Hopf, Diether (2005), "Zweisprachigkeit und Schulleistung bei Migrantenkindern", in: *Zeitschrift für Pädagogik, Heft 2*, 236–251.

Kremnitz, Georg (1997), *Die Durchsetzung der Nationalsprachen in Europa*, Münster u.a.

Krumm, Hans-Jürgen/Jenkins, Eva-Maria (2001), *Kinder und ihre Sprachen – lebendige Mehrsprachigkeit. Sprachenporträts – gesammelt und kommentiert von Hans-Jürgen Krumm*, Wien.

Meißner, Franz-Joseph (1998), "Gymnasiasten der Sekundarstufe I lernen den interlingualen Transfer", in: Meißner, Franz-Joseph/Reinfried, Marcus (Hrsg.), *Mehrsprachigkeitsdidaktik. Konzepte, Analysen, Lehrerfahrungen mit romanischen Fremdsprachen*, Tübingen, 217–237.

Reich, Hans H. (1995), *Community languages teaching. Herkunftssprachenunterricht in England*, Münster/New York.

Reich, Hans H. (1998), "Sprachen werden total gebraucht, weil irgendwie musst du ja mit den Leuten reden. Analyse eines Interviews zum Thema Spracheinstellungen und Mehrsprachigkeit", in: Gogolin, Ingrid/Graap, Sabine/List, Günter (Hrsg.), *Über Mehrsprachigkeit*, Tübingen.

Reich, Hans H. (2000), "Machtverhältnisse und pädagogische Kultur", in: Gogolin, Ingrid/Nauck, Bernhard (Hrsg.), *Migration, gesellschaftliche Differenzierung und Bildung*, Opladen, 343–364.

Söhn, Janina (2005), *Zweisprachiger Schulunterricht für Migrantenkinder. Ergebnisse der Evaluationsforschung zu seinen Auswirkungen auf Zweitspracherwerb und Schulerfolg (= AKI-Forschungsbilanz 2)*, Berlin.

Tracy, Rosemarie (2007), *Wie die Kinder Sprachen lernen und wie wir sie dabei unterstützen können*, Tübingen.

Weinrich, Harald (1988), *Wege der Sprachkultur*, München.

Elfie Fleck

Sprachförderung in Österreich: Angebote im schulischen Bereich

1. Österreich ist ein Einwanderungsland

Die Interpretation der Bevölkerungs- wie der Schulstatistik lässt keinen anderen Schluss zu, auch wenn dies nur zögerlich und teilweise widerwillig zur Kenntnis genommen wird.

Die Anzahl der SchülerInnen mit anderen Erstsprachen[1] als Deutsch an allgemein bildenden Pflichtschulen (APS)[2] hat seit Mitte der Neunziger Jahre deutlich zugenommen. Österreichweit konnte ein Zuwachs von 80.068 im Schuljahr 1995/96 auf 128.927 SchülerInnen im Schuljahr 2007/08 verzeichnet werden (bmukk 2009a). Prozentuell ausgedrückt handelt es sich um eine Steigerung von 11,7% auf 20,7% der gesamten Schülerpopulation, wobei erhebliche regionale Unterschiede zu beobachten sind (Kärnten: 10,3%, Wien: 52,7%). Für Wien bedeutet das jedenfalls, dass mittlerweile mehr als die Hälfte der PflichtschülerInnen aus Migrationsverhältnissen stammt.

Auch an den weiterführenden Schulen ist die Zahl der SchülerInnen mit Zweitsprache Deutsch in diesem Zeitraum ständig angestiegen. An allgemein bildenden höheren Schulen (AHS) hat sich der Anteil dieser Schülergruppe von 6,2% auf 12,5% erhöht, an berufsbildenden mittleren Schulen kann österreichweit eine Zunahme von 6,0% auf 16,1% und an berufsbildenden höheren Schulen von 4,6% auf 10,5% beobachtet werden. Die entsprechenden Werte für Wien betrugen im Schuljahr 2007/08 26,4%, 46,3% und 27,6%.

Jedenfalls werden SchülerInnen mit anderen Erstsprachen als Deutsch auch in Hinkunft eine konstant starke Gruppe darstellen, deren spezifische Bildungsvoraussetzungen in der Schule zu berücksichtigen sind. Grundsätzlich kann davon ausgegangen werden, dass die typische österreichische Schulklasse, zumindest in städtischen Ballungsräumen, mehrsprachig und multikulturell zusammengesetzt ist. Selbst Standorte in entlegenen Ortschaften sind von dieser Entwicklung nicht ausgenommen, vor allem dann nicht, wenn sich eine Unterkunft für AsylwerberInnen im Ort befindet.

---

[1] Für die Sprache, in der die Primärsozialisation erfolgt, werden unterschiedliche Bezeichnungen verwendet: „Muttersprache", „Erstsprache", „Primärsprache", „Familiensprache" „Herkunftssprache" oder auch L1.

[2] Volksschulen, Hauptschulen, Sonderschulen, Polytechnische Schulen

1.1. Zur Klärung einiger Begriffe

Im Alltagsdiskurs, aber auch in der medialen Debatte ist vielfach von „Ausländerkindern" bzw. von „ausländischen SchülerInnen" die Rede, was häufig Anlass zu Missverständnissen gibt.

Daher gilt es, die Kategorien „Staatsbürgerschaft", „Erstsprache(n)", „Geburtsort/land" und „Deutschkompetenz" sorgfältig auseinanderzuhalten, nicht zuletzt deshalb, weil gewisse politische Strömungen bewusst mit einer unscharfen Begrifflichkeit operieren und längst eingebürgerte MigrantInnen mit Absicht als „AusländerInnen" bezeichnen oder Menschen mit anderen Herkunftssprachen ausnahmslos unterstellen, der deutschen Sprache nicht mächtig zu sein.

Ein 50-prozentiger Anteil von SchülerInnen mit anderen Erstsprachen als Deutsch in einer Klasse bedeutet jedenfalls nur in den allerwenigsten Fällen, dass die Hälfte der SchülerInnen dem Unterricht in der deutschen Sprache kaum oder gar nicht folgen kann. Er unterstreicht aber sehr wohl die Notwendigkeit pädagogischer Maßnahmen zur sprachlichen Förderung dieser Schülergruppe, um ihre Kompetenz in der Zielsprache Deutsch laufend zu verbessern.

Wie wenig achtlos verwendete Definitionen oder weit verbreitete Vorurteile mit der Realität zu tun haben, zeigt ein neuerlicher Blick auf die Statistik: Österreichweit hatten im Schuljahr 2006/07 108.747 SchülerInnen (9,2% aller SchülerInnen) eine ausländische Staatsangehörigkeit, aber 182.614 SchülerInnen (15,4%) eine andere Erstsprache als Deutsch. Die deutlich höhere Zahl der letzteren Gruppe ergibt sich aus der Tatsache, dass viele fremd- und zweisprachige SchülerInnen die österreichische Staatsbürgerschaft erworben haben bzw. bereits als ÖsterreicherInnen geboren wurden. Es handelt sich bei dieser Gruppe also nicht (mehr) um „Ausländerkinder". Umgekehrt ist zu berücksichtigen, dass bei den ausländischen SchülerInnen auch jene mitgezählt werden, deren Erstsprache sehr wohl Deutsch ist (z.B. deutsche Staatsangehörige oder deutschsprachige SüdtirolerInnen mit italienischem Pass).

Ein sorgfältiger Sprachgebrauch kann vielleicht auch indirekt dazu beitragen, dass SchülerInnen, die längst eingebürgert bzw. seit ihrer Geburt ÖsterreicherInnen sind, sich nicht selbst als „AusländerInnen" begreifen (was nicht zuletzt auf Grund von Fremdzuschreibungen vielfach der Fall ist), sondern sich selbstbewusst als zwei- oder mehrsprachige ÖsterreicherInnen definieren.

1.2. SchülerInnen mit Migrationshintergrund – ein brauchbarer Begriff für die Frage der Sprachförderung?

Aus den bisher angeführten Gründen hüten sich „politisch korrekte" Menschen davor, von „AusländerInnen" oder „ausländischen SchülerInnen" zu sprechen, sofern nicht explizit auf Menschen mit nicht-österreichischem Pass Bezug genommen wird. Daher ist der derzeit wohl gängigste Terminus – auch in der Migrationsforschung sowie in den Sozialwissenschaften insgesamt – „Personen mit Migrationshintergrund". Doch auch diese Bezeichnung ist letztendlich unbefriedigend und geht teilweise am Kern der Thematik vorbei.

Laut Statistik Austria werden Menschen mit Migrationshintergrund folgendermaßen definiert: Personen mit ausländischer Staatsangehörigkeit sowie Personen, die selbst im Ausland geboren wurden bzw. von denen mindestens ein Elternteil im Ausland geboren wurde.

Nach dieser Definition sind selbstverständlich auch deutsche StaatsbürgerInnen in der Migrationsstatistik enthalten, auch wenn anzunehmen ist, dass für einen Großteil von ihnen Deutsch die L1 ist. Mit 190.466 Personen sind Menschen deutscher Herkunft sogar die zweitgrößte Gruppe unter den Zuwanderern – nach den Personen mit ex-jugoslawischen Wurzeln (443.586) und noch vor der Gruppe türkischer Herkunft (ca. 154.705).[3]

Andererseits werden zahlreiche Kinder und Jugendliche, deren Eltern bereits in Österreich geboren wurden, die aber im Familienverband ausschließlich oder teilweise eine andere Sprache als Deutsch verwenden, in der Migrationsstatistik nicht berücksichtigt, obwohl im schulischen Kontext ihre sprachliche Primärsozialisation sehr wohl ein Thema ist, da sie als AdressatInnen für den Deutsch-als-Zweitsprache-Unterricht bzw. für den muttersprachlichen Unterricht in Frage kommen.

Im Lauf der Jahre und Jahrzehnte haben sich die Eltern dieser Kinder – offenbar unbemerkt vom politischen und sozialwissenschaftlichen Diskurs – von MigrantInnen in neue (sprachliche) Minderheiten verwandelt. Die etwas sperrige Bezeichnung „SchülerInnen mit anderen Erstsprachen als Deutsch" wird dieser Zielgruppe daher noch am ehesten gerecht.

1.3. Das Schulsystem reagiert: ein historischer Abriss

Anfang der Siebziger Jahre des vorigen Jahrhunderts war die Zahl der „Gastarbeiterkinder" (wie sie damals bezeichnet wurden) an den allgemein bildenden Pflichtschulen in Österreich, vor allem in den städtischen Ballungszentren, so weit angewachsen, dass nicht mehr von Einzelfällen gesprochen werden konnte. Das Schulsystem musste also auf die Anwesenheit dieser neuen Schülergruppe und ihre speziellen Lernvoraussetzungen reagieren, auch wenn damals noch von der Annahme ausgegangen wurde, dass die „GastarbeiterInnen" und ihre Kinder sich nicht dauerhaft in Österreich niederlassen würden.

---

[3]   Quelle: Statistik Austria, zitiert im Kurier vom 21.6.2007.

Jedenfalls wurden Mitte der Siebziger Jahre einerseits die ersten Deutschförder-kurse und andererseits der muttersprachliche Unterricht (damals unter der Bezeich-nung „Muttersprachlicher Zusatzunterricht") in Form von Schulversuchen einge-richtet, die im Bereich der APS mit dem Schuljahr 1992/93 durch entsprechende Lehrplanverordnungen[4] ins Regelschulwesen übergeleitet wurden. Um der sprachlich und kulturell zunehmend heterogenen Zusammensetzung der meisten Schulklassen Rechnung zu tragen, wurde – ebenfalls Anfang der Neunziger Jahre – das Unter-richtsprinzip „Interkulturelles Lernen" an den APS und an den allgemein bildenden höheren Schulen (AHS) eingeführt.[5]

Der seit dem Schuljahr 2000/01 gültige Lehrplan für die Sekundarstufe I[6], der im Bereich der Hauptschulen und der Polytechnischen Schulen den Lehrplan aus dem Jahr 1992 ersetzt, enthält „Besondere didaktische Grundsätze, wenn Deutsch Zweit-sprache ist" sowie einen Fachlehrplan für den muttersprachlichen Unterricht, und zwar erstmals auch für die AHS-Unterstufe. Damit wurde die kontinuierlich steigen-de Anzahl von SchülerInnen mit anderen Erstsprachen auch im Bereich der höheren Schulen erstmals zur Kenntnis genommen.

Weiters wurde mit dem Lehrplan 2000 auch das Angebot an lebenden Fremdspra-chen um die beiden Migrantensprachen Bosnisch/Kroatisch/Serbisch (Hauptschule und AHS-Unterstufe) und Türkisch (nur an der Hauptschule) erweitert.

Mit dem Schuljahr 2004/05 wurde schließlich ein Fachlehrplan für den mutter-sprachlichen Unterricht an der AHS-Oberstufe verordnet, während es bei der Ein-führung eines Deutsch-als-Zweitsprache-Lehrplans zu Verzögerungen kam und die entsprechende Verordnung erst ab dem Schuljahr 2006/07 in Kraft trat. An den kaufmännischen mittleren und höheren Schulen (HaS und HAK) wendet sich die unverbindliche Übung „Unterstützendes Sprachtraining Deutsch" (USD), für die es seit dem Schuljahr 2003/04 (HaS) bzw. 2004/05 (HAK) eine entsprechende Lehrplan-verordnung gibt, in erster Linie an SchülerInnen mit anderen Erstsprachen.

Im Gegensatz zur „Lehrplangeneration" aus dem Jahr 1992 handelt es sich bei den Lehrplänen für die Sekundarstufe I, die AHS-Oberstufe und die kaufmännischen Schulen eher um allgemeine Richtlinien in knapper Form (bmukk 2008b).

---

[4]   Vgl. BGBl. 528/1992 für die Volks-, Haupt- und Sonderschulen, geändert durch BGBl. II Nr. 134/2000 für die Hauptschulen, und BGBl. 616/1992, für die Polytechnischen Schulen, jeweils in der derzeit geltenden Fassung.

[5]   Vgl. BGBl. 439/1991 für die Volksschulen, BGBl. 528/1992 für die Sonderschulen, BGBl. II Nr. 134/2000 für die Hauptschulen, BGBl. 616/1992 für die Polytechnischen Schulen, jeweils in der derzeit geltenden Fassung, sowie BGBl. II Nr. 133/2000 für die AHS, novelliert durch BGBl. II Nr. 277/2004.

[6]   Vgl. BGBl. II Nr. 134/2000 (Hauptschule) und BGBl. Nr. II, 133/2000 (AHS-Unterstufe).

2. Die drei Grundpfeiler einer sinnvollen Pädagogik in Einwanderungsländern:

2.1. Theorie und Praxis

Die internationale Fachwelt ist sich einig, dass eine zielgruppenadäquate Pädagogik in Einwanderungsgesellschaften auf drei Säulen beruht (de Cillia 1998):

(1) Förderung der Landessprache(n)
(2) Förderung der Erstsprache(n)
(3) Interkulturelle Erziehung

Mit den Lehrplanverordnungen für Deutsch als Zweitsprache und für den muttersprachlichen Unterricht sowie mit der Verankerung des Unterrichtsprinzips „Interkulturelles Lernen" wurde in Österreich – zumindest an den allgemein bildenden Pflichtschulen und an der AHS – die Voraussetzung für eine ertragreiche Arbeit in mehrsprachigen und kulturell heterogenen Klassen geschaffen. Aber damit Lehrplaninhalte zum Leben erweckt werden können, bedarf es förderlicher Rahmenbedingungen, die sich in zwei Schlagworten zusammenfassen lassen: ein für diese Aufgaben qualifiziertes Lehrpersonal und ausreichende (Personal)Ressourcen.

2.2. Deutsch als Zweitsprache

2.2.1. Stundenausmaß

Der Lehrplan sieht für den besonderen Förderunterricht in Deutsch an APS maximal zwölf Wochenstunden für außerordentliche[7] und eine Obergrenze von fünf bzw. sechs Wochenstunden für ordentliche SchülerInnen mit anderen Erstsprachen als Deutsch vor. Ein minimales Wochenstundenausmaß ist in den Lehrplanverordnungen nicht enthalten, sodass es keinen Rechtsanspruch auf diesen Unterricht gibt und das Angebot stark von den vorhandenen Personalressourcen abhängig ist. Im Allgemeinen werden nicht mehr als zwei bis drei Wochenstunden angeboten, was – gerade bei SchulanfängerInnen oder bei SeiteneinsteigerInnen – bei Weitem nicht ausreicht. Dazu kommt, dass die LehrerInnen für den besonderen Förderunterricht in Deutsch vielfach als Supplierreserven eingesetzt werden.

---

[7]   Dabei handelt es sich um SchülerInnen, die auf Grund mangelnder Deutschkompetenz dem Unterricht „nicht ohne weiteres folgen können" (vgl. SchUG, § 4).

Da im Bereich der APS mit dem Schuljahr 2001/02 von einer zentralen zweck-gebundenen Vergabe von Lehrerplanstellen für den besonderen Förderunterricht in Deutsch abgegangen wurde und stattdessen die einzelnen Bundesländer über den konkreten Personaleinsatz im Rahmen des vom Bund genehmigten Gesamtplanstellenkontingents entscheiden, ist es seither zu einem deutlichen Rückgang dieses Angebots gekommen.

Im Bereich der höheren Schulen werden die erforderlichen Werteinheiten dem schulautonomen Kontingent entnommen, womit auch hier der Deutsch-als-Zweitsprache-Unterricht mit anderen nicht verpflichtenden schulischen Angeboten (z.B. Gitarre, Volleyball) konkurriert, was nicht nur die Bedürfnissen der betroffenen SchülerInnen ausblendet, sondern fremdenfeindliche Tendenzen geradezu herausfordert. („Mein Kind darf nicht Basketball spielen, weil die ‚Ausländer‘ nicht Deutsch können.")

Um diesen Gefahren entgegenzuwirken, werden im Bereich des Stadtschulrats für Wien (AHS) jenen Schulen zweckgebundene Werteinheiten zugeteilt, die auf Grund eines nachgewiesenen Bedarfs zusätzliche Akzente im Bereich Deutsch als Zweitsprache setzen wollen. An berufsbildenden mittleren und höheren Schulen in Wien können aus dem gleichen Grund in den ersten Jahrgängen/Klassen Klassenteilungen im Unterrichtsgegenstand Deutsch vorgenommen werden, falls noch Restwerteinheiten zur Verfügung stehen.

2.2.2. Organisationsform

An allgemein bildenden Pflichtschulen kann der besondere Förderunterricht in Deutsch unterrichtsparallel (die betreffenden SchülerInnen werden in einer eigenen Gruppe zusammengefasst), integrativ (die/der Klassen-/FachlehrerIn und der/die BegleitlehrerIn unterrichten im Team) oder – falls organisatorisch nicht anders möglich – zusätzlich zum regulären Unterricht, etwa am Nachmittag, angeboten werden.

2.2.3. Qualifikation der LehrerInnen

Da entsprechende Pflichtlehrveranstaltungen in der Lehrererstausbildung an den Pädagogischen Akademien nicht vorgesehen waren und auch die wenigsten Studienpläne der neu eingerichteten Pädagogischen Hochschulen *verpflichtende* Lehrveranstaltungen im Rahmen der Erstausbildung enthalten und da Fort- und Weiterbildungsangebote grundsätzlich freiwillig sind, haben viele LehrerInnen, die Deutsch als Zweitsprache im Klassenverband oder in der Kleingruppe unterrichten, keine einschlägige Ausbildung. Die fachliche Unsicherheit dieser KollegInnen kann auch nicht durch ihr zweifellos vorhandenes großes Engagement wettgemacht werden.

2.2.4. Sprachförderkurse

Im Schuljahr 2006/07 wurden für die Vorschulstufe und für die ersten vier Schulstufen so genannte „Sprachförderkurse" per Gesetz eingeführt (bmukk 2008a), wobei die Bezeichnung irreführend ist, da es sich nicht um *Sprach*förderung, sondern um *Deutsch*förderung handelt. Diese Kurse können ab einer Anzahl von acht außerordentlichen SchülerInnen im Ausmaß von elf Wochenstunden auf der Grundlage der Lehrplanbestimmungen aus dem Jahr 1992 angeboten werden. Für den Fall, dass sich nicht acht in Betracht kommende SchülerInnen in einer Klasse finden, können die „Sprachförderkurse" auch schulstufen- oder sogar schulübergreifend abgehalten werden. Für diese Maßnahme werden seitens des Bundes zusätzliche Lehrerdienstposten österreichweit zur Verfügung gestellt (im Schuljahr 2007/08 etwa 400).

Die Einführung der „Sprachförderkurse" hat unter VolksschullehrerInnen vielfach Verwirrung ausgelöst, da es sich um eine Parallelstruktur zu den schon bisher möglichen Angeboten handelt. Kritisiert wurde auch der segregative Charakter.

Die am 8. August 2008 beschlossene Novelle zum Schulorganisationsgesetz sieht nicht nur eine Ausweitung auf außerordentliche SchülerInnen in der Hauptschule und in der Polytechnischen Schule vor, sondern auch die Möglichkeit, die „Sprachförderkurse" in integrativer Form abzuhalten.[8]

2.3. Der muttersprachliche Unterricht

2.3.1. Zur Bedeutung der schulischen Förderung der Erstsprache

ExpertInnen aus der Sprachwissenschaft sind sich weitgehend einig, dass die schulische Förderung der Erstsprache nicht nur den Erwerb der Zweitsprache Deutsch unterstützt, sondern auch für das Erlernen weiterer Fremdsprachen sowie für den schulischen Erfolg und die kognitive und emotionale Entwicklung des Kindes von Vorteil ist. Diese Erkenntnis wurde bei der Formulierung der Fachlehrpläne für den muttersprachlichen Unterricht berücksichtigt.

2.3.2. Zielgruppe

Der muttersprachliche Unterricht richtet sich an alle SchülerInnen, die im Familienverband eine andere Sprache als die Unterrichtssprache verwenden, sowie an zwei-

---

[8]   116. Bundesgesetzblatt, mit dem das Schulorganisationsgesetz geändert wird, § 8e.

sprachig aufwachsende SchülerInnen, und zwar ungeachtet anderer Merkmale, wie Staatsbürgerschaft, Schulbesuchsdauer in Österreich und Deutschkompetenz.

2.3.3. Sprachenangebote

Da die Lehrpläne für den muttersprachlichen Unterricht sprachneutral formuliert sind, lassen sie sich mühelos auf *alle* Sprachen anwenden, was die Einführung neuer Sprachen erleichtert (zuletzt Pashto in Wien).

Dementsprechend konnte in den vergangenen Jahren eine Ausweitung des Sprachenangebots verzeichnet werden[9], wenngleich die beiden Sprachen Bosnisch/Kroatisch/Serbisch und Türkisch immer noch mit Abstand die meisten LehrerInnen und SchülerInnen aufweisen können. Von 350 muttersprachlichen LehrerInnen waren im Schuljahr 2007/08 153 für Bosnisch/Kroatisch/Serbisch und 132 für Türkisch im Einsatz. Von den restlichen Sprachen ist die Gruppe der AlbanischlehrerInnen mit 20 Personen erwähnenswert, während mehrere Sprachen österreichweit nur von einer einzigen Lehrkraft unterrichtet werden. Der Arabischunterricht hat in den letzten Jahren an Bedeutung gewonnen und wird derzeit von acht Lehrkräften in Oberösterreich, Salzburg, in der Steiermark, in Tirol und in Wien erteilt.

2.3.4. Ausmaß des muttersprachlichen Unterrichts

Generell ist das Interesse am muttersprachlichen Unterricht in den letzten Jahren leicht gestiegen. Im Schuljahr 2007/08 haben österreichweit 27.653 SchülerInnen am muttersprachlichen Unterricht teilgenommen, was in Prozenten ausgedrückt einem Plus von 1,7% im Vergleich zum Vorjahr entspricht. Grob gesprochen nimmt etwas mehr als ein Fünftel aller SchülerInnen mit anderen Erstsprachen am muttersprachlichen Unterricht teil; unter den VolksschülerInnen sind es knapp 30% (bmukk 2009b).

2.3.5. Organisationsform – Stundenausmaß

Muttersprachlicher Unterricht kann laut Lehrplanverordnung an Volksschulen und Sonderschulen als unverbindliche Übung und ab der Sekundarstufe I als Freigegenstand (*mit* Benotung) *oder* als unverbindliche Übung (*ohne* Benotung) angeboten werden. Das Wochenstundenausmaß variiert je nach Schulart. Ebenso wie der

---

[9]   Im Schuljahr 2007/08 wurden folgende Sprachen angeboten: Albanisch, Arabisch, Bosnisch/Kroatisch/Serbisch, Bulgarisch, Chinesisch, Französisch, Italienisch, Makedonisch, Pashto, Persisch, Polnisch, Portugiesisch, Romanes, Rumänisch, Russisch, Slowakisch, Spanisch, Tschetschenisch, Türkisch und Ungarisch.

besondere Förderunterricht in Deutsch kann auch der muttersprachliche Unterricht unterrichtsparallel, integrativ (Team Teaching) oder in eigenen Kursen am Nachmittag abgehalten werden. Während in den meisten Bundesländern, aber auch im Fall von Sprachen, die in Österreichs Schulen nur eine vergleichsweise geringe Anzahl an SprecherInnen aufweisen, die Kursform dominiert, arbeiten LehrerInnen für Bosnisch/Kroatisch/Serbisch und Türkisch an Wiener Volksschulen häufig im Team mit der/dem KlassenlehrerIn.

2.3.6. Gruppengröße

Bei nichtintegrativer Führung (Kursform) gelten die Eröffnungszahlen für Freigegenstände und unverbindliche Übungen, die im Bereich der APS von Bundesland zu Bundesland variieren (im günstigsten Fall reichen fünf TeilnehmerInnen, im ungünstigsten Fall sind es zwölf).[10] Allerdings können SchülerInnen auch aus mehreren Klassen, Schulstufen, Schulen und sogar Schularten zusammengefasst werden.

2.3.7. LehrerInnen

Mit der Übernahme des muttersprachlichen Unterrichts ins Regelschulwesen (1992) und der gleichzeitig erfolgten entsprechenden Lehrplanverordnung liegt die Zuständigkeit für die schulische Förderung der Erstsprache ausschließlich in österreichischer Hand. Das ist im europäischen Vergleich keine Selbstverständlichkeit, da die Schulbehörden in einigen anderen Staaten (etwa in der Schweiz oder in einzelnen deutschen Bundesländern) diese Aufgabe an die Botschaften der Herkunftsstaaten oder an Migrantenvereine delegieren.

Auswahl, Anstellung und Bezahlung der muttersprachlichen LehrerInnen, von denen übrigens mehr als 70% die österreichische Staatsbürgerschaft besitzen, erfolgen durch österreichische Schulbehörden. Die LehrerInnen unterliegen – wie alle andere LehrerInnen auch – der Inspektion durch die österreichische Schulaufsicht, erhalten ihre Unterrichtsmaterialien (soweit möglich) im Rahmen der Schulbuchliste oder andernfalls über das Referat für Migration und Schule im Bundesministerium für Unterricht, Kunst und Kultur (bmukk) und können an Fort- und Weiterbildungsveranstaltungen teilnehmen.

In der Regel haben sie jedoch ihre Erstausbildung im Herkunftsland absolviert, was auf Grund der nur teilweise gegebenen Vergleichbarkeit ausländischer Studienabschlüs-

---

[10] An Bundesschulen gilt eine einheitliche Eröffnungszahl von zwölf SchülerInnen (vgl. Eröffnungs- und Teilungszahlenverordnung, BGBl. Nr. 86 vom 27.1.1981 in der derzeit geltenden Fassung).

se eine dienst- und besoldungsrechtliche Schlechterstellung zur Folge hat. So sind etwa 70% der muttersprachlichen LehrerInnen mit befristeten Sonderverträgen angestellt, die jährlich neu ausgestellt werden. Es ist unschwer nachvollziehbar, dass diese Regelung den betroffenen Lehrkräften eine berufliche Planung nicht gerade erleichtert.

2.4. Das Unterrichtsprinzip „Interkulturelles Lernen"

Vielfach wird das Unterrichtsprinzip „Interkulturelles Lernen" (IKL) mit dem Deutsch-als-Zweitsprache-Unterricht verwechselt. Während es sich bei Letzterem um eine zielgerichtete Fördermaßnahme für SchülerInnen handelt, deren Deutschkompetenz noch nicht auf muttersprachlichem Niveau anzusiedeln ist, stellt das Unterrichtsprinzip IKL eine Querschnittsmaterie dar, welche in geeigneter Form in alle Unterrichtsgegenstände einfließen sollte – und zwar auch dann, wenn weder SchülerInnen mit anderen Erstsprachen noch Angehörige autochthoner Minderheiten in der Klasse vertreten sind.

Ein eigener Unterrichtsgegenstand „Interkulturelles Lernen" wäre wohl eher eine konstruierte Angelegenheit und insofern kontraproduktiv, als dadurch alle anderen Fachgegenstände aus der Verpflichtung, die kulturelle Vielfalt in der Klasse zu thematisieren, entlassen würden.

Allerdings sind die Vorstellungen der LehrerInnen, was interkulturelles Lernen betrifft, oft sehr vage. Vielfach fällt es leichter, Fragen der Interkulturalität in schulischen Projekten, etwa gegen Ende des Unterrichtsjahres, eigens zu thematisieren (und sich dabei auf gewisse Oberflächenphänomene – wie fremde Speisen, fremde Tänze, fremde Lieder – zu beschränken) als sie im Regelunterricht in der Klasse selbstverständlich mitzudenken. Hier wäre ebenfalls die Lehrererstausbildung gefragt.

3. Abschließende Bemerkungen

Die Frage einer angemessenen Terminologie ist weder nebensächlich noch handelt es sich um eine unnötige Pedanterie, denn nur wenn ein Sachverhalt präzise benannt wird, lassen sich daraus die entsprechenden Schlussfolgerungen ziehen. Gerade bei einem gesellschaftspolitisch so brisanten Thema wie dem schulischen Umgang mit mehrsprachigen SchülerInnen ist ein sensibler Sprachgebrauch angebracht, um Verkürzungen und Etikettierungen zu vermeiden. Mouhanad Khorchide[11], der im Rahmen einer Studie junge Menschen zwischen 16 und 26 Jahren aus Wien und den

---

[11] Mag. Mouhanad Khorchide arbeitet bei der Forschungseinheit „Islamische Religionspädagogik" am Institut für Bildungswissenschaft an der Universität Wien.

westlichen Bundesländern (Salzburg, Tirol, Vorarlberg) befragte, fasst die Erfahrungen seiner InterviewpartnerInnen mit Fremdzuschreibungen folgendermaßen zusammen: „Das Interessante ist, dass nur wenige von direkten, aktiven Diskriminierungen erzählen können … Wovon sie mehr berichten, ist dieses Gefühl, nicht dazuzugehören, weil sie von den Österreichern immer als ‚die anderen' gesehen und auch so bezeichnet werden. Sie sind aber hier in den Kindergarten und in die Schule gegangen… Sie nehmen diese Unterschiede selbst nicht wahr. *Leider führen wir das auch im wissenschaftlichen Diskurs weiter, dadurch dass wir sie als ‚Zweite Generation' bezeichnen … Ihnen hängt immer ein Merkmal an, mit dem ihnen vermittelt wird: ‚Ihr seid nicht normal, ihr seid keine Österreicher.'"*[12] Wer sich nicht angenommen fühlt, zieht sich zurück. Das ist eine psychologische Binsenweisheit, die dennoch nicht oft genug wiederholt werden kann, solange ein Teil der Schülerpopulation durch eine irreführende Begrifflichkeit ausgegrenzt wird.

Die gesellschaftliche Realität ist der Politik, und somit auch der Bildungspolitik, immer um mehrere Schritte voraus. So hat es einige Zeit gedauert, bis die „Gastarbeiterkinder" der Siebziger Jahre als Zielgruppe mit spezifischen Bildungsvoraussetzungen überhaupt wahrgenommen wurden. Die organisatorischen Maßnahmen, die mit fast zwanzigjähriger Verspätung Anfang der Neunziger Jahre getroffen wurden, haben seither ein eher wechselhaftes Schicksal erfahren. Zwar wurde ihre Notwendigkeit niemals *grundsätzlich* in Frage gestellt, doch wurde ihre Umsetzung – vor allem durch den Verzicht auf eine zentrale Steuerung des Personaleinsatzes und der damit einhergehenden Kürzungen von Ressourcen – außerordentlich erschwert.

Mittlerweile lässt sich die Existenz zwei- und mehrsprachiger SchülerInnen nicht mehr leugnen, doch besteht unter den zahlreichen AkteurInnen im Bildungswesen nicht unbedingt Übereinstimmung darüber, welche konkreten Angebote dieser Lernergruppe am besten gerecht werden können. Hier konkurrieren wissenschaftlich fundierte Konzepte mit dem so genannten Hausverstand. Einzig die Notwendigkeit, die Landes- und Schulsprache Deutsch zu beherrschen, steht allenthalben außer Zweifel, doch welche Wege führen am ehesten zum Ziel? Sind es eigene Klassen für Kinder mit noch unzulänglicher Deutschkompetenz oder ist doch eine Integration in die Regelklasse von Anfang an vorzuziehen? Welche Rolle soll die Muttersprache der Kinder in der Schule spielen? Zwar setzt sich die wissenschaftlich belegte Forderung nach einer schulischen Einbeziehung der Erstsprachen der SchülerInnen auch in Lehrerkreisen und bei der Schulaufsicht immer mehr durch, doch ist sie noch lange nicht pädagogisches Allgemeinwissen, wie „Muttersprachenverbote" selbst in den Pausen zeigen. Auch eine fundierte Deutsch-als-Zweitsprache-Ausbildung wird teilweise noch als „Luxus" und nicht als pädagogische Grundausstattung empfunden, obwohl es hier in den letzten ein bis zwei Jahren vielfach zu einem Umdenken gekommen ist.

---

12   Interview im Standard, 22.11.2007. Hervorhebung durch die Autorin.

Insgesamt kann festgehalten werden, dass die unterschiedlichsten Auffassungen und „Rezepte" nebeneinander existieren: defizitorientierte versus ressourcenorientierte Ansätze, (Über)betonung des Deutschen versus gesamtsprachliche Konzepte, vage Vorstellungen von Interkulturalität versus konkrete Hilfestellungen für die Zielgruppe. Die LehrerInnen, welche diese Widersprüche am unmittelbarsten spüren (und zum Teil selbst mit produzieren), reagieren häufig mit Verunsicherung und Frustration und wünschen sich „schnelle" Lösungen.

Da mehrsprachige und kulturell heterogene Klassen schon längst zum schulischen Regelfall geworden sind, sind gezielte und verbindliche Antworten auf diese gesellschaftliche Realität gefragt. Es ist Aufgabe der Bildungspolitik, in ständiger Rückkoppelung mit den AkteurInnen vor Ort und unter Einbeziehung (sprach)wissenschaftlicher Erkenntnisse geeignete Rahmenbedingungen zu schaffen, damit alle am Bildungsprozess Beteiligten ihr Potenzial bestmöglich entfalten können.

Literatur

bmukk (Hrsg.) (2009a), *Informationsblätter des Referats für Migration und Schule,* Nr. 2: SchülerInnen mit anderen Erstsprachen als Deutsch: Statistische Übersicht. Schuljahre 2000/01–2007/08, 10. aktualisierte Auflage, Wien.

bmukk (Hrsg.) (2008a), *Informationsblätter des Referats für Migration und Schule,* Nr. 1: Gesetzliche Grundlagen schulischer Maßnahmen für SchülerInnen mit anderen Erstsprachen als Deutsch: Gesetze und Verordnungen, 12. aktualisierte Auflage, Wien.

bmukk (Hrsg.) (2008b), *Informationsblätter des Referats für Migration und Schule,* Nr. 6: Lehrplanbestimmungen für Deutsch als Zweitsprache (DaZ), Fachlehrpläne für den muttersprachlichen Unterricht, Unterrichtsprinzip „Interkulturelles Lernen", 3. unveränderte Auflage, Wien.

bmukk (Hrsg.) (2009b), *Informationsblätter des Referats für Migration und Schule,* Nr. 5: Muttersprachlicher Unterricht in Österreich. Statistische Auswertung für das Schuljahr 2007/08 (von Mag. Ines Garnitschnig u.a.), 10. aktualisierte Auflage, Wien.

de Cillia, Rudolf (1998), Mehrsprachigkeit und Herkunftssprachenunterricht in europäischen Schulen, in: Çınar, Dilek (Hrsg.), *Gleichwertige Sprachen? Muttersprachlicher Unterricht für Kinder von Einwanderern*, Band 13 der Reihe „Bildungsforschung", Innsbruck/Wien, 229–287.

Internetquellen

www.bmukk.gv.at

Klaus-Börge Boeckmann

Ausbildungsangebote und Qualifikationsmaßnahmen für Unterrichtende in Österreich: Die Ausbildungssituation von Lehrenden an Schulen

1. Einleitung

Dieser Beitrag unternimmt eine vorläufige Bestandsaufnahme der Aus- und Fortbildungssituation für Lehrkräfte an Schulen in Österreich im Bereich der nachhaltigen Sprachförderung (Deutsch als Zweitsprache, Mehrsprachigkeit und Interkulturalität). Es wird gezeigt, dass insbesondere in der Aus- und Fortbildung für Lehrende an Pflichtschulen, die durch die Gründung der Pädagogischen Hochschulen einen Umbruch erlebt hat, zumindest einige Inhalte, die in Zusammenhang mit nachhaltiger Sprachförderung stehen, den Weg in Curricula für die grundständige Ausbildung bzw. in die Fort- und Weiterbildungsprogramme gefunden haben. Den Universitäten hingegen stehen wesentliche Reformen im Bereich der Lehrerausbildung für die höheren Schulen (AHS, BHS) noch bevor und so sind hier Angebote zu diesem Inhaltsbereich noch die Ausnahme. Auch die bisher an den Pädagogischen Instituten situierte Fortbildung für Lehrende an höheren Schulen hat sich in ihrer neuen institutionellen Heimat, den Pädagogischen Hochschulen, erst teilweise konsolidiert und die Rolle der Universitäten in der Fort- und Weiterbildung für AHS- und BHS-Lehrkräfte ist noch weitgehend ungeklärt. Die Bestandsaufnahme der Ausbildungsgänge und Fortbildungsangebote wird zunächst in tabellarischer Form nach Ausbildungsinstitutionen dargestellt, dann werden einige Einzelbeispiele des Lehrangebots an diversen Institutionen als „gute Ideen" vorgestellt und schließlich werden aus den noch immer erkennbaren Defiziten in der Aus- und Fortbildungslandschaft einige wichtige Forderungen für die quantitative und qualitative Verbesserung des Angebots erhoben. Die Bestandsaufnahme stützt sich auf die im Februar 2008 publizierten Versionen der Curricula bzw. Lehrangebote und enthält möglicherweise Fehler, die sich durch die Unübersichtlichkeit und Fülle des Datenmaterials ergeben haben können. Der Autor ist äußerst dankbar für Hinweise und Korrekturen und wird diese gerne auch auf seiner Webseite http://mine.at/kbb publizieren.

2. Aspekte der Lehrerbildung

Zunächst möchte ich einen ganz kurzen orientierenden Überblick über die Struktur der Lehrerbildung in Österreich unter dem Aspekt der nachhaltigen Sprachförderung geben: Kurz gesagt leidet die Lehrerbildung wie auch andere Bereiche des österreichischen Schulwesens unter einer Zersplitterung.

Zunächst einmal sind die zwei großen Bereiche „Ausbildung" sowie „Fort- und Weiterbildung" zu unterscheiden. Oftmals wird noch zwischen „Fortbildung" und „Weiterbildung" differenziert, wobei unter „Fortbildung" eher Einzelveranstaltungen und unter „Weiterbildung" eher lehrgangsartige Angebote, die aus mehreren Veranstaltungen bestehen und zu einer eigenen Qualifikation/Befähigung führen, verstanden werden. Beide Bereiche werden in diesem Text unter der Bezeichnung „Weiterbildung" zusammengefasst. Für die grundständige **Ausbildung** sind je nach Schultyp, für den die Lehrbefähigung erworben wird, zwei völlig verschiedene Institutionen (Universitäten einerseits und Pädagogische Hochschulen andererseits) zuständig, deren Curricula nicht aufeinander abgestimmt sind und die zu verschiedenen, miteinander nicht kompatiblen Abschlüssen führen. Was die **Weiterbildung** angeht, wurde diese bisher für Lehrende aller Schultypen von einer eigenen Institution betreut, den Pädagogischen Instituten, die bei aller internen Zersplitterung doch immerhin die einzige Institution im Bereich der Lehrerbildung darstellten, die sich schultypenübergreifend um alle Lehrenden gekümmert hat. Sämtliche Weiterbildungsaktivitäten sind nun ebenfalls an den Pädagogischen Hochschulen untergebracht.

In unserem Zusammenhang von Bedeutung sind weiters unterschiedliche Angebote in der Lehrbildung in Bezug auf die Gegenstände, die die Lehrenden unterrichten: Einerseits **Sprach-„Expertinnen"** (z.b. Deutsch- oder Englischlehrende) und andererseits **Fachlehrkräfte** (z.b. Mathematik- oder Geschichtelehrende). Zumeist sind Aus- und Fortbildungsangebote so angelegt, dass Fragen der (Zweit-)Sprachförderung ausschließlich in Zusammenhang mit Sprache als Unterrichtsgegenstand thematisiert wird; Angebote zu Fachunterricht in der Zweitsprache und interkultureller Ausrichtung sind selten.

Der dritte Aspekt, der ebenfalls zur Zersplitterung der Ausbildungslandschaft beiträgt, ist, dass Aus- und Weiterbildung nach Schultypen getrennt geplant und durchgeführt werden: Die Trennungen werden einerseits auf Grund der Unterscheidung „allgemein bildend" versus „berufsbildend", andererseits auf Grund der Unterscheidung „Pflichtschulen" versus „höhere Schulen" gesetzt. In nahezu allen Lehrerbildungsinstitutionen sind verschiedene Abteilungen für die jeweiligen Schultypen zuständig, wodurch übergreifende Fragestellungen wie die nachhaltige Sprachförderung oftmals aus dem Blick geraten.

3. Allgemeines zu den Pädagogischen Hochschulen

Bei der Neugründung der Pädagogischen Hochschulen wurden auch gleich neue Curricula eingeführt, die der europäischen Studienarchitektur („Bologna-Architektur") entsprechen. Sämtliche Lehramtsstudien sind nun als dreijährige „Bachelor of Education" (B.Ed.)-Studiengänge strukturiert. Die Hochschul-Curricula-Verordnung, die die Basis für die Entwicklung dieser Curricula darstellte, erwähnt in § 3 Abs. 2 ausdrücklich „Deutsch als Zweitsprache" und „interkulturelle Bezüge" (Bundesministerin 2006). Dennoch werden (Zweit-)Sprachförderung und Interkulturalität in den Ausbildungsprogrammen zumeist nur marginal berücksichtigt, etwa in der Größenordnung von 3 bis 6 EC (European Credits). Der Gesamtumfang eines Bachelor-Studiums beträgt 180 EC (30 EC pro Semester). Der Stellenwert dieser zentralen und zukunftsträchtigen Themen nimmt also nur ein Zehntel bis ein Fünftel eines Semesters ein, und somit 1,7 bis 3,3% des Gesamtstudiums. Eine rein quantitative Betrachtung ist hier zwar sicherlich nicht zielführend, andererseits ist (wie unten noch zu zeigen sein wird) auch nicht davon auszugehen, dass die quantitative Beschränktheit der Angebote durch eine besondere Qualität ausgeglichen würde. Dazu kommt noch, dass die Unterrichtung von SchülerInnen mit Migrationshintergrund oft im Kontext von Verhaltensauffälligkeit und/oder sonderpädagogischem Förderbedarf angesiedelt wird bzw. lediglich in Zusammenhang mit einer allgemeinen Behandlung der „Diversitäts"-Thematik erwähnt wird.

Wichtig ist hervorzuheben, dass sich alles, was in der Folge über das Vorhandensein von Lehrerbildungsangeboten gesagt wird, im oben erwähnten umfangsmäßig doch sehr bescheidenen Rahmen abspielt und die Analyse der Angebote eigentlich nur darauf abheben kann, ob im Bereich der nachhaltigen Sprachförderung gar nichts oder immerhin ein wenig angeboten wird. Kaum eines der vorhandenen Angebote (mit der Ausnahme einiger Weiterbildungslehrgänge) ist als der Relevanz der Thematik vom Umfang her angemessen einzustufen.

4. Angebot an den Pädagogischen Hochschulen

In der folgenden Tabelle sind wichtige Charakteristika des Angebots im Bereich der nachhaltigen Sprachförderung an den österreichischen Pädagogischen Hochschulen angeführt.

	PH-W	KPH-W	PH-V	PH-S	PH-O	PHD-L	PH-B	PH-T	KPH-ES	PH-St	KPH-G	PH-K	PH-N
VS	WF							WP					
HS	WF	D	D		D			WP					D
SO	WF							WP					
BS	WP			WP				WP		WP		WP	WP
WB		*				*	*						

Legende: PH-Pädagogische Hochschule (staatlich); KPH-Kirchliche PH; PHD-PH der Diözese; W- Wien; V-Vorarlberg; S-Salzburg; O-Oberösterreich; L-Linz; B-Burgenland; T-Tirol; ES-Edith Stein; St-Steiermark; G-Graz; K-Kärnten; N-Niederösterreich; VS-Volksschullehramt; HS-Hauptschullehramt; SO-Sonderschullehramt; BS-Berufsschullehramt; WB-Weiterbildung; WF-Wahlfach (mehr als 3 Alternativen); WP-Wahlpflichtfach (bis zu 3 Alternativen); D-Deutsch-Lehramt; *besonderes Angebot.

Tabelle 1: Angebot im Bereich nachhaltiger Sprachförderung an den österreichischen Pädagogischen Hochschulen

Abgesehen von der Pädagogischen Hochschule Wien und der Kirchlichen Pädagogischen Hochschule Edith Stein gibt es also an allen Standorten ein Pflichtangebot im Volksschul- und Sonderschulbereich. Im Hauptschulbereich ist öfters kein Pflichtangebot für Lehrende aller Fächer, sondern nur für Studierende des Lehramts Deutsch (gelegentlich auch des Lehramts Englisch) vorhanden. An den Standorten mit BerufsschullehrerInnen-Ausbildung ist durchgehend ein Wahlpflichtangebot vorhanden. Nur vier Pädagogische Hochschulen machen Weiterbildungsangebote für Lehrende aller Schultypen (also auch für Lehrende höherer Schulen), die anderen haben zumeist nur Angebote im Bereich der allgemein bildenden Pflichtschulen, an der Pädagogischen Hochschule Edith Stein konnte ich überhaupt kein einschlägiges Weiterbildungsangebot finden.

5. Allgemeines zu den Universitäten

Im Unterschied zu den Pädagogischen Hochschulen sind die Lehramtsstudien „Auslaufmodelle", die als einzige Kategorie der Universitätsstudien aus rechtlichen Gründen nicht der europäischen Studienarchitektur mit Bachelor- und Masterstudiengängen unterworfen sind (vgl. Vorschläge 2005). Das bedeutet, die Studienpläne sind erheblich älter als an den Pädagogischen Hochschulen, so stammt der Studienplan für die Lehramtsstudien an der Universität Wien beispielsweise aus dem Jahr 2002 (Mitteilungsblatt 2002). Sie nehmen daher eher wenig Rücksicht auf neuere Entwicklungen.

Traditionell liegt an den Universitäten das Schwergewicht der Studien auf der fachlichen Ausbildung in den jeweiligen Studienfächern. Diese starke Fachorientierung resultiert in einem verhältnismäßig geringen Umfang der allgemeinen, d.h. fächerübergreifenden pädagogischen Ausbildung. So stehen in den Lehramtsstudien an der Universität Wien 120 Semesterstunden Fachausbildung (60 je Studienfach) lediglich 14 Semesterstunden im Bereich der Pädagogisch-Wissenschaftlichen Berufsvorbildung und 26 Semesterstunden in der Fachdidaktik gegenüber (Mitteilungsblatt 2002, 24). Dazu kommt dann noch die schulpraktische Ausbildung im Umfang von 165 Stundeneinheiten im Zeitraum von 12 Wochen (Mitteilungsblatt 2002, 31).

Der allgemeine fächerübergreifende pädagogische Studienbereich – u.a. als „Pädagogisch-Wissenschaftliche Berufsvorbildung" (Wien) oder „Pädagogische Ausbildung" (Innsbruck) bezeichnet – wird meist von bildungswissenschaftlichen Einheiten (Instituten, Fakultäten, Zentren ...) und somit von BildungswissenschaftlerInnen verantwortet, die in der Regel kein Bewusstsein für die Bedeutung von Sprache bzw. Kultur als Lehr- und Lerninhalt entwickeln und daher keinen Platz für diesbezügliche Studieninhalte in diesem – ohnehin vom Umfang her nur sehr kleinen – Bereich vorsehen.

Das führt dazu, dass sprachliche bzw. kulturbezogene Fragestellungen allenfalls im Bereich der Sprachfächer thematisiert werden, die spezielle Thematik Zweitsprache bzw. Zweisprachigkeit, wenn überhaupt, nur im Unterrichtsfach Deutsch. Obwohl also Lehrende aller Fächer mit Aufgaben im Bereich der (Zweit-)Sprachvermittlung und Sprachförderung konfrontiert sind, erhalten in aller Regel nur Deutschlehrkräfte diesbezügliche Informationen im Rahmen ihrer Ausbildung. Allerdings werden diese Studieninhalte auch nicht besonders umfassend präsentiert: Das Lehramtsstudium für das Unterrichtsfach Deutsch an der Universität Wien sieht eine Übung aus „Deutsch als Fremd- und Zweitsprache" im ersten Studienabschnitt im Umfang von 3 EC (Mitteilungsblatt 2002, 55) und eine Übung, ein Proseminar *oder* Seminar „Mehrsprachigkeit in einem integrativen Deutschunterricht/Deutschunterricht in mehrsprachigen Klassen" im Umfang von 3–6 EC vor (Mitteilungsblatt 2002, 58). Also auch dort, wo ein Angebot besteht, ist es äußerst begrenzt. In Verbindung mit dem schmalen Weiterbildungsangebot für Lehrende an höheren Schulen muss konstatiert werden, dass der Ausbildungsstand von AHS- und BHS-Lehrenden im Bereich nachhaltiger Sprachförderung einiges zu wünschen übrig lässt und eher unter dem der Pflichtschullehrenden liegt.

6. Angebot an den Universitäten

Tabelle 2 zeigt das Angebot im Bereich nachhaltiger Sprachförderung an den österreichischen Universitäten, die ein Lehramtsstudium im Unterrichtsfach Deutsch anbieten.

	U-W	U-G	U-S	U-I	U-K
Pädagogische Berufsvorbildung					?
Schulpraktische Ausbildung					?
UF Deutsch		WF*	WP*	WP*	
Sonstige LA-Studien				PP	M

Legende: U-Universität; W-Wien; G-Graz; S-Salzburg; I-Innsbruck; K-Klagenfurt; WF-Wahlfach (mehr als 3 Alternativen); WP-Wahlpflichtfach (bis zu 3 Alternativen); *U-G: WF „Interkulturalität"; U-S: WP „Deutsch als Zweitsprache"; U-I: WP „Interkulturelle Lernprozesse, Deutsch als Fremd- und Zweitsprache"; ? informelle Hinweise auf Berücksichtigung der Thematik, aber keine offizielle Nennung im Studienplan. Markierungen: ▬▬ Dunkelgrau: Pflichtangebot; ▬▬ Hellgrau: WF-, WP- oder Weiterbildungs-Angebot; ▬▬ Schwarz: kein Angebot

Tabelle 2: Angebot im Bereich nachhaltiger Sprachförderung an den österreichischen Universitäten mit Lehramtsstudium Unterrichtsfach Deutsch

Unschwer zu erkennen ist, dass der Informationsstand der AbsolventInnen österreichischer Lehramtsstudien im Bereich nachhaltiger Sprachförderung ein äußerst dürftiger ist, obwohl bewusst nur Universitäten berücksichtigt wurden, an denen durch das Vorhandensein germanistischer Institute eine gewisse Infrastruktur zumindest für die Vermittlung des Bereichs Deutsch als Zweitsprache gegeben sein sollte. Nur zwei von fünf Universitäten sehen den Bereich „Mehrsprachigkeit/Interkulturalität/ Deutsch als Zweitsprache" als Pflichtfach für Studierende des Lehramts Unterrichtsfach Deutsch vor. In allen Fällen, sei es Pflicht- oder Wahlpflichtangebot, handelt es sich um eine minimale Berücksichtigung im Umfang von 2–4 Semesterstunden oder ca. 3–6 EC. Interessant ist, dass vielfach die Studierenden der Diplomstudien für Deutsche Philologie wesentlich mehr Möglichkeiten erhalten, sich im Bereich Deutsch als Fremd- und Zweitsprache ausbilden zu lassen.

Für Studierende anderer Unterrichtsfächer wurden mit zwei Ausnahmen überhaupt keine Angebote gefunden, weder im Bereich der Fachdidaktik noch im Bereich der allgemeinen pädagogischen Ausbildung.

7. Gute (und weniger gute?) Ideen

In der Folge werden verschiedene Beispiele innovativer Lehrerbildungsangebote an Pädagogischen Hochschulen und Universitäten aufgelistet, die zumindest vom Titel her eine gewisse Sensibilität für die Problematik der nachhaltigen Sprachförderung erkennen lassen. An einzelnen Stellen sind Informationen zur Bewertung des jeweiligen Angebots in Klammern angeführt. Es ist durchaus möglich, dass manche Inhalte dem „Etikett" nicht Stand halten und es ist umgekehrt möglich, dass interessante Angebote, die sich nicht so explizit deklariert haben, in der Auflistung fehlen. Angebote, die strukturell ähnlich waren wie ein anderes, das auf der Liste steht, wurden teilweise nicht aufgenommen. Die Liste erhebt also überhaupt keinen Anspruch auf Vollständigkeit, Anregungen zu ihrer Ergänzung sind jedoch jederzeit willkommen.

- PH Kärnten:
  - „Zentrum für Mehrsprachigkeit und Interkulturelle Bildung"
  - Schulstufenübergreifender Lehrgang „Deutsch als Zweitsprache"
  - WB für AHS „Mehrsprachigkeit und Interkulturalität" (bundesweit angeboten)
- PH Wien:
  - DaZ-Lehrgang für AHS-Lehrende
  - WB für Muttersprachlehrende
  - WB „Migrant/innen im naturwissenschaftlichen Unterricht" (eines der wenigen Angebote, die sich explizit auf den Fachunterricht beziehen!)
- PH Vorarlberg:
  - Pflichtmodul „Spracherwerb" im HS-Lehramt Deutsch
- PH Salzburg:
  - Pflichtmodul „Pädagogik der Vielfalt I" in der VS-, HS-, SO-Ausbildung (hat laut persönlicher Mitteilung de facto wenig mit nachhaltiger Sprachförderung zu tun!)
- PH Oberösterreich:
  - Fortbildungsangebot „Deutsch als Zweitsprache" für Lehrende an berufsbildenden Schulen
  - Wahlpflichtmodule: „Mehrsprachigkeit fördern", „Grundkenntnisse über die türkische (bzw. bosnisch-kroatische) Sprache" in der VS-, HS-, SO-Ausbildung
- PH Burgenland:
  - Pflichtmodule „Sprach- und Sachlernen in mehrsprachigen Klassen" und „Mehrsprachigkeit und Interkulturelle Bildung" im VS-Lehramt

- PH Steiermark:
  - Lehrgang „Individualisierung unter dem Aspekt von Begabung, Behinderung und Bilingualität" (geplant – hier zeigt sich explizit die Vermengung von Behinderung und Mehrsprachigkeit, also vielleicht eine weniger gute Idee!)
- PH Tirol:
  - Lehrgang „Erwerb eines österreichischen Lehramts für im Dienst stehende LehrerInnen mit nicht deutscher Muttersprache" (angeblich geplant und sehr nachahmenswert, vor allem in Bundesländern mit höheren Anteilen mehrsprachiger SchülerInnen!)
  - Pflichtmodul „Sprachsensibilisierung" in der VS- und SO-Ausbildung
- KPH Wien:
  - Bildungsstufenübergreifender Lehrgang „Frühe sprachliche Förderung"
  - Kompetenzzentrum für „Sprachenkompetenz und Leseförderung" (Einbezug von DaZ geplant, aber bisher nicht erkennbar!)
- PHD Linz:
  - Hochschullehrgang „Bildung in der frühen Kindheit" mit Diversitätspädagogik und Zweitsprachförderung als explizit genannte Lehrgangsinhalte
- Uni Klagenfurt:
  - Lehrveranstaltung „Lernen von Mathematik aus interkultureller Perspektive"
- Uni Wien, Uni Graz:
  - Lehramtsstudium „Unterrichtsfächer Bosnisch-Kroatisch-Serbisch"
- Uni Wien:
  - Studienschwerpunkt „Deutsch als Fremd- und Zweitsprache" (16 SSt.; ca. 30 EC) auch im Lehramtsstudium Unterrichtsfach Deutsch möglich (bisher ein Unikat im AHS-Ausbildungsbereich!)

Wie leicht zu erkennen ist, ist insbesondere an den Pädagogischen Hochschulen einiges in Bewegung, wobei viele der Angebote noch im Planungs- oder am Beginn des Durchführungsstadiums stehen. An den Universitäten hingegen sind die einschlägigen Angebote noch recht spärlich, vor allem wohl aus folgenden Gründen:

- Erst in jüngster Zeit wurde nachhaltige Sprachförderung als Problem im AHS- und BHS-Bereich erkannt.
- Die Lehramtsstudien an den Universitäten sind derzeit Stiefkinder der Innovation im Studienbereich, da derzeit keine klare gesetzliche Grundlage für die Überführung in eine neue Studienarchitektur gegeben ist.
- Die Rolle der Universitäten in der Weiterbildung von AHS- und BHS-Lehrenden ist ungeklärt, für das wünschenswerte Ausschöpfen von Synergien im Angebot von Aus- und Weiterbildung fehlen Ressourcen und klarer gesetzlicher Auftrag.

8. Dringende Forderungen

Abschließend möchte ich die dringenden Forderungen an die Weiterentwicklung der Lehrerbildung in Österreich im Bereich der nachhaltigen Sprachförderung anführen, die sich aus meiner kurzen Bestandsaufnahme ergeben.

- Lehramtsstudien für *alle* im Lehrplan vorgesehenen Sprachen: Hier sind sowohl die Pflichtschul-/Berufsschul- als auch die Lehrämter für höhere Schulen zu berücksichtigen. Es ist die Einrichtung eines eigenen Lehramtsstudiums „Deutsch als Zweitsprache" zu erwägen. Um rasch bisher nicht angebotene Lehramtsstudien für wichtige Sprachen (z.b. Türkisch) einrichten zu können, wären Kooperationen zwischen Universität und Pädagogischer Hochschule zu empfehlen.
- (Zweit-)Sprachförderung als Pflichtbestandteil *aller* Lehramtsstudien: Dies sollte im Rahmen der allgemeinen pädagogischen Ausbildung (auch für Berufsschul-Lehrämter) erfolgen und auch an Universitäten (in allen Lehrämtern für höhere Schulen) stattfinden.
- Massive Ausweitung der Weiterbildung: Es sind dabei alle Schultypen und Gegenstände zu berücksichtigen (berufsbildende Schulen, Pflichtschulen und weiterführende Schulen)
- Mehr Lehrende mit Migrationshintergrund an die Schulen: Das wäre eine wichtige Voraussetzung, um Sprachförderung unter Berücksichtigung der Herkunftssprachen zu betreiben. Hierzu müssen gesetzliche (z.b. dienstrechtliche) Voraussetzungen geschaffen und entsprechende (Weiter-)Qualifikationen entwickelt und angeboten werden.
- Speziallehrgänge für spezifische Zielgruppen: Hier ist insbesondere an Fachlehrkräfte und Lehrende an berufsbildenden Schulen zu denken, die in ihrer Aus- und Weiterbildung bisher wenig Gelegenheit hatten, sich mit Sprachförderung auseinanderzusetzen. Eine ganz besonders wichtige Zielgruppe wären hier Lehrende an BAKIPs. Solche Angebote sollten auch und vor allem im Rahmen des Bundesfortbildungsangebots (z.b. am CEBS – Center für berufsbezogene Sprachen, das sich natürlich auch mit Deutsch als Zweitsprache sowie wichtigen Herkunftssprachen beschäftigen müsste) eingerichtet werden.
- Gezielte Hochschulentwicklung im Bereich Diversität: Durch die langjährige Vernachlässigung der Thematik gibt es an den Pädagogischen Hochschulen keine ausreichende Expertise im Bereich der nachhaltigen Sprachförderung. Dem muss durch gezielte Personalentwicklung, die durch Forschungsprogramme fundiert und komplementiert wird, abgeholfen werden. Solche Forschungsprogramme sollten einerseits PraktikerInnen an den Schulen und andererseits Forschende an Universitäten mit einbinden. Diese Aufgabe ist sicherlich nicht ohne die Zuteilung zusätzlicher Ressourcen zu bewältigen, die zweckgewidmet und qualitätsbewusst (etwa auf Wettbewerbsbasis) zur Verfügung zu stellen wären.

Es ist erkennbar, dass die erforderlichen Veränderungen allein im Bereich der Lehrerbildung ausgesprochen umfangreich sind und ein völliges Umdenken in Hinblick auf Prioritäten und Ressourcenzuteilung erfordern. Diese Veränderungen erscheinen aber notwendig, um den gesellschaftlichen Umwälzungen und der damit einhergehenden Entwicklung der Schülerpopulation Rechnung zu tragen. Wenn hier zu wenig geschieht, werden sich diese Versäumnisse in Zukunft in Form von Bildungsdefiziten, mangelnder gesellschaftlicher Partizipation und einer Reihe von damit einher gehenden sozialen Problemen rächen.

Informationsquellen

Online Ressourcen zuletzt aufgerufen am 16.3.09

Bundesministerin für Bildung, Wissenschaft und Kultur (2006), *Hochschul-Curricula-Verordnung (HCVO) BGBl. II Nr. 495/2006*, http://www.bmukk.gv.at/schulen/04/hcvo_2006.xml

Mitteilungsblatt der Universität Wien (2002), *Studienplan für das „Lehramtsstudium" an der Geistes- und Kulturwissenschaftlichen Fakultät, Studienjahr 2001/02*, XXXII. Stück – Ausgegeben am 26.06.2002, http://www.univie.ac.at/mtbl93/pdf/26.06.2002.pdf, S. 15–123.

Vorschläge des Rektorats (2005), *Entwicklungsplan der Universität* – Kapitel: Lehramtsstudien. Vorschläge des Rektorats vom 30.4.05, http://public.univie.ac.at/index.php?id=6172

Webseiten der Pädagogischen Hochschulen:

(Alle in diesem Text verwendeten Informationen über Curricula und Lehrerbildungsangebote datieren vom Stand 27. Feber 2008)

Burgenland
    Private Pädagogische Hochschule Burgenland: http://www.ph-burgenland.at
Kärnten
    Pädagogische Hochschule Kärnten: http://www.ph-kaernten.at/
Niederösterreich
    Kirchliche Pädagogische Hochschule in Wien – Campus Krems-Mitterau: http://www.kphvie.at/
    Pädagogische Hochschule für Niederösterreich: http://www.ph-noe.ac.at/

Oberösterreich
    Private Pädagogische Hochschule der Diözese Linz: http://www.phdl.at/
    Pädagogische Hochschule Linz: http://www.phlinz.at/
Salzburg
    Kirchliche Pädagogische Hochschule Edith Stein: http://www.kph-es.at/
    Pädagogische Hochschule Salzburg: http://www.phsalzburg.at/
Steiermark
    Kirchliche Pädagogische Hochschule Graz: http://www.kphgraz.at/
    Pädagogische Hochschule Steiermark: http://www.phst.at/
Tirol
    Kirchliche Pädagogische Hochschule Edith Stein: http://www.kph-es.at/
    Pädagogische Hochschule Tirol: http://www.ph-tirol.ac.at/
Vorarlberg
    Kirchliche Pädagogische Hochschule Edith Stein: http://www.kph-es.at/
    Pädagogische Hochschule Vorarlberg: http://www.ph-vorarlberg.ac.at/
Wien
    Kirchliche Pädagogische Hochschule in Wien – Campus Strebersdorf und Campus Gersthof: http://www.kphvie.at/
    Pädagogische Hochschule Wien: http://www.phvienna.at/

Webseiten der Universitäten mit Lehramtsstudium Unterrichtsfach Deutsch:

(Alle in diesem Text verwendeten Informationen über Curricula und Lehrerbildungsangebote datieren vom Stand 27. Feber 2008)

Universität Wien: http://www.univie.ac.at
Paris-Lodron-Universität Salzburg: http://www.uni-salzburg.at/
Karl-Franzens-Universität Graz: http://www.kfunigraz.ac.at/
Leopold-Franzens-Universität Innsbruck: http://www.uibk.ac.at/
Alpen-Adria-Universität Klagenfurt: http://www.uni-klu.ac.at/

Hans-Jürgen Krumm

Deutsch lernen für die Integration – ein (unkalkulierbares?) Risiko: die Rolle von Sprachprüfungen bei der sprachlichen Förderung von MigrantInnen

These 1

Sprachenlernen bedeutet für MigrantInnen ohnehin Risiken einzugehen. Prüfungen, von denen viel abhängt, vergrößern das Sprachlernrisiko unnötig und verhindern damit eine positive Sprachentwicklung.

Wir, die wir Fremdsprachen in der Schule gelernt haben, unter uns das Netz unserer Muttersprache, die uns auffängt, wenn die Fremdsprache nicht funktioniert, können nur ahnen, was es heißt, eine neue Sprache zu lernen und diese Sprache *gleichzeitig*, obwohl man sie noch nicht kann, bereits als überlebensnotwendig und allgegenwärtig zu erfahren.

Wer ich bin, wem ich mich zugehörig fühle, mit wem ich mich austauschen und verständigen kann, woran ich glaube und was ich für wert und wichtig halte, alles das ist eng mit unseren Erstsprachen verbunden und in der Sprache unserer Kindheit, unserer Eltern in uns verankert. – Sprachwechsel im Rahmen von Migration sind daher häufig verbunden mit einer Bedrohung der bisherigen sprachlichen Identität, da die Sprachdominanz der Zweitsprache eine Dominanz auf Dauer ist und sie das persönliche Leben stark verändert. Die Zweitsprache wird Berufssprache, Behördensprache, Lernsprache der Kinder, Sprache von PartnerInnen usw. Es gibt keinen Ausweg. Damit bekommen Fehler und Nichtkönnen in der Zweitsprache, erst recht aber das Durchfallen bei einer Prüfung ein großes Gewicht: sie bedeuten, dass Überlebensmöglichkeiten gefährdet sind – Aufenthaltsbewilligung, Arbeitserlaubnis, Beschäftigungsmöglichkeiten, Fortsetzung der Schullaufbahn – immer begleitet von der Sorge, die Aufnahmegesellschaft könne dies als mangelnde Bereitschaft zur Verständigung deuten.

Zugleich geht man mit der Bereitschaft zum Sprachwechsel aber auch ein ganz anderes Risiko ein, das Risiko des Verlusts der eigenen Sprache, das Risiko der Lösung von Bindungen an Familienangehörige im Herkunftsland zum Beispiel. Diese könnten umgekehrt den Sprachwechsel als Abkehr, als Verrat an der Herkunft deuten.

Niemand kann sich sicher sein, dass sich mit dem Wechsel der Sprache viel mehr ändert als nur der Sprachgebrauch: Ändern sich die eigenen, sprachlich verknüpften Wert- und Weltvorstellungen? Ändert sich der Mensch mit einer anderen Sprache? (vgl. die Beiträge in Janich/Thim-Mabrey 2003)

Wie groß solche Risiken tatsächlich sind und wie Individuen darauf reagieren, wie bereitwillig sie solche Risiken eingehen, das hängt sehr stark von den Lebensumständen ab – die soziokulturelle Ähnlichkeit der Lebenswelten spielt ebenso eine Rolle wie die Frage, ob zuziehende MigrantInnen in ihrer Wohngemeinde positiv akzeptiert werden oder in der Großstadt bereits auf stabile Subkulturen treffen.

Sprachprüfungen mit Sanktionsandrohungen erleichtern es nicht, all diese Risiken einzugehen – sie sind kontraproduktiv. Indem die Risikobereitschaft nicht belohnt, sondern das Nichtbestehen einer Sprachprüfung mit existentieller Bedrohung sanktioniert wird, verstärken sie eher die Neigung zu Rückzug und Abkapselung.

These 2

Sprachförderung ist nur dann erfolgreich, wenn sie nicht losgelöst von den sozialen und ökonomischen Lebenszusammenhängen gestaltet wird. Sprachtests dagegen etablieren eine auf kurzfristig erreichbare Output-Ziele hin orientierte und organisierte Gestaltung der Sprachkurse, d.h. einen verkürzten Assimilations-, nicht einen nachhaltigen Integrationsprozess.

Es geht bei der Integration um die langfristige und vorausschauende Gestaltung des Zusammenlebens, nicht um eine einseitige, nur auf Sprache verkürzte Assimilationsforderung. Der Deutschunterricht bedarf deshalb der Einbettung in den sozialen Nahraum, also Deutsch am Arbeitsplatz oder zumindest berufsbezogen, Deutsch im Kontext der familialen Bildung, in Koordination mit dem Gesundheits- oder Sozialsystem. Ein banales Alltags-Einheitscurriculum und eine Einheitssprachprüfung für alle sind kontraproduktiv und stellen ein Integrationshindernis dar.

„Für die Aufgabe der Integration kommt der Familie eine zentrale Bedeutung zu. Hier werden Kontakte und Wissen vermittelt für die Orientierung im fremden Land. ...

Integration erfordert die gleichberechtigte Teilhabe und Partizipationschancen von Familien mit Migrationshintergrund in allen gesellschaftlichen Bereichen. Der soziale Nahraum, das Zusammenleben in den Wohngebieten und Gemeinden, die Öffnung und Nutzung der sozialen Infrastruktur sind dabei wesentliche Gradmesser für das Gelingen von Partizipation. Um das Zusammenleben im Wohngebiet positiv zu gestalten gilt es, die Identifikation der Bewohnerinnen und Bewohner mit ihrem Umfeld zu stärken. Die Beteiligung der Betroffenen an politischen Entscheidungen fördert diese Identifikation." (Bundesforum 2004, 10–11)

These 3

Standardisierte, professionell gemachte und überregional anerkannte Prüfungen können für Lehrende wie Lernende wichtig sein: sie brauchen und wollen Rückmeldungen über ihre Lernerfolge und Zertifikate, mit denen sie ihre Fähigkeiten dokumentieren können; Probleme entstehen dann, wenn Prüfungen aus ihrem pädagogischen Zusammenhang gerissen und mit außerunterrichtlichen, die Existenz bedrohenden Sanktionen verknüpft werden.

Die durch den Österreichischen Integrationsfonds (ÖIF) für die Integrationskurse entwickelte Sprachprüfung leistet nicht, was eine gute Sprachprüfung leisten sollte: es handelt sich bei ihr nicht um eine international, etwa bei ALTE (Association of Language Testers Europe), akkreditierte Prüfung. Daran ändert auch die Berufung des ÖIF auf einen deutschen Experten nichts, der von Prüfungen einiges, von Migration und Integration aber überhaupt nichts versteht. Die Prüfung hat nur eine Auswirkung – und die ist, wenn man die Prüfung nicht besteht, für den Einzelnen eine Katastrophe: im schlimmsten Fall droht die Ausweisung.

Wenn immer wieder behauptet wird, dass erst Prüfungen richtig zum Lernen motivieren , so ist das eine empirisch keineswegs eindeutig gesicherte Behauptung, ebenso und vielfach besser belegt ist die Erkenntnis, dass Prüfungen vielfach der Ausgrenzung dienen und die Betroffenen verunsichern – und das ist bei einer Prüfung im Rahmen von Integrationskursen, die über die Aufenthaltserlaubnis entscheidet, der Fall.

An Stelle der Alles-oder-nichts-Prüfungen, bei denen nur das Erreichen einer bestimmten Punktezahl, einer fixierten Niveaustufe das ‚bestanden' garantiert, wären andere Prüfungsformen besser:

- so etwa skalierte Prüfungen, die abbilden, bis zu welchem – je nach Fertigkeit unterschiedlichen – Niveau es die Lernenden gebracht haben
- besser noch ausschließlich kursbezogene Prüfungen, die jeden Lernfortschritt honorieren, die langsameren Lernenden oder diejenigen, die sich z.B. im Schreiben schwerer tun, nicht herauskatapultieren

Sollen Prüfungen der Lernmotivation dienen, so ist ihr Bestehen zu belohnen, nicht aber das Versagen zu bestrafen (vgl. Krumm/Plutzar 2008).

These 4

Prüfungen in nur einer Sprache negieren und stören die mehrsprachige Identität der Betroffenen.

Während es für EU-Bürger, gleich ob aus Portugal oder Bulgarien, keinerlei sprachliche Auflagen gibt, diese also mit ihrer bulgarischen oder portugiesischen Sprache auch in Österreich leben dürfen, heißt es bei Nicht-EU-Bürgern und Bürgerinnen, diese seien sprachlich defizitär, ohne durch eine Prüfung nachgewiesene Deutschkenntnisse sei ein angemessenes Leben in Österreich weder möglich noch den Österreichern zumutbar. Das soll jüngsten Entwicklungen zufolge sogar für den Ehegatten-Nachzug gelten, als sei nicht gerade die Familie der Ort, an dem sich Zweisprachigkeit entwickeln kann.

Bis zur Fremdengesetz-Novelle 2002 hat es viele Jahrhunderte lang offenbar auch ohne Sprachprüfung geklappt. Maria Theresia ließ Militärbefehle in 10 Sprachen übersetzen und verlangte von Lehrenden Zweisprachigkeit (vgl. Eder 2006). Heute aber werden Migranten und Migrantinnen als „sprachlos" bezeichnet, wenn sie nicht dasjenige Deutsch können, das eine Sprachprüfung von ihnen verlangt.

Erwachsene Sprachlernende machen einen mehr oder weniger bewussten Gebrauch von ihren vorhandenen Sprachen – sie übersetzen, vergleichen Sprachstrukturen, nutzen in der Erst- oder weiteren Sprachen entwickelte Lern- und Kommunikationsstrategien: Mehrsprachige sind, das zeigt die Forschung deutlich, bessere Sprachlernende als Einsprachige – vorausgesetzt allerdings, sie können auch ihre Erstsprachen festigen und dürfen diese nutzen.

Migranten und Migrantinnen erleiden in der Migrationssituation ohnehin einen starken Verlust an Kontrolle und Teilnahme: ihre Qualifikationen werden nicht anerkannt, ihre Gestaltungs- und Mitwirkungsmöglichkeiten sind eingeschränkt, die meisten müssen eine Verschlechterung ihres sozialen Status hinnehmen. Prüfungen in jener Sprache, die man evntuell am wenigsten beherrscht, verstärken das Gefühl des Ausgeliefertseins und machen Migranten und Migrantinnen in der Tat sprachlos: Rassismus äußert sich auch im Stumm-Machen, im Unterdrücken der mitgebrachten Familiensprachen. Die Alternative wäre eine Kombination von Deutschkursen mit Angeboten zu Erhalt oder Förderung der Herkunftssprachen, sei es – wo das in Ballungsgebieten möglich ist – durch bilinguale Kursangebote, sei es in Form einer expliziten Mehrsprachigkeitsdidaktik, oder auch in vielfältigen anderen Formen, z.B. durch Anrechnung einer Alphabetisierung in der Herkunftssprache auf den geforderten Stundenrahmen, denn auch eine Alphabetisierung in der Herkunftssprache stützt den Integrationsprozess und erschließt Österreich wichtige Ressourcen.

These 5

Die Sprachbedürfnisse von Migranten und Migrantinnen sind so verschieden wie ihre Lernvoraussetzungen und Lebenssituationen – eine einheitliche Sprachprüfung für alle bewirkt daher keinen die Integration fördernden Spracherwerb.

Migranten und Migrantinnen unterscheiden sich hinsichtlich ihrer individuellen Voraussetzungen, ihrer Lebens- wie auch Lernkontexte, sie unterscheiden sich hinsichtlich der Lernerfahrungen mit anderen Sprachen und sie unterscheiden sich im Speziellen, was ihre Vorkenntnisse im Deutschen betrifft. Es liegt eigentlich auf der Hand, dass es nichts mit Gerechtigkeit und Gleichbehandlung zu tun hat, wenn man von Menschen mit so verschiedenen Ausgangspositionen das Gleiche, nämlich das Bestehen einer einheitlichen Sprachprüfung auf einem einheitlichen Niveau, verlangt.

In der Soziolinguistik herrscht daher zu Recht Einigkeit darüber, dass Sprachtests per se exklusiv und assimilativ wirken (vgl. u.a. Shohamy 2001 und 2004),

- indem sie das spezifische Wissen und Können der MigrantInnen nicht aufgreifen,
- indem sie keine unterschiedlichen Wissens- und Kommunikationsformen erlauben (um den ÖIF-Test zu bestehen, muss man z.b. einen Stadtplan lesen können, eine gewiss nützliche, aber ebenso einseitig in unserem Kulturkreis beheimatete Wissensform, die nicht einmal von uns allen gut beherrscht wird)
- indem von den heterogenen Erfahrungen sowie von der Kommunikationsfähigkeit in anderen Sprachen als Deutsch abgesehen und damit unsere Überlegenheit festgeschrieben wird
- indem die Betroffenen selbst weder bei der Testkonstruktion, insbesondere der Festlegung der Inhalte, wie das z.B. der Europarat fordert, noch bei der Bewertung der Ergebnisse einbezogen werden.

Ich plädiere also ganz entschieden für ein erheblich differenzierteres Kursangebot, als es das derzeitige Curriculum und die derzeitige Sprachprüfung zulassen – und dieses Kursangebot sollte unter Einbeziehung der Betroffenen entwickelt werden.

These 6

Beim Sprachenlernen passiert – hoffentlich – mehr als die Automatisierung von Satzmustern. Sprachprüfungen aber verhindern die Verknüpfung des Sprachenlernens mit sprachenübergreifenden sozialen und interkulturellen Lernzielen.

Sprachprüfungen sind Ausdruck eines Output-orientierten Sprachverständnisses: es kommt nicht darauf an, was der Lernende weiß oder denkt oder fühlt, nicht, ob er oder sie eine positive Einstellung zur deutschen Sprache entwickelt oder nicht, sondern es geht nur um das, was er/sie kann: hörend, sprechend, lesend, schreibend. Aber darum geht es beim Sprachenlernen nur teilweise. Gerade in den sprachlich und kulturell heterogenen Lerngruppen mit Migranten und Migrantinnen passieren zum Glück weiter reichende Lernprozesse: man lernt, einander zuzuhören, man lernt, mit Menschen anderer ethnischer Herkunft zu sprechen, man wird mit anderen Wertvorstellungen und ‚Normalitäten‘ konfrontiert. Toleranz und Empathie, auch Fehlertoleranz, eine positive Einstellung zu Mehrsprachigkeit, die Überwindung ethnozentristischer Einstellungen, all das passiert in einem Sprachunterricht, der nicht primär auf eine Prüfung hin orientiert ist.

Wenn Lehrende aber dafür verantwortlich sind, dass ihre Lernenden in Österreich bleiben dürfen, geraten sie in eine fatale Situation: welche ihrer Aufgaben ist entscheidend, die Förderung der Lernenden oder die Exekution einer gesetzlichen Vorgabe in Form eines Tests. Die meisten Lehrenden reagieren darauf mit *teaching to the test*, d.h. einer Modifikation der Kurskonzepte, so dass der Unterricht primär der Vorbereitung auf die Prüfung dient, so dass möglichst viele eine Chance haben, die Prüfung zu bestehen.

Dieser Prüfungsdruck, der auf Lehrenden wie Lernenden lastet, ist fatal, katapultiert er doch die wirklich integrationsentscheidenden sprachenübergreifenden Lernziele aus dem Sprachunterricht hinaus, weil sich alles nur noch um die Prüfung dreht.

Die Alltagskompetenz-Orientierung, Hauptsache „spannend und abwechslungsreich", wie das die ÖIF-Homepage formuliert, banalisiert den Sprachunterricht dagegen und infantilisiert die Lernenden.

These 7

Der Gemeinsame europäische Referenzrahmen für Sprachen wird zu Unrecht als Messlatte missbraucht, über die Migranten und Migrantinnen stolpern (sollen) – die derzeitigen Sprachkurse und der Sprachtest sind durch den Referenzrahmen nicht legitimiert.

Die Prüfung zu den Integrationssprachkursen nimmt die Niveaustufenbeschreibungen des Gemeinsamen Europäischen Referenzrahmens für Sprachen als Messlatte und modelliert die Testaufgaben eng an dessen Deskriptoren auf dem Referenzniveau A2. Der Referenzrahmen aber hat psycholinguistisch gesehen damit, *wie* Spracherwerb von Migranten und Migrantinnen funktioniert, nichts gemeinsam, ebenso wenig mit ihrer Lebenswelt. Er hat völlig andere Zielgruppen im Blick, keineswegs die Menschen, die dauerhaft im Sprachgebiet leben und eine Zweitsprache benutzen.

Bei Migranten und Migrantinnen nämlich ist die Sprachbeherrschung in sich uneinheitlich, ungleichmäßig, aus dem einfachen Grund, weil sie auch außerhalb des Unterrichts in sehr unterschiedlicher Form mit der deutschen Sprache Kontakt haben. So gibt es bei Migranten und Migrantinnen z.B. im Bereich des Lesens und mehr noch des Schreibens uneinheitliche ‚Spitzen‘, die über die jeweilige Niveaustufe weit hinausgehen, gleichzeitig aber auch Lücken und Täler, weil die entsprechenden Textsorten und Redemittel in ihrer sprachlichen Lebenswelt gar nicht vorkommen.

Der Referenzrahmen selbst warnt daher zu Recht davor, die Referenzniveaus als einheitliche Messlatte in einer Sprache anzulegen, so als sei die Sprachentwicklung in allen Fertigkeitsbereichen gleichmäßig. Jemand mit Chinesisch oder Arabisch oder einer kyrillisch geschriebenen Sprache als Ausgangssprache z.B. kann weder in der Psychomotorik des Schreibens noch beim Lesen Transfer von muttersprachlichen Kompetenzen nutzen, was bedeutet, dass er oder sie im schriftsprachlichen Elementarbereich länger braucht als Lernende, die aus Sprachkulturen mit ähnlichen Schriftsysteme oder Textsorten kommend auf vertraute Konventionen stoßen.

Wenn der Referenzrahmen z.B. die Einkaufsliste zu einer einfachen Textsorte erklärt, so gilt das nur für Sprachkulturen, in denen Einkaufslisten üblich sind, nicht aber für solche, in denen sie gar nicht vorstellbar sind und folglich nicht existieren (weil gekauft wird, was am Einkaufstag gerade vorrätig ist).

Bei Niveaustufen, die an Migranten und MigrantInnen entsprechende Lernsituationen angepasst sind, wären z.B. beim Schreiben bereits die Fähigkeit des Produzierens korrekter Grapheme auf A1 anzusiedeln oder beim Lesen der Abstand zwischen den Niveaustufen größer darzustellen.

Wo der ÖIF-Test differenziert, ist dies völlig uneinsichtig: In jedem Testteil muss eine Mindestpunktzahl erreicht werden – beim Sprechen 17 von 25, beim Lesen 4 von 10, beim Schreiben dagegen 8 von 10: das klingt nicht nach der vom Referenzrahmen intendierten dynamischen Differenzierung. Vor allem: wer in einem Prüfungsteil die Mindestpunktzahl nicht erreicht, muss den gesamten Test wiederholen – was auch neue volle Prüfungsgebühren erfordert.

Ich plädiere also für die Erhebung und Formulierung von Sprachanforderungen, bei denen die wirklichen Bedürfnisse und Fähigkeiten der Migrantinnen und Migranten, am Leben der Gesellschaft teilzunehmen, den Ausgangspunkt bilden.

These 8

Die Bindung von Bürgerrechten an Sprachprüfungen ist mit den Grundsätzen einer demokratischen Gesellschaft nicht vereinbar!

Niemand muss sich selbst belasten, weshalb in den europäischen Rechtssystemen wie im amerikanischen Kriminalroman der Verhaftete stets darauf hingewiesen wird: *Sie dürfen die Aussage verweigern – aber wenn Sie etwas sagen, kann es gegen Sie verwendet werden.* Für Migrantinnen und Migranten gilt dieses Rechtsstaatsprinzip nicht, für sie heißt es: *Sie dürfen die Aussage **nicht** verweigern, sie werden getestet, wobei alles was Sie sagen, gegen Sie verwendet wird, jeder Fehler, den sie machen.*

Dass demokratische Rechte, etwa das Wahlrecht, davon abhängig gemacht werden, ob man eine Sprachprüfung besteht, ist mit den Grundsätzen einer Demokratie nicht vereinbar: auch Analphabeten haben bei uns das Wahlrecht, auch solche, die keine Schule zu Ende gebracht und nie im Leben eine Prüfung bestanden haben.

Dass für Migrantinnen und Migranten elementare Lebensrechte bis hin zur Familienzusammenführung an Sprachkenntnisse in Deutsch gekoppelt werden, halte ich für einen unzulässigen Verstoß gegen elementare Grundrechte.

Vier Konsequenzen aus dem Gesagten

1. Solange der ÖIF im Gefolge des Innenministeriums die sog. Integrationsvereinbarung exekutiert, wissen wir, dass es bei der Sprachfrage primär um die Demonstration von Macht und Ausgrenzung, nicht aber um Integration geht. Die Agenden der sprachlichen Integration gehören in den Verantwortungsbereich der für Sprache, Unterricht und Wissenschaft zuständigen Ministerien, nicht in die Zuständigkeit des Innenministeriums. Es geht nicht an, dass der ÖIF sich die ihm genehmen Experten für die fachliche Legitimation seines politisch motivierten Handelns sucht, sondern Sprachförderung und Integration bedürfen einer kontinuierlichen wissenschaftlichen Begleitung und transparenten Diskussion (vgl. auch Plutzar 2008). Es ist ja kein Zufall und nicht das erste Mal, dass der ÖIF sich der Diskussion auch im Rahmen der Tagung, die Anlass für diesen Band war, entzogen hat.

   Hier bedarf es einer grundsätzlichen Umstrukturierung, eines wissenschaftlichen Beirats und einer Einbindung in die Bildungsverantwortung.

2. An die Stelle eines Einheitstests für alle sollten kursbezogene, den individuellen Lernfortschritt überprüfende und bestätigende Lernkontrollen treten. Die Gelder, die jetzt verschleudert werden, um ein Testsystem mit Zertifizierungen, Prüferschulungen etc. zu entwickeln und zu unterhalten, wären besser ausgegeben für

individualisierte Sprachlernangebote, eine gezielte Sprachlernberatung und eine hochwertige Qualifizierung und Bezahlung der Lehrkräfte.

3. Wenn schon Abschlussprüfungen, dann sollten diese unterschiedliche Profile erlauben, etwa ein hohes Niveau beim Sprechen und Lesen, ein niedrigeres beim Hören und Schreiben – oder auch die Möglichkeit, einen der Prüfungsbereiche durch den Nachweis von Kenntnissen in einer Herkunftssprache zu kompensieren.

4. Bilinguale Kursangebote und Prüfungsmöglichkeiten sind der monolingualen Assimilierung vorzuziehen.

Statt Sprachprüfungen als Symbole der Macht über Migranten und Migrantinnen zu exekutieren, wünschen sich Sprachpädagogen und Sprachlehrforscherinnen eine sprachliche Bildung, die darauf zielt, dass sich Migrantinnen und Migranten aus ihren verschiedenen Sprachen, die deutsche eingeschlossen, sprachliche Mittel und ein hohes Maß an Flexibilität aneignen.

Literatur

Online Ressourcen zuletzt abgerufen am 16.3.09

Barkowski, Hans (2003), „Skalierte Vagheit – der europäische Referenzrahmen für Sprachen und sein Versuch, die sprachliche Kommunikationskompetenz des Menschen für Anliegen des Fremdsprachenunterrichts niveaugerecht zu portionieren", in: Bausch, Karl-Richard/Christ, Herbert/Königs, Frank G./Krumm, Hans-Jürgen (Hrsg.) (2003), *Der Gemeinsame europäische Referenzrahmen für Sprachen in der Diskussion*, Tübingen, 22 – 28.

Bundesforum Familie (2004), *Manifest: Grundsätze und Perspektiven einer familienorientierten Integrationspolitik – Migrationsfamilien zwischen Integration und Ausgrenzung*, Berlin.

Buß, Stefan (1995), „Zweitspracherwerb und soziale Integration als biographische Erfahrung", in: *Deutsch lernen 20/3*, 248–275.

Cecchini, Michaela (2000), „Linguistic diversity: a contribution to education for democratic citizenship.", in: Council of Europe 2000, 57–63.

Cook, Vivian (1995), „Multi-Competence and Effects of Age", in: David Singleton/Zsolt Lengyel (Hrsg.), *The Age Factor in Second Language Acquisition*, Clevedon, 51–66.

Council of Europe (2000), *Linguistic diversity for democratic citizenship in Europe. Towards a framework for language education policies* (Innsbruck conference 1999), Strasbourg.

De Cillia, Rudolf/Krumm, Hans-Jürgen/Wodak, Ruth (Hrsg.) (2003), *Die Kosten der Mehrsprachigkeit – Globalisierung und sprachliche Vielfalt*, Wien.

Eder, Ulrike (2006), „*Auf die mehrere Ausbreitung der teutschen Sprache soll fürgedacht werden" Deutsch als Fremd- und Zweitsprache im Unterrichtssystem der Donaumonarchie zur Regierungszeit Maria Theresias und Josephs II,* Innsbruck.

Ehlich, Konrad (1999), „Integrationsfähige Sprachvermittlung", in: *Deutsch lernen* 24 (1999) 3, 211–214.

Europarat (2001), *Gemeinsamer europäischer Referenzrahmen für Sprachen: lernen, lehren, beurteilen,* Berlin/München.

Fürstenau, Sara/Gogolin, Ingrid (2001), sprachliches Grenzgängertum: Zur Mehrsprachigkeit von Migranten", in: List, Gundula/List, Günther (Hrsg.), *Quersprachigkeit,* Tübingen, 49–64.

Janich, Nina/Thim-Mabrey, Christiane (Hrsg.) (2003), *Sprachidentität – Identität durch Sprache,* Tübingen.

Krumm, Hans-Jürgen/Plutzar, Verena (2008), „Tayloring language provision and requirements to the needs and capacaties of adult migrants", in: *Thematic Studies prepared for the Seminar The linguistic integration of adult migrants.* 26–27 June 2008, Strasbourg. http://www.coe.int/t/dg4/linguistic/MigrantsSemin08_List-Docs_EN.asp#TopOfPage

Oppenrieder, Wilhelm/Thurmair, Maria (2003), „Sprachidentität im Kontext von Mehrsprachigkeit", in: Janich, Nina/Thim-Mabrey, Christiane (Hrsg) (2003), *Sprachidentität – Identität durch Sprache,* Tübingen, 39–60.

Plutzar, Verena (2008), „sprachliche Bildung erwachsener MigrantInnen als Aufgabe der Erwachsenenbildung", in: *MAGAZIN erwachsenenbildung.at.* Das Fachmedium für Forschung, Praxis und Diskurs, Ausgabe 5, 2008, Wien, http://www.erwachsenenbildung.at/magazin/08-5/meb08-5.pdf.

Shohamy, Elana (2001), *The power of tests: A critical perspective on the uses of language tests,* Harlow, England.

Shohamy, Elena (2004), „Assessment in multicultural societies", in: Norton, Bonny/Toohey, Kelleen (Hrsg.) (2004), *Critical Pedagogies and Language Learning,* Cambridge, 72–92.

Internetquellen

www.bafl.de
www.fif.at
www.integrationsbeauftragte.de
www.integrationsfonds.at
www.sprachenrechte.at

Annette Sprung

Lifelong Learning – MigrantInnen partizipieren an Weiterbildung (?)[1]

1. Einleitung

Lebenslanges Lernen (*Lifelong Learning*) als zentrale Konzeption Europäischer Bildungspolitik ist als Leitidee mittlerweile im Bewusstsein vieler Entscheidungs- und VerantwortungsträgerInnen des Bildungswesens verankert. Es wird davon ausgegangen, dass Veränderungen der Arbeitswelt, aber auch Anpassungsprozesse im privaten Bereich von Menschen zunehmend lernend bewältigt werden (sollen) und es daher veränderter Strukturen und Angebote bedarf, um einer entsprechenden Nachfrage der Individuen bzw. des Arbeitsmarktes nachzukommen. Die Diskussion über lebensbegleitende Bildung umfasst ein breites Spektrum an Positionen und Forderungen: So wird einerseits die Ermöglichung kontinuierlichen Weiterlernens als Eröffnung neuer Chancen interpretiert, andererseits machen kritische Perspektiven auf den Zwangscharakter von Lernzumutungen aufmerksam, die vielfach aus reinen Marktinteressen resultieren. Der vorliegende Beitrag nimmt die Bildungspartizipation erwachsener MigrantInnen in den Blick und reflektiert, inwieweit sich für diese Gruppe im Rahmen der Lifelong Learning-Debatte neue Optionen entfalten könnten.

Menschen mit Migrationshintergrund werden durch Weiterbildungsangebote entweder in Form zielgruppenspezifischer Programme angesprochen oder nehmen an unterschiedlichsten Kursen der allgemeinen und beruflichen Erwachsenenbildung teil. Im Vordergrund stehen dabei aktuell Angebote, die auf sogenannte Integrationsprozesse abzielen, vor allem in Hinblick auf Spracherwerb und Grundkenntnisse der Systeme/Gesetze des Aufnahmelandes, während berufliche Bildungsmaßnahmen noch weniger umfassend etabliert sind. Auf den Bereich der Sprachförderung wird in meinem Beitrag nicht im Detail eingegangen (siehe dazu den Beitrag von Blaschitz/ de Cillia in diesem Band). Der Schwerpunkt liegt auf einer allgemeinen Bestandsaufnahme des Wissens über das Weiterbildungsverhalten von MigrantInnen sowie auf Überlegungen zur beruflichen und politischen Bildung unter besonderer Berücksichtigung der Verantwortung der Bildungsinstitutionen.

---

[1] Der Beitrag stellt eine überarbeitete Version des in der Online-Zeitschrift bildungsforschung (5.Jg, 1/2008) unter dem Titel „Man lernt nie aus? MigrantInnen in der Weiterbildung am Beispiel Österreichs" publizierten Artikels dar.

Als Weiterbildung werden in den folgenden Ausführungen alle Lernprozesse im Erwachsenenalter nach Abschluss einer Erstausbildung bezeichnet. In der Regel wird zwischen formaler, non-formaler und informeller Weiterbildung unterschieden. Während man formale Weiterbildung innerhalb des regulären, nationalen Bildungssystems absolviert (etwa in Form eines Hochschulstudiums), umfasst non-formale Weiterbildung alle möglichen Arten organisierten Lernens, wie diverse Seminare, Lehrgänge, Sprachkurse, betriebliche Weiterbildungsaktivitäten etc. Informelles Lernen findet im Alltag statt und ist den LernerInnen oft gar nicht als Lernprozess bewusst, wir lernen u. a. auch durch Beobachtung, Nachahmen oder Erfahrungsaustausch mit anderen. Ich werde mich hier vorwiegend auf den Bereich der non-formalen Bildung beziehen.

2. Daten zur Weiterbildungsbeteiligung von MigrantInnen

2.1. Statistische Daten zu Weiterbildung und Lebenslangem Lernen

Über das Weiterbildungsverhalten der in Österreich lebenden Menschen geben unterschiedliche Quellen Auskunft. So werden beispielsweise Kursbesuche im Rahmen der von der Statistik Austria regelmäßig generierten Daten aus dem Mikrozensus (Arbeitskräfteerhebung) registriert. Der Strukturindikator zum Lebenslangen Lernen gibt den Anteil der an Aus- und Weiterbildungsmaßnahmen teilnehmenden Bevölkerung im Alter von 25 bis 64 Jahren an, wobei sich die Erhebung jeweils auf einen Kursbesuch innerhalb der letzten vier Wochen vor Befragung bezieht. Insgesamt weist Österreich mit 12,8% eine im EU-Vergleich überdurchschnittlich bildungsaktive Bevölkerung auf. Der Wert für InländerInnen liegt bei 13,1%, jener der in Österreich lebenden AusländerInnen bei 10,6% (vgl. Statistik Austria 2008).

Eine im Jahr 2004 von der Statistik Austria publizierte Erhebung zum Lebenslangen Lernen zeigt, dass sich im Jahr 2003 insgesamt rund 22% der ÖsterreicherInnen (Alter über 15) non-formal weiterbildeten. Demgegenüber betrug der Anteil der Beteiligung bei AusländerInnen 17%. Die Unterschiede stellen sich je nach Herkunftsland mehr oder weniger deutlich ausgeprägt dar. So bildeten sich 13% der türkischen StaatsbürgerInnen und 12% der Personen aus dem ehemaligen Jugoslawien weiter. Andere Nicht-ÖsterreicherInnen wiesen wiederum einen höheren Anteilswert als ÖsterreicherInnen auf. Mit diesen Zahlen sind alle Arten von Kursen inklusive der Deutschkurse erfasst (vgl. Statistik Austria 2004, 33).

Weitere Einblicke in die Bildungsbeteiligung gewährt die Statistik des österreichischen Arbeitsmarktservice (AMS), wo ebenfalls eine Unterscheidung nach Staatsangehörigkeit erfolgt (und damit beispielsweise bereits eingebürgerte MigrantInnen nicht erfasst sind). Im Jahr 2007 besuchten 24.670 Nicht-ÖsterreicherInnen Schulungen des AMS, wobei eine differenziertere Auswertung nach Kursarten nicht vorliegt. Der Anteil der SchulungsteilnehmerInnen an den vorgemerkten Arbeitslosen betrug bei InländerInnen 24%, bei AusländerInnen 22% (vgl. AMS-Statistik 2008). Insgesamt kann die vorhandene Datenlage als wenig differenziert beurteilt werden. Zu den zitierten Analysen sei angemerkt, dass im Mikrozensus die Fallzahlen in Bezug auf die befragten MigrantInnen eher gering sind und nur Personen mit guten Deutschkenntnissen an den Interviews teilnehmen können.

Ferner erheben die meisten Bildungseinrichtungen, die wichtige Informationsquellen darstellen, die Herkunft oder Staatsbürgerschaft ihrer KundInnen nicht. Wir wissen also weder, wie hoch der Anteil von TeilnehmerInnen mit Migrationshintergrund in bestimmten Bildungseinrichtungen ist, noch wie sich diese auf die unterschiedlichen Angebote verteilen.

Ein Vergleich mit Zahlen zur Weiterbildungsbeteiligung aus dem Berichtssystem Weiterbildung für Deutschland liefert ähnliche Ergebnisse wie sie für die österreichische Situation dargestellt wurden (vgl. BM für Bildung und Forschung 2006, 139ff.). Dies verstärkt die Annahme, dass im Erwachsenenbildungsbereich migrationsbezogene Zugangsbarrieren vorliegen, auch wenn lückenhafte Daten derzeit keine detailliertere Analyse zulassen.

2.2. MigrantInnen in Wiener Einrichtungen der Erwachsenenbildung

Im Rahmen einer Erhebung der Universität Wien wurde der Umgang von Erwachsenenbildungseinrichtungen mit dem Thema Migration in den Blick genommen. Pohn-Weidinger/Reinprecht (2005) befragten 42 Wiener Bildungsinstitutionen, viele Angaben beruhen auf Schätzungen der Leitungspersonen.

Rund die Hälfte der Einrichtungen verzeichnet einen verstärkten Zulauf von MigrantInnen. Diese besuchen überwiegend Sprachkurse, EDV-Kurse und Basisangebote wie z.b. Berufsorientierungsmaßnahmen. Die Autoren stellen fest, dass Programme für die Zielgruppe in der beruflichen Weiterbildung meist auf einem niedrigen Qualifikationsniveau angesiedelt sind. KundInnen mit Migrationshintergrund dürften von den Einrichtungen bislang nur bedingt als Marktpotenzial wahrgenommen werden bzw. stellt man dahingehend kaum Analysen an. Ein kompensatorisches Fördermodell, in dem Angebote zur „Behebung" vorgefundener bzw. vermeintlicher Defizite überwiegen, ist nach Ansicht der Studienautoren noch weit verbreitet (vgl. ebd.).

3. Barrieren der Weiterbildungsbeteiligung

Welche Ursachen lassen sich nun für eine geringere Weiterbildungsbeteiligung von MigrantInnen ausmachen? Allgemein sei an dieser Stelle auf sozioökonomische Faktoren hingewiesen, die bekanntermaßen Einfluss auf die Partizipation an Weiterbildung haben. Dazu zählen Schul- und Ausbildung, Erwerbstätigkeit, Alter, Nationalität, Geschlecht, soziale Herkunft oder berufliche Stellung. Eine höhere formale Ausbildung korreliert beispielsweise mit intensiverer Weiterbildungspartizipation (vgl. Schneeberger/Mayer 2004, 72 ff.). So kann etwa angenommen werden, dass sich bei MigrantInnen Benachteiligungen aus dem Schulwesen weiter fortsetzen (vgl. Herzog-Punzenberger 2006; Weiss 2007).

3.1. Stellung auf dem Arbeitsmarkt

Einige der genannten Aspekte sind unter ausländischen Staatsangehörigen besonders ungünstig ausgeprägt wie z.b. die höhere Arbeitslosenrate. In Österreich waren im Herbst 2007 ca. 9% der AusländerInnen (gegenüber 4% der InländerInnen) ohne Beschäftigung (vgl. Statistik Austria 2007). Laut einer Studie zum Lebenslangen Lernen liegt die Beteiligung an non-formaler Weiterbildung (allgemein) unter Erwerbstätigen mit 31% deutlich über der 22%igen Beteiligungsquote der Gesamtbevölkerung (vgl. Statistik Austria 2004, 31f.).

Bezüglich der schlechteren Stellung im Beruf gilt für MigrantInnen, dass diese entweder über niedrigere Bildungsabschlüsse verfügen oder aber auch bei höherer Qualifikation oftmals keine adäquate Beschäftigung finden. MigrantInnen aus Ex-Jugoslawien und der Türkei konzentrieren sich auf wenige Segmente des Arbeitsmarktes und sind zu drei Vierteln als ArbeiterInnen tätig, während die Streuung bei ZuwanderInnen aus den EU-15 viel breiter ausfällt und es sich überwiegend um besser entlohnte und prestigeträchtigere Arbeitsplätze handelt (vgl. Fassmann/Reeger 2007, 192ff.). Von allen unselbständig Erwerbstätigen in Österreich besuchen am häufigsten Beamte mit höheren und führenden Tätigkeiten berufsbezogene Kurse (eine Gruppe, in der kaum MigrantInnen vertreten sind), am seltensten ArbeiterInnen in Hilfstätigkeiten. Bezogen auf Branchen liegt die niedrigste Weiterbildungsbeteiligung mit 11% im Beherbergungs- und Gaststättenwesen – dies ist zugleich einer jener Bereiche, in denen ZuwanderInnen am häufigsten beschäftigt sind (vgl. Statistik Austria 2004, 41).

Selbst jene Personen, die einen höheren Bildungsabschluss mitbringen, finden aufgrund ihrer dequalifizierten Stellung im Beruf in vielen Fällen schwer Zugang zu Weiterbildung. Auf Basis der Volkszählungsdaten 2001 lässt sich zeigen, dass 19% der ÖsterreicherInnen unter ihrem Ausbildungsniveau tätig sind, hingegen arbeiten 39% der Menschen, die im Ausland geboren oder ausländische Staatsangehörige sind, in berufsfremden bzw. unterfordernden Jobs, bei einigen Drittstaaten beträgt der Prozentsatz sogar 48% (vgl. Gächter 2006). Hier dürfte also ein großes Potenzial an Qualifikationen und Kompetenzen brachliegen.

Für einen langfristigen Verbleib dieser Personen in unqualifizierten Bereichen des Arbeitsmarktes sind vielschichtige Faktoren verantwortlich, dazu zählen z.b. rechtliche Aspekte (Fremdenrecht, Anerkennungsbestimmungen für Bildungsabschlüsse), Diskriminierung, Sprachkenntnisse, der Faktor Zeit, Informationsmangel sowie unangemessene Strategien der Vermittlungsbehörden (vgl. von Hausen 2008). Letztere ignorieren häufig die Qualifikationen von MigrantInnen, weil sie diese als nutzlos einstufen. Nicht selten werden Arbeitslose dann nicht nur in unqualifizierte Jobs, sondern ebenso in Weiterbildungsmaßnahmen gelenkt, in denen sie sich von ihren ursprünglichen Berufen entfernen und auf einem niedrigeren Niveau neu orientieren sollen.

Die mit einer nicht der Ausbildung entsprechenden Beschäftigung einhergehende Entwertung beruflicher Kompetenzen kann Folgen haben: Dequalifikation zieht unter anderem Statusverlust nach sich, ein Wiedereinstieg als Fachkraft wird mit der Zeit immer schwerer möglich. Die Gefahr der (Langzeit-)arbeitslosigkeit steigt, Dequalifikation wirkt zudem hemmend auf die Motivation. Studien zur Weiterbildungsmotivation zeigen die Relevanz von Faktoren wie Ressourcenmangel (Zeit, Geld, Information), aber auch, dass die angenommenen Verwertungsaussichten der durch Weiterbildung erworbenen Kompetenzen ausschlaggebend für einen Kursbesuch sind (vgl. Schneeberger/Mayer 2004, 72ff.). Angesichts der zitierten Befunde zu Dequalifizierung kann vermutet werden, dass solche Nutzenerwartungen unter MigrantInnen möglicherweise sehr negativ ausgeprägt sind.

Lösungsansätze zur geschilderten Problematik liegen zwar nicht in erster Linie im Verantwortungsbereich der beruflichen Weiterbildung, sondern der Arbeitsmarkt- bzw. Integrationspolitik. Beiträge, welche Bildungsarbeit aber sehr wohl leisten kann, bestehen in der Anpassung „veralteter" Kenntnisse, der Stärkung (fach-)sprachlicher Kompetenzen, der Orientierung auf dem Arbeits- und Weiterbildungsmarkt und nicht zuletzt in der Begleitung bei der Entwicklung neuer Handlungsstrategien einzelner ArbeitnehmerInnen. Ein aktuelles Forschungsprojekt in Zusammenhang mit einer Ausbildung qualifizierter MigrantInnen für die Arbeit im Feld Erwachsenenbildung hat gezeigt, dass z.B. die Aufarbeitung der Erfahrungen von Diskriminierung und Entwertung von elementarer Bedeutung für die TeilnehmerInnen war, um aus der Dequalifizierungsspirale auszubrechen (vgl. Sprung 2007).

3.2. Informationsmangel

Zu den wesentlichen Ursachen geringer Bildungsbeteiligung zählt fehlende Information über Weiterbildungsmöglichkeiten bzw. insgesamt über die Struktur sowie die

Anforderungen des Arbeitsmarktes im Migrationsland. Mangelnde Orientierung auf dem Bildungsmarkt kristallisierte sich in einer deutschen Studie zum Weiterbildungsverhalten als zentrale Zugangsbarriere unter den befragten MigrantInnen heraus (vgl. Schmidt/Tippelt 2006, 36f.). Dieses Ergebnis macht unter anderem auf die Relevanz von Bildungsberatung für Menschen mit Migrationshintergrund aufmerksam.

3.3. Interkulturelle Öffnung – Barrieren auf Seiten der Einrichtungen

Seit Mitte der 1990er-Jahre wird im deutschsprachigen Raum eine Debatte über die sogenannte interkulturelle Öffnung, zunächst bezogen auf Verwaltungen und Soziale Dienste, in weiterer Folge ebenso in Zusammenhang mit Gesundheits- und Bildungsinstitutionen geführt. Ausgangspunkt war die Erkenntnis, dass Menschen mit Migrationshintergrund durch unterschiedliche Barrieren an einer gleichberechtigten Teilhabe an Angeboten und Dienstleistungen gehindert werden. Viele dieser Barrieren werden von den Organisationen nicht absichtlich errichtet, sondern resultieren aus mangelndem Bewusstsein über unterschiedliche Bedürfnisse und Zugangsvoraussetzungen der NutzerInnen. Damit wurde der Blick einmal mehr auf die Verantwortung der Mehrheitsgesellschaft und ihrer Institutionen für die Erhöhung von Chancengleichheit gelenkt. Viele in diesem Kontext entstandenen Konzepte bzw. Projekte machten auf die Bedeutung von integrierten Analysen, Leitbild-, Organisations- sowie Personalentwicklungsprozessen aufmerksam. In der Praxis wurde und wird Interkulturelle Öffnung meiner Einschätzung nach jedoch häufig auf die Kompetenzentwicklung der MitarbeiterInnen reduziert.

Abgesehen davon, dass sich hier mit Kursen zum Erwerb interkultureller Kompetenz ein reiches Betätigungsfeld für die Weiterbildung aufgetan hat, stellt sich die Frage, inwieweit sich Einrichtungen der Erwachsenenbildung selbst einem Öffnungsprozess unterzogen haben bzw. ob auch ein anderer aktueller Ansatz, das Diversity Management, Resonanz findet (vgl. Leenen 2006). Mangels einschlägiger Studien lässt sich hierfür vorerst keine Antwort finden, Beobachtungen des Praxisfeldes geben zu der Annahme Anlass, dass die Herausforderung einer Interkulturellen Öffnung im Bildungswesen bislang seltener aufgegriffen wurde als z.B. in sozialen Diensten. Diese Einschätzung teilt auch Dollhausen (2006) für Deutschland. In der bereits zitierten Studie in Wiener Erwachsenenbildungseinrichtungen wurde danach gefragt, ob die Institutionen eine interkulturelle Profilbildung für erstrebenswert erachten würden. 38% der Institutionen befanden, dass ein interkulturelles Profil bereits ausreichend ausgebildet sei. Sie argumentierten zum Teil auch damit, dass die Nachfrage zu gering sei und ohne Kursförderungen die Zielgruppe über zuwenig Kaufkraft verfüge. Einige Einrichtungen meinten, dass ein interkulturelles Profil den Rahmen sprengen würde und stigmatisierend wirken könnte. 28% der Weiterbildungsanbieter haben jedoch eine stärkere interkulturelle Öffnung befürwortet (vgl. Pohn-Weidinger/Reinprecht 2005, 10f.).

3.4. Weitere Ursachen

Spezifisch für MigrantInnen werden außerdem Probleme bei der Anerkennung der in den Heimatländern erworbenen Bildungsabschlüsse, die prekäre rechtliche Lage, mangelnde Sprachkenntnisse (auch in Bezug auf fachsprachliche Kommunikationskompetenzen) sowie eventuell ein eingeschränkter Zugang zu Förderungen als Barrieren einer Weiterbildungspartizipation wirksam.

MigrantInnen machen in Kursen oft entmutigende Erfahrungen, sie stehen aufgrund sprachlicher Einschränkungen stark unter Druck dem Unterricht zu folgen, es gibt keine Zeit für Übersetzungen, und sie haben wenig Gelegenheit ihre Kompetenzen adäquat einzubringen. Manche LernerInnen berichten von Diskriminierungen, die sowohl von anderen Teilnehmenden als auch Vortragenden ausgehen (vgl. Sprung 2007).

4. Handlungsbedarf in der Weiterbildung, praktische Ansätze

Dass MigrantInnen in der Weiterbildung unterrepräsentiert sind, macht auf dringenden Handlungsbedarf in Bildungsplanung und -politik aufmerksam: Hier gilt es zunächst Zugangsbarrieren zu identifizieren und abzubauen. Gleichzeitig stehen aber auch jene Bildungsorganisationen, in denen MigrantInnen bereits jetzt – und zwar mit steigender Tendenz – als TeilnehmerInnen präsent sind, vor neuen Herausforderungen. Gerade die Vermittlung in AMS-geförderte Maßnahmen lässt immer häufiger sehr heterogene Lerngruppen entstehen. Wenn es stimmt, dass der Zielgruppe MigrantInnen in Zukunft mehr Angebote gemacht werden sollen, dürfte diese Thematik noch an Aktualität gewinnen. Zumindest wurde jüngst von VertreterInnen aus dem AMS Wien medial verkündet, dass im Jahr 2008 gegenüber dem Vorjahr 2500 zusätzliche Kursplätze zur Verfügung stehen sollen (vgl. DerStandard vom 26.2.2008).

Interessante Initiativen wurden aus meiner Sicht im Weiterbildungsbereich – sowohl in Österreich als auch in Deutschland, in Kooperation mit unterschiedlichen transnationalen Partnern – im Rahmen des EU-Programms EQUAL zwischen 2002 und 2007 umgesetzt[2]. Diese Projekte haben häufig einen ressourcenorientierten Ansatz

---

[2]   http://ec.europa.eu/employment_social/equal/index_de.cfm (16.3.09)

gewählt, die zentrale Frage der Anerkennung von Qualifikationen und Kompetenzen in den Mittelpunkt gestellt und die Verantwortung von Institutionen, Verwaltung und der Politik eingemahnt. Ich nenne an dieser Stelle kurz einige Beispiele:

In der Entwicklungspartnerschaft „InterCulturExpress"[3] wurde das Thema der Anerkennung und Verwertung von Qualifikationen und Kompetenzen auf verschiedenen Ebenen aufgegriffen (Schulung von MultiplikatorInnen, Mentoring für MigrantInnen, Erarbeitung von politischen Empfehlungen in transnationalen Netzwerken, Ausbildung von MigrantInnen als TrainerInnen in der beruflichen Weiterbildung, Öffentlichkeitsarbeit).

Die Entwicklungspartnerschaft IKAP (Interkultureller Kommunaler Aktionsplan) setzte am lokalen Arbeitsmarkt und Wirtschaftsraum an, um strukturelle Integrationshemmnisse abzubauen. Dazu wurden VertreterInnen von Institutionen und Unternehmen in Modellregionen vernetzt und in Weiterbildungsveranstaltungen darauf vorbereitet, Praxisprojekte selbständig umzusetzen. Die Einbeziehung politischer und arbeitsmarktbezogener Akteure war dabei ein zentraler Bestandteil[4].

Auch die Rolle von Selbstorganisationen (Zusammenschlüsse von MigrantInnen, etwa in Vereinen oder Interessensgruppen) als AkteurInnen der Erwachsenenbildung und Antidiskriminierungsarbeit wurde in einer Entwicklungspartnerschaft gestärkt[5].

Diesen meist auf Projektbasis realisierten Maßnahmen mangelt es jedoch leider aufgrund fehlender nationaler Förderungen an Nachhaltigkeit. Nur einzelne der erwähnten Projekte haben sich etabliert, wie z.B. eine Beratungsstelle für NeuzuwanderInnen (Schwerpunkt Anerkennung von Qualifikationen) durch das Beratungszentrum für Migranten und Migrantinnen auf Basis einer Finanzierung der Stadt Wien („Perspektive") oder die Ausbildung von MigrantInnen zu BildungsberaterInnen durch das Integrationshaus Wien („MigraTrain").

5. Politische Bildung

Auch wenn man wahrscheinlich in der Integrationsdebatte in erster Linie an Deutschkurse und berufliche Weiterbildung denkt, möchte ich doch hier auch auf den Bereich der politischen Bildung aufmerksam machen (vgl. Behrens/Motte 2006). Das Thema „Migration" kommt in diesem Segment eher als Bildungsauftrag vor, der sich an Mehrheitsangehörige richtet (z.B. durch antirassistische Trainings, Sensibilisierungsarbeit etc.). In welcher Form und mit welcher Zielsetzung spricht politische Bildung aber MigrantInnen an? Im Integrationsdiskurs wird häufig die Forderung nach einer Identifikation mit dem österreichischen Staat und seinen Werten erhoben,

---

[3] http://www.interculturexpress.at/(16.3.09)
[4] http://www.volkshilfe.at/ikap (16.3.09)
[5] http://work-in-process.at/ (16.3.09)

was letztlich auch einen Bildungsauftrag impliziert. Zweifelsohne sind Kenntnisse über das politische System des Migrationslandes sinnvoll und wichtig. Etwas fragwürdig erscheint die Vorstellung der möglichst raschen Entwicklung einer bürgerschaftlichen Identität jedoch, wenn zugleich vielen MigrantInnen elementare Bürgerrechte verwehrt bleiben. Ob das Ziel einer Identifizierung mit dem österreichischen Staat übrigens mit ein wenig Staatsbürgerschaftskunde in Integrationskursen oder gar mit dem Lernen des umstrittenen Stoffes für den Staatsbürgerschaftstest erreicht wird, darf bezweifelt werden.

Politische Bildung soll durchaus Wissen über politische Systeme und Strukturen beinhalten, sie umfasst nach meinem Verständnis aber mehr – nämlich Lernprozesse, die auf politisch mündiges Handeln abzielen und die kritische Auseinandersetzung mit gesellschaftlichen Bedingungen im weitesten Sinn ermöglichen. Ich denke dabei z.b. auch an Themen wie eine Stärkung des Durchsetzungsvermögens von MigrantInnen in Bezug auf eigene Rechte, auf Widerstand gegen Diskriminierung und Rassismus u.v.m. Meine Einschätzung lautet dahingehend, dass dieses Segment in der Erwachsenenbildung noch wenig bearbeitet wird – am ehesten von migrantischen Selbstorganisationen wie z.b. dem Verein MAIZ[6] in Linz oder der Organisation LEFÖ in Wien[7].

6. Lifelong Learning

In Österreich reagierte die Politik auf Befunde über die Bildungsbenachteiligung von MigrantInnen bislang vor allem mit – sehr zögerlichen – Maßnahmen im Schulwesen, hingegen ist keine einschlägige Strategie für den Bereich des Lernens erwachsener MigrantInnen absehbar. Es lohnt sich daher aus meiner Sicht, die in der EU geführte Debatte über Lifelong Learning näher zu betrachten, weil sich darin implizite und explizite Ansatzpunkte für eine Verbesserung der Bildungs- und Arbeitsmarktchancen von Menschen mit Migrationshintergrund finden. Einige dieser Aspekte sollen abschließend noch kurz skizziert werden.

Die Europäische Union forciert seit den 1990er-Jahren die Konzeption des Lebenslangen bzw. Lebensbegleitenden Lernens (LLL). Diese in erster Linie ökonomisch motivierte Idee zielt, wie bereits eingangs erwähnt wurde, darauf ab, dass Menschen und Organisationen ihre Kompetenzen sowie ihr Wissen in einer sich rasch wandelnden Arbeitswelt stetig weiterentwickeln. Heute sehen sich immer mehr Menschen mit biografischen Einschnitten konfrontiert wie sie gerade ZuwanderInnen nur zu gut kennen – dass nämlich ihre Kompetenzen Entwertung erfahren und nicht (mehr) zu den Anforderungen des Arbeitsmarktes passen. Ansätze zum LLL sollen allerdings

---

6   www.maiz.at (16.3.09)
7   www.lefoe.at (16.3.09)

93

nicht nur berufsbezogene Aspekte umfassen, sondern ebenso die Bewältigung neuer Lebenssituationen, die sich aus gesellschaftlichen Veränderungsprozessen ergeben – auch hier könnten Lebensläufe von MigrantInnen als typisches Beispiel angeführt werden. In neueren Konzepten der EU werden über die Arbeitswelt hinausreichende Ziele mit Schlagworten wie „Entwicklung von Bürgersinn", „Gewinn persönlicher Autonomie" oder „persönliches Wohlbefinden" benannt (vgl. Kommission der Europäischen Gemeinschaften 2007).

Konzepte Lebenslangen Lernens legen nahe, dass es neuer Formen des Lernens bedarf, dass dieses nicht nur in „klassischen" Bildungsinstitutionen stattfindet und dass Anschlussfähigkeit zwischen den unterschiedlichen Systemen an Bedeutung gewinnen wird. In einer aktuellen Mitteilung der Europäischen Kommission wird mit dem Titel „Zum Lernen ist es nie zu spät" ein Aktionsplan Erwachsenenbildung vorgestellt. Er nimmt insbesondere benachteiligte Gruppen in den Blick und nennt die Integration von MigrantInnen als expliziten Schwerpunkt (vgl. Kommission der Europäischen Gemeinschaften 2007). Gefordert werden z.b. maßgeschneidert Kurse für MigrantInnen sowie Verfahren zur Validierung/Anerkennung mitgebrachter Qualifikationen und Kompetenzen. Auch den informell erworbenen Fähigkeiten wird Bedeutung beigemessen. Schätzungen gehen davon aus, dass bis zu 70% der berufsrelevanten Kompetenzen informell erworben werden (vgl. Frank/Gutschow/Münchhausen 2005, 5ff.). Diese zu validieren wird im LLL als wichtiger Punkt erachtet, um die Beschäftigungsfähigkeit zu fördern und Impulse bzw. Zugangsmöglichkeiten zum Weiterlernen zu geben. Bezüglich der Anerkennungsmöglichkeiten etablierten sich in der Vergangenheit unterschiedliche Wege der Umsetzung in den europäischen Ländern (vgl. Colardyn/Bjornavold 2004, vgl. Käpplinger 2002). Seit dem im Jahr 2000 veröffentlichten „Memorandum über das lebenslange Lernen" (Kommission der Europäischen Gemeinschaften 2000) wurden Prozesse eingeleitet, um die genannten Fragen zu lösen, unter anderem in Form der Schaffung eines Europäischen Qualifikationsrahmens (EQR), der zur Vergleichbarkeit von Qualifikationen der verschiedenen Aus- und Weiterbildungssysteme innerhalb der EU beitragen soll (Kommission der Europäischen Gemeinschaften 2008).

7. Zusammenfassung und Ausblick

Menschen mit Migrationshintergrund sind in der Weiterbildung unterrepräsentiert – dies trifft sowohl für die wissenschaftliche Rezeption der Thematik als auch für die Praxis der Erwachsenenbildung zu. Je nach Angebotssektor, aber auch nach Herkunftsland, zeigt sich die Bildungspartizipation differenziert. MigrantInnen besuchen in Österreich am häufigsten Deutschkurse, EDV-Schulungen und Angebote der beruflichen Weiterbildung auf vorwiegend niedrigem Qualifikationsniveau (Berufsorientierungskurse u. ä.). Faktoren wie die sozio-ökonomische Situation, Schul- und Ausbildung, Sprachkenntnisse, Informationsmangel, rechtliche Aspekte, negative Erfahrungen oder Diskriminierungserlebnisse wirken als Barrieren im Zugang zu Weiterbildung.

Eine qualitätsvolle, auf die Bedürfnisse von Menschen mit Migrationshintergrund spezialisierte Bildungsberatung wäre auf- und auszubauen. Hier bedarf es spezifischer Kenntnisse der BeraterInnen über ausländerrechtliche Rahmenbedingungen und die (differenzierten) Lebenslagen von MigrantInnen. Ferner werden interkulturell sensible Beratungsstrategien, fremdsprachliche Beratungsressourcen u.v.m. benötigt. Wichtig wären möglichst rasche Orientierungshilfen für NeuzuwanderInnen, da die Gefahr besteht, dass Menschen längere Zeit in Jobs unter ihrem Ausbildungsniveau verbleiben und Dequalifizierungsprozesse zu nachhaltiger Verstetigung in eben diesen Arbeitsmarktsegmenten führen. Hier sind übrigens insbesondere auch die staatlichen Behörden der Arbeitsvermittlung gefordert, MigrantInnen entsprechend ihrer Qualifikationen zu unterstützen und Zugang zu Weiterbildung zu verschaffen.

Die „interkulturelle Öffnung" der Erwachsenenbildungseinrichtungen stellt eine weitere zentrale Herausforderung dar, mit der die Institutionen durch verstärkten Zulauf zwangsläufig immer intensiver konfrontiert werden. Interkulturelle Öffnung hätte Reformen auf Ebene des Selbstverständnisses der Organisation ebenso zu umfassen wie Maßnahmen der Personalentwicklung, die Analyse der Bedürfnisse potenzieller KundInnen mit Migrationshintergrund sowie die Entwicklung didaktischer Modell für die Gestaltung von Lehr- und Lernprozessen unter Bedingungen der Diversität. In der Praxis bleibt interkulturelle Öffnung leider nicht selten bei der Weiterbildung der MitarbeiterInnen stehen.

Ausländische Staatsangehörige sind in Österreich doppelt so häufig arbeitslos wie InländerInnen, der Anteil der von Dequalifizierung betroffenen Personen ist hoch. Um die hier brachliegenden Potenziale besser zu nutzen bzw. benachteiligte Gruppen gezielt zu fördern, wäre neben Bemühungen in einzelnen Institutionen auch eine nationale bildungspolitische Strategie gefragt. Eine solche Strategie ließe sich mit der Entwicklung von Lifelong-Learning-Konzepten verbinden, weil diese u. a. die Schaffung von Anerkennungsverfahren für Bildungsabschlüsse und informelle Lernprozesse vorsehen. Die Idee des Lebenslangen Lernens macht außerdem auf die Zusammenhänge zwischen Lernerfahrungen in einzelnen Lebensabschnitten aufmerksam. Insofern erscheint Kooperationsbereitschaft zwischen den Systemen wichtig, denn die Bildungskarrieren von Menschen mit Migrationshintergrund beginnen ja bekanntermaßen nicht erst in der Erwachsenenbildung. Die Perspektive auf höher qualifizierte MigrantInnen ist übrigens relativ neu in der Debatte, sie hat zu einer teilweisen Perspektivenverschiebung im Sinne einer Potenzial- statt Defizitorientierung beigetragen. Um MigrantInnen jedoch nicht einmal mehr (Stichwort „Gastarbeiter") auf ihre Arbeitskraft zu reduzieren, sollte das Ziel einer umfassenden Erhöhung gesellschaftlicher Partizipationschancen nicht aus dem Blickfeld geraten.

Inwieweit die zitierten Anknüpfungspunkte des LLL in absehbarer Zeit in der Praxis wirksam werden, bleibt abzuwarten. Beste Ausbildung, Sprachkenntnisse und Zusatzqualifikationen sind außerdem noch keine Garantie für einen guten Job – was nützen individuelle Anstrengungen, wenn dann beispielsweise ein Arbeitgeber keine Mitarbeiterin mit schwarzer Hautfarbe oder einem Kopftuch einzustellen bereit ist? Bildungsoffensiven ersetzen aktive Antidiskriminierungs- und Integrationspolitik nicht, genauso wenig sind damit strukturelle Arbeitsmarktprobleme aus der Welt geschafft. Eine verbesserte Aus- und Weiterbildung von Menschen mit Migrationshintergrund kann deren Teilhabechancen zweifelsohne verbessern – stellt jedoch nur einen Baustein eines weiter zu denkenden Konzeptes des Lebens in Einwanderungsgesellschaften dar. Eine langfristige Strategie muss außerdem unterschiedlichste Exklusionsphänomene, nicht nur migrationsbezogene Aspekte, und deren Wechselwirkung in den Blick nehmen. Die Förderung von Partizipationschancen sowie die Entfaltung von Potenzialen wären in diesem Sinne mit dem Schlagwort der „Diversität" angemessen akzentuiert.

Literatur

Online Ressourcen zuletzt abgerufen am 16.3.09

AMS-Statistik (2008), *Sonderauswertung SchulungsteilnehmerInnen 2007 nach Geschlecht, Bundesland und Staatsangehörigkeit,* unveröffentlichtes Dokument.

Behrens, Heidi/Motte, Jan (2006), *Politische Bildung in der Einwanderungsgesellschaft,* Schwalbach.

BM für Bildung und Forschung (Hrsg.) (2006), *Berichtssystem Weiterbildung. IX. Integrierter Gesamtbericht zur Weiterbildungssituation in Deutschland,* Bonn/Berlin.

Colardyn, Danielle/Bjornavold, Jens (2004), „Validation of Formal, Non-Formal and Informal Learning: policy and practices in EU Member States", in: *European Journal of Education, Vol 39/1,* 69–89.

Dollhausen, Karin (2006), „Integrationsförderung als Herausforderung für Weiterbildungsorganisationen", in: *Report. Zeitschrift für Weiterbildungsforschung, 29 (2),* 9–20.

Fassmann, Heinz/Reeger, Ursula (2007), „Lebensformen und soziale Situation von Zuwanderinnen", in: Fassmann, Heinz (Hrsg.), *2. Österreichischer Migrations- und Integrationsbericht 2001–2006,* Klagenfurt/Celovec, 183–200.

Gächter, August (2006), *Qualifizierte Einwanderinnen und Einwanderer in Österreich und ihre berufliche Stellung,* Forschungsbericht. http://www.zsi.at/attach/desk-dp.pdf

Hadeed, Anwar (2004), *Sehr gut ausgebildet und doch arbeitslos. Zur Lage höher qualifizierter Flüchtlinge in Niedersachsen,* Oldenburg.

von Hausen, Niki (2008), *Teufelskreis im Ankunftsland: Zur Verstetigung hoch qualifizierter Zuwanderer im Arbeitsmarkt für unspezifische Qualifikationen. Cultural Capital During Migration,* Research Paper Nr. 6, http://www.cultural-capital.net/images/stories/publications/working_paper6.pdf.

Frank, Irmgard/Gutschow, Karin/Münchhausen, Gesa (2005), *Informelles Lernen,* Bielefeld.

Herzog-Punzenberger, Barbara (Hrsg.) (2006), *Bildungsbe/nach/teiligung in Österreich und im internationalen Vergleich.* KMI Working Paper Nr. 10, http://www.oeaw.ac.at/kmi/Bilder/kmi_WP10.pdf

Käpplinger, Bernd (2002), *Anerkennung von Kompetenzen: Definitionen, Kontexte und Praxiserfahrungen in Europa.* http://www.die-bonn.de/publikationen/onlinetexte/details.asp?ID=875

Kommission der Europäischen Gemeinschaften (2000), *Memorandum über lebenslanges Lernen.* http://www.na-bibb.de/uploads/zusatz2/memorandum_lebenslangeslernen.pdf

Kommission der Europäischen Gemeinschaften (2007), Mitteilung der Kommission an den Rat, das Europäische Parlament, den Europäischen Wirtschafts- und Sozialausschuss und den Ausschuss der Regionen v. 27.9.2007. *Aktionsplan Erwachsenenbildung. Zum Lernen ist es nie zu spät.* http://ec.europa.eu/education/policies/adult/com558_de.pdf

Kommission der Europäischen Gemeinschaften (2008), *Der Europäische Qualifikationsrahmen für lebenslanges Lernen (EQR).* http://ec.europa.eu/education/policies/educ/eqf/eqf08_de.pdf

Leenen, Wolf-Rainer (Hrsg.) (2006), *Diversität nutzen,* Münster.

Pohn-Weidinger, Axel/Reinprecht, Christoph (2005), *Migrantinnen und Migranten in Wiener Einrichtungen der Erwachsenenbildung. Ergebnisbericht,* http://www.interface.or.at/Reinprecht_Studie.pdf

Schmidt, Bernhard/Tippelt, Rudolf (2006), „Bildungsberatung für Migrantinnen und Migranten", in: *Report. Zeitschrift für Weiterbildungsforschung, 29 (2),* 32–42.

Schneeberger, Arthur/Mayr, Thomas (2004), *Berufliche Weiterbildung in Österreich und im europäischen Vergleich,* Ibw Schriftenreihe Nr. 126. Forschungsbericht, http://www.bmwa.gv.at/NR/rdonlyres/CC61F43D-628E-4728-A988-36C7D8689DF1/0/FB126BeruflicheWeiterbildungEndfassung.pdf

Sprung, Annette (2007), *Wissenschaftliche Begleitung des Lehrganges „Leuchtturm",* unveröffentlichter Forschungsbericht, Graz/Wien.

DerStandard Online v. 26.2.2008 (Rubrik Integration), „Hoffnung, dass anders sein hip wird", Online im Internet http://derstandard.at/

Statistik Austria (Hrsg.) (2004), *Lebenslanges Lernen. Ergebnisse des Mikrozensus Juni 2003, Wien.*

Statistik Austria (Hrsg.) (2007), *Mikrozensus Arbeitskräfteerhebung 3. Quartal 2007,* http://www.statistik.at/web_de/statistiken/arbeitsmarkt/arbeitslose_arbeitssuchende/index.html.

Statistik Austria, Hrsg. (2008), *Teilnahme der Bevölkerung ab 15 Jahren an Kursen und Schulungen in den letzten 4 Wochen nach Staatsangehörigkeit – Jahresdurchschnitt 2007,* http://www.statistik.at/web_de/static/teilnahme_der_bevoelkerung_ab_15_jahren_an_kursen_und_schulungen_in_den_le_028450.pdf

Weiss, Hilde, Hrsg. (2007), *Leben in zwei Welten. Zur sozialen Integration ausländischer Jugendlicher der zweiten Generation,* Wiesbaden.

Verena Blaschitz und Rudolf de Cillia

Sprachförderung für MigrantInnen im außerschulischen Bereich in Österreich

1. Vorbemerkung

Der folgende Beitrag befasst sich mit Sprachförderung für MigrantInnen außerhalb der schulischen Institutionen, also im vorschulischen Bereich und in der Erwachsenenbildung. Bevor wir jedoch zu einer Bestandsaufnahme kommen, soll kurz unser Verständnis von Sprachförderung skizziert werden.

Sprachförderung für MigrantInnen wird im öffentlichen Diskurs üblicherweise verkürzt als Förderung im Erwerb der jeweiligen Staatsprache durch Sprachkurse definiert bzw. verstanden. So setzen bevorzugt PolitikerInnen die Staatssprache – in unserem Fall Deutsch – mit „Sprache" schlechthin gleich.

Unser Verständnis von Sprachförderung umfasst alle Sprache(n) betreffenden Maßnahmen, die die Kommunikation zwischen Mehrheitsbevölkerung, staatlichen und anderen öffentlichen Institutionen und Minderheitsbevölkerung erleichtern. Ein umfassendes, integratives Konzept von Sprachförderung sollte daher einerseits natürlich auch die jeweiligen Erstsprachen, Herkunftssprachen, Familiensprachen erfassen, andererseits aber auch andere Maßnahmen als Sprachlernkurse/ -unterricht, die im obigen Sinne dazu dienen, eine möglichst effiziente Kommunikation in jeder Hinsicht zwischen unterschiedlichen Sprachgruppen in der Gesellschaft zu ermöglichen.

Die *Förderung der Erstsprachen* ist in der Regel in schulischen, seltener vorschulischen Sprachförderkonzepten enthalten, durch so genannten „muttersprachlichen Unterricht" (siehe den Beitrag von Elfie Fleck im vorliegenden Band). Dabei sind derlei Sprachlernmaßnahmen (so wie die betreffenden Lehrpersonen) im schulischen System in der Regel marginalisiert, nicht obligatorisch und für die Schulkarriere (z.B. AHS-Reife) nicht relevant (vgl. Çinar 1998). Im vorschulischen Bereich und in Kindergärten ist Förderung in der Familiensprache selten vorgesehen beziehungsweise bisher nicht gesetzlich abgesichert, außer bei den autochthonen Minderheiten im Burgenland (Landeskindergartengesetz für das Burgenland). In Kärnten gibt es ein vergleichbares Gesetz nicht, allerdings eine Regelung zur finanziellen Förderung privater zwei- und mehrsprachiger Kindergärten.

Als Sprachfördermaßnahmen, die außer Sprachlernmaßnahmen beispielhaft anzuführen sind, kommen zunächst Dolmetsch- und Übersetzungsdienste in Frage, an die sich Anderssprachige, aber auch SprecherInnen der Mehrheitssprache wenden können, um eine qualitativ hochwertige Kommunikation zwischen den beiden PartnerInnen zu ermöglichen, was in bestimmten Kontexten unerlässlich ist, wie z.b. in Spitälern, bei ÄrztInnen, vor Gerichten oder diversen Ämtern wie Fremdenpolizei, Finanzamt etc. Umfassende Sprachförderung sollte in all diesen Situationen Dolmetschdienste, wo schriftliche Kommunikation vorliegt Übersetzungsdienste, kostenlos oder kostengünstig anbieten. Ein telefonischer Übersetzungsdienst sollte dabei möglichst rund um die Uhr national erreichbar sein. Eine Ausbildung zum „Kommunaldolmetscher" bot zum Beispiel das Institut für theoretische und angewandte Translationswissenschaft der Universität Graz von 2004 bis 2006 an. Derzeit wird an einer Wiederaufnahme dieses ULG gearbeitet.[1] Letztlich stellt auch das Zur-Verfügung-Stellen von Formularen und schriftlichen Informationen öffentlicher Ämter in den wichtigsten Sprachen eine Form von Sprachförderung dar. Als weitere Aspekte einer umfassenden Sprachförderung wären anzuführen: sprachenrechtliche Grundlagen zur Sicherung der Verwendung der L1 in bestimmten Domänen wie vor Gericht, medien- und kulturpolitische Maßnahmen zur Förderung/Subventionierung anderssprachiger Kulturproduktionen, Buchpublikationen, Zeitungen und Zeitschriften, zur Sicherung anderssprachiger Angebote im öffentlich-rechtlichen Rundfunk, zur Vergabe von regionalen und lokalen Sendelizenzen usw.

Im Folgenden beschränken wir uns auf Sprachförderung im Sinne von Sprachlernmaßnahmen in Österreich.

Wir skizzieren dazu zunächst die sprachenpolitischen Rahmenbedingungen, stellen dann die Maßnahmen der Sprachförderung im vorschulischen Bereich dar, anschließend die für Erwachsene und Jugendliche und berichten dabei von einer im Winter 2008 durchgeführten quantitativen Erhebung zum Kursangebot für jugendliche und erwachsene MigrantInnen.

2. Sprachenpolitische Rahmenbedingungen

Die sprachenpolitischen Rahmenbedingungen stellen sich wie folgt dar: 88,6% der österreichischen Wohnbevölkerung verwenden nach der Volkszählung 2001 ausschließlich Deutsch als Umgangssprache (Statistik Austria 2002), weitere 8,6% neben Deutsch noch eine andere Sprache, 2,8% ausschließlich eine nichtdeutsche Umgangssprache. 6,7% gaben eine der Sprachen des ehemaligen Jugoslawien bzw. der Türkei (Serbisch 2,2%, Türkisch 2,3%) an. Von den österreichischen StaatsbürgerInnen sprechen nur 4,1% eine andere Umgangssprache neben Deutsch und 0,4% ausschließlich eine andere Umgangssprache.

---

[1] ULG Kommunaldolmetschen, www.uni-graz.at/zvwww/miblatt.html, 16.03.2009.

Die sprachenpolitischen Rahmenbedingungen sind durch den Artikel 8 des Bundesverfassungsgesetzes festgelegt, demzufolge die deutsche Sprache „unbeschadet der den sprachlichen Minderheiten bundesgesetzlich eingeräumten Rechte, die Staatssprache der Republik" ist (Abs. (1)).[2] Seit 1.1.2003 ist die Erteilung einer längerfristigen Aufenthaltsbewilligung in Österreich für Drittstaatsangehörige (Nicht-EWR-BürgerInnen)[3] an den Nachweis von Kenntnissen der deutschen Sprache gebunden. Danach müssen Zuwanderer/Zuwanderinnen, die länger als 12 Monate innerhalb von 24 Monaten in Österreich bleiben wollen, eine so genannte „Integrationsvereinbarung" eingehen. Schließlich ist noch festzustellen, dass Deutsch vom Gesetz als Unterrichtssprache in österreichischen Schulen festgelegt wird.[4] Ordentliche SchülerInnen müssen demnach die Unterrichtssprache Deutsch soweit beherrschen, dass sie dem Unterricht zu folgen vermögen (für eine ausführliche Darstellung siehe de Cillia 2007; de Cillia/Wodak 2006).

3. Sprachliche Förderung im vorschulischen Bereich

Sprachliche Förderung im vorschulischen Bereich findet im Kindergarten statt, dessen gesetzlich definierte Aufgabe es ist, den Schuleintritt vorzubereiten. Da allerdings die Kindergärten in die Kompetenz der Bundesländer fallen, liegt keine gesamtösterreichische Dokumentation über Fördermaßnahmen für Kinder mit Migrationshintergrund vor, sodass es schwierig ist, einen Überblick darüber zu gewinnen. Eine Sondererhebung zum Sprachenlernen im vorschulischen Bereich im Rahmen des österreichischen LEPP-Prozesses[5] (Sobczak 2006) hat einige Daten dazu erfasst. Bei-

---

[2] B-VG – BGBl. Nr. 1/1930, zuletzt geändert durch BGBl. I Nr. 81/2005.

[3] EWR-Bürger sind Angehörige folgender Staaten: Deutschland, Frankreich, Italien, Spanien, Portugal, Griechenland, Großbritannien, Irland, Dänemark, Luxemburg, Niederlande, Belgien, Schweden, Finnland, Norwegen, Island und Liechtenstein, Estland, Lettland, Litauen, Malta, Polen, Slowakei, Slowenien, Tschechische Republik, Ungarn und Zypern, Rumänien, Bulgarien.

[4] „Unterrichtssprache ist die deutsche Sprache, soweit nicht für Schulen, die im Besonderen für sprachliche Minderheiten bestimmt sind, durch Gesetz oder durch zwischenstaatliche Vereinbarungen anderes vorgesehen ist." (§ 16 Abs. 1 Schulunterrichtsgesetz=SchUG). § 16 (3) ermöglicht allerdings die Anordnung einer anderen Unterrichtssprache durch den Landeschulrat (z.B. für bilinguale Schulen).

[5] Die Language Policy Division des Europarats bietet hier den Mitgliedsländern Unterstützung bei der Entwicklung der (Schul-)Sprachenpolitik an. Das Ziel ist dabei, nach bestimmten Richtlinien/Guidelines and Procedures eine Selbst-Evaluation in Zusammenarbeit mit ExpertInnen des Europarats durchzuführen mit Blick auf zukünftige Entwicklungen der Bildungssprachenpolitik in den betreffenden Ländern. Am Ende des Prozesses steht ein Language Education Policy Profile LEPP für das betreffende Land. Die erste Etappe ist die Erstellung eines Länderberichts zum Status quo durch das betreffende Land. Der österreichische Länderbericht ist unter http://www.coe.int/t/dg4/Linguistic/Profils1_EN.asp#TopOfPage (16.3.09) abrufbar.

spielhaft seien als Maßnahmen in einzelnen Bundesländern, die in den letzten Jahren im Sinne der Sprachförderung gesetzt wurden, angeführt:

- In Tirol werden muttersprachliche Stützkräfte und zusätzliche deutschsprachige KindergartenpädagogInnen eingesetzt, um die Muttersprache der Kinder zu festigen und den Erwerb der Zweitsprache Deutsch zu unterstützen.
- In Niederösterreich werden über 30 eigens dafür ausgebildete „Interkulturelle MitarbeiterInnen" in ca. 600 Kindergärten zur Unterstützung mehrsprachiger Kindergartengruppen eingesetzt.
- In Wien gibt es z.B. den mehrsprachig geführten Kindergarten des Integrationshauses, in dem neben Kindergartenpädagoginnen muttersprachliche Betreuerinnen eingesetzt werden. Das Hausbesuchsprogramm Hippy (*Home Instruction for Parents of Preschool Youngsters*) sei noch erwähnt, das für Familien mit Migrationshintergrund entwickelt wurde, in anderen Ländern seit ca. 40 Jahren angewendet wird und seit Mai 2007 in einem Pilotprojekt in Meidling durchgeführt wird.[6]

Die Länderkompetenz bei Kindergärten macht es schwierig, gesamtösterreichische Maßnahmen durchzuführen. Eine bundesweite Initiative zur frühen sprachlichen Förderung setzte das Bundesministerium für Bildung, Wissenschaft und Kultur (BMBWK)[7] mit dem Projekt „Frühe Sprachförderung", in dem es um die Förderung der deutschen Sprache ging: Ab dem Schuljahr 2005/06 erfolgte die Schülereinschreibung bereits im Herbst des Jahres vor dem Schuleintritt, und dabei wurde durch eine von der Schulleitung durchgeführte so genannte „Sprachstandsfeststellung" (Krötzl 2005) festgestellt, ob sich das Kind ausreichend in der deutschen Sprache verständigen kann.[8] Traf das nicht zu, wurde den Eltern empfohlen, spezielle Fördermaßnahmen im Ausmaß von 120 Stunden, integriert in den Kindergartenalltag, in Anspruch zu nehmen.[9] Dafür erhielten die Eltern ein im Kindergarten einzulösendes „Sprachticket" im Wert von 80 Euro – im Schuljahr 2005/06 wurden z.B. 12.500 derartige Tickets ausgegeben. Der Betrag, der vom Bund für die Förderung zur Verfügung gestellt wurde, war daher ca. 66 Cent pro Förderstunde – zum Vergleich: für die so genannten „Integrationskurse" für Erwachsene kalkuliert man 5 Euro pro Stunde. Dieses Konzept der frühen Sprachförderung war nicht erfolgreich, wie die Evaluation der Sprachticket-Maßnahme im Auftrag der Arbeiterkammer Wien durch Simone Breit ergab (Breit 2007). Sowohl die Implementierung als auch die Durchführung und die Wirksamkeit der Maßnahme werden in der Evaluation als problematisch

---

[6] Siehe http://www.hippy.or.at/, 16.3.09.
[7] Heute Bundesministerium für Unterricht, Kunst und Kultur (bmukk).
[8] Angesichts der Komplexität der Spracherwerbsprozesse (vgl.: Ehlich 2005) konnte es sich dabei nicht wirklich um „Sprachstandsfeststellungen" im wissenschaftlichen Sinn handeln kann.
[9] Genauere Informationen finden sich auf der Website http://www.sprich-mit-mir.at/, 16.3.09.

beurteilt. Von den Betroffenen wurde sie häufig als „Hauruck-Aktion" beurteilt, es gebe „keine einheitliche Vorgangsweise" bei der Sprachstandsfeststellung und es würden „keine einheitlichen Kriterien für die Ticketvergabe" bei der Einschreibung verwendet. Die mit einer Sprachstandfeststellung überprüfte Wirkung der Maßnahme (n = ca. 350 Kinder, mittels HAVAS 5 (Hamburger Verfahren zur Analyse des Sprachstands)) ergab: „Kinder mit Ticket konnten in keinem der fünf Aspekte des Tests an das sprachliche Niveau der Referenzgruppe (Kinder ohne Ticket) aufschließen." (Breit 2007, 46f.) Auch gab es keinen Unterschied zwischen den Kindern der Gruppe, die ein Ticket bekommen haben und die es in Anspruch genommen haben, und denen, die es nicht in Anspruch genommen haben; eine Wirkung dieser Maßnahme war also nicht nachzuweisen.

3.1. „15-a-Vereinbarung"

Um bundesweite Maßnahmen zu erleichtern, soll in Hinkunft eine so genannte „15-a-Vereinbarung" gemäß Bundesverfassungsgesetz (B-VG) zwischen den für das Kindergartenwesen zuständigen Ländern und dem Bund sicherstellen, dass trotz unterschiedlicher Zuständigkeiten bei Bund und Ländern Kinder mit Sprachförderbedarf erfasst und gefördert werden. Danach verpflichten sich die Länder „zur Feststellung des Sprachförderbedarfs bei allen Fünfjährigen, zur erforderlichen Sprachförderung in den institutionellen Kinderbetreuungseinrichtungen gemäß den einheitlichen Deutsch-Standards und zur Unterstützung der genannten Fort- und Weiterbildungsmaßnahmen."

3.2. Novellierung des Schulunterrichtsgesetzes (SCHUG)

In diesem Kontext steht die am 5.12.2007 verabschiedete Novellierung von § 3 Abs. 3 des SCHUG, wonach „die Erziehungsberechtigten […] dafür Sorge zu tragen" haben, „dass ihre Kinder zum Zeitpunkt der Schülereinschreibung die Unterrichtssprache im Sinne des Abs. 1 lit. b soweit beherrschen, dass sie dem Unterricht zu folgen vermögen". Die Verantwortung für die Beherrschung der Unterrichtssprache zu Schuleintritt wird also den Eltern übertragen, wobei – nach einer Phase der Beobachtung dieser Regelung – auch Sanktionen gegenüber Eltern, die das nicht leisten, angedacht werden, z.B. an eine Koppelung mit der Familienbeihilfe.[10]

---

[10] Das Netzwerk Sprachenrechte hat zu dieser Frage ausführlich kritisch Stellung genommen, z.B. in einem von Hans-Jürgen Krumm, Verena Plutzar, Klaus-Börge Boeckmann, Katharina Brizić, Verena Krausneker, Ursula Makoschitz, Brigitta Vavken, Andrea Eraslan-Weninger, Elisabeth Harrasser und Rudolf de Cillia unterzeichneten Brief an die Bundesministerin, http://www.sprachenrechte.at/). Die Maßnahme wird nicht für realistisch

Zur Zeit der Abfassung des vorliegenden Beitrags werden u.w. u.a. folgende Maßnahmen der Sprachförderung im Vorschulalter im Bundesministerium für Unterricht, Kunst und Kultur (bmukk) entwickelt (nach BAKIP/SOP/bmukk o.J.: Frühe
sprachliche Förderung, 8ff.).

3.3. Verfahren für die Sprachstandsfestellung

Die Entwicklung eines Verfahrens für die Sprachstandsfeststellung, die im Frühjahr 2008 erfolgte (beuftragt wurde das „Projektzentrum für vergleichende Bildungsforschung"). Dabei wurden unterschiedliche Verfahren für solche Kinder entwickelt,
die bereits im Kindergarten sind und für jene, die bisher noch keinen Kindergarten
besucht haben. Diese Sprachstandsfeststellung soll spätestens 15 Monate und der
Beginn der Sprachförderung spätestens ein Jahr vor Beginn der Schulpflicht des Kindes erfolgen. Die erste Sprachstandsfeststellung in der institutionellen Kinderbetreu-
ungseinrichtung hatte bis Ende Mai 2008 zu erfolgen, um sicherzustellen, dass die
erste Sprachförderung mit dem Kindergartenjahr 2008/09 beginnen konnte.

3.4. Bildungsplan für Kinder von 3–6 Jahren

Ein Bildungsplan-Kapitel für den Bereich „Frühe sprachliche Förderung von Kindern
im Alter von 3–6 Jahren" mit Anschluss-Stellen für weitere Bildungsbereiche und Alters-
gruppen wird derzeit durch ExpertInnen, koordiniert vom Charlotte-Bühler-Institut,
erstellt. Einzelne Bundesländer haben bereits einen Bildungsplan entwickelt beziehungsweise sind gerade dabei das zu tun. Das bmukk hat diese Gruppe beauftragt, jenen Bil-
dungsplan-Anteil auszuarbeiten, der für die frühe sprachliche Förderung von Kindern
im Alter von 3–6 Jahren relevant ist. Dieser Plan soll so gestaltet sein, dass er Anschluss-
Stellen für eine spätere Weiterentwicklung (andere Bildungsbereiche, andere Altersgrup-
pen) enthält und er soll im Sommer 2008 fertig gestellt sein (Bundesministerium für
Unterricht, Kunst und Kultur 2008, 3).

---

und nicht für zielführend gehalten. Schon innerhalb der deutschen Sprache gebe es in Österreich beträchtliche
Unterschiede – so wiesen etwa Kinder, die mit einer dialektalen Varietät (bes. z.B. in Vorarlberg) in die Schule
kommen, schon einen beträchtlichen Abstand zur Bildungssprache der österreichischen Varietät des Hochdeut-
schen auf, und bisher sei es die Aufgabe der Schule gewesen, die Kinder an diese Sprache heranzuführen. Viel
problematischer noch sei dieser Anspruch an die Eltern dort, wo eine andere als die deutsche Sprache die Familiensprache darstelle. Er stehe zunächst im Widerspruch zu den Prinzipien europäischer Mehrsprachigkeits-
politik und dem Recht auf Förderung der Mutter- und Familiensprache. Aber selbst wenn Eltern mit anderen
Familiensprachen in der Familie Deutsch mit ihren Kindern sprechen würden – der ungenügende und nicht
authentische Input in der Zweitsprache Deutsch würde nicht zum Aufbau einer komplexen Zielsprache Deutsch
genügen, sondern zu einer defizitären Variante dieser Sprache führen. Diesen Zusammenhang zwischen tradier-
tem „sprachlichen Kapital" und Erfolg in Erst- und Zweitsprachenlernen weist im übrigen Brizić 2007 nach.

3.5. Entwicklung von Deutschstandards

Deutschstandards sind eine „Beschreibung von Sprachkompetenzbereichen, die bei Eintritt in die Volksschule vorhanden sein sollen". „Damit sind Kompetenzbereiche gemeint, die in einfachen Sprechsituationen (zum Beispiel jemanden grüßen, sich verabschieden, um etwas bitten, ...) beziehungsweise beim Reagieren auf Fragen und Erteilen von Antworten ergeben, entstehen" (BAKIP/SOP/bmukk o.J). Ab September 2008 sollen diese Standards zur Verfügung stehen.

Abschließend sei festgestellt, dass in diesem Bereich derzeit viele Initiativen gesetzt werden – auf jeden Fall eine positive Entwicklung. Allerdings fällt die Fokussierung auf Deutsch-Förderung und Deutsch-Kenntnisse auf, und die über die Medien kolportierte geplante Einrichtung von eigenen Vorschulklassen in Wien für Kinder mit Deutschkenntnissen, die nicht die Deutsch-Standards erfüllen, halten wir für sehr problematisch, weil stigmatisierend. Eine notwendige Voraussetzung für eine wirkungsvolle sprachliche Förderung von Kindern mit Migrationshintergrund wäre u. E. integrative Fördermaßnahmen die die Erst- und Familiensprache(n) der beteiligten Kinder miteinbeziehen (vlg. auch Ergebnisse des Workshops „Pädagogische Ausbildungen").

4. Sprachförderung bei Erwachsenen und in der Erwachsenenbildung

Im Folgenden soll zunächst diejenige staatliche Maßnahme der „Sprachförderung", die in den letzten Jahren im Mittelpunkt der öffentlichen Diskussion gestanden ist, die „Integrationsvereinbarung", besprochen, und dann von der eingangs erwähnten Erhebung berichtet werden.

Den gesetzlichen Rahmen der „Sprachförderung" in Deutsch für Neuzuwanderer und Neuzuwanderinnen steckt die im Niederlassungs- und Aufenthaltsgesetz (NAG, BGBl., I Nr. 100/2005, in Kraft seit 1.1. 2006) geforderte „Integrationsvereinbarung" (IV) ab. Sie ist binnen fünf Jahren ab Erteilung oder Verlängerung des Aufenthaltstitels zu erfüllen, andernfalls droht als Sanktion eine Geldstrafe oder sogar die Ausweisung aus Österreich.

Die Integrationsvereinbarung „bezweckt den Erwerb von Kenntnissen der deutschen Sprache, insbesondere der Fähigkeit des Lesens und Schreibens, zur Erlangung der Befähigung zur Teilnahme am gesellschaftlichen, wirtschaftlichen und kulturellen Leben in Österreich" (§ 14 (1)). Sie beinhaltet zwei Module:

- Modul 1 (75 Stunden, für AnalphabetInnen) dient dem Erwerb der Fähigkeit des Lesens und Schreibens, Modul 2 (300 Stunden) dem Erwerb von Kenntnissen der deutschen Sprache auf dem Niveau A2 des Gemeinsamen Europäischen Referenzrahmens für Sprachen.

- Modul 2 wird durch den erfolgreichen Abschluss eines „Deutsch-Integrationskurses" absolviert. Dieser soll „Kenntnisse der deutschen Sprache zur Kommunikation und zum Lesen alltäglicher Texte sowie Themen des Alltags mit staatsbürgerschaftlichen Elementen und Themen zur Vermittlung der europäischen und demokratischen Grundwerte", die eine „Teilnahme am gesellschaftlichen, wirtschaftlichen und kulturellen Leben in Österreich" ermöglichen, enthalten. (§ 16, § 14)[11]

Der Bund ersetzt bei Modul 1 die Kurskosten bis zum Höchstsatz von 375 Euro, wenn es spätestens nach einem Jahr abgeschlossen wurde, und 50% der Kurskosten von höchstens 750 Euro des Moduls 2, wenn es spätestens binnen zwei Jahren durch Ablegen einer Prüfung erfolgreich abgeschlossen wurde. Die Anforderungen an Deutschkenntnissen von Modul 2 der Integrationsvereinbarung sind durch die letzte Novellierung des Staatsbürgerschaftsgesetzes (Staatsbürgerschaftsrechtsnovelle 2005) auch eine Voraussetzung für die Verleihung der österreichischen Staatsbürgerschaft.

Die sprachlichen Mindestanforderungen, die durch die Integrationsvereinbarung verlangt werden, sind im Rahmencurriculum der „Integrationsvereinbarungs-Verordnung" (BGBl., II Nr. 449/2005, in Kraft seit 1.1.2006) konkretisiert. Die Inhalte der Kurse sind in zwei Themenbereiche gegliedert: „Alltag" (Eigene Identität, Wohnen, Ernährung, Gesundheit, Verkehr, Ausbildung, Arbeit und Beruf, Freizeit) und „Staat und Verwaltung" (Grundwerte einer europäischen demokratischen Gesellschaft, Staatsform, politische Institutionen, Bundesländer, Bürokratiebewältigung, Sozialsystem in Österreich, Verträge) (Vgl. BGBl., II Nr. 449/2005, 2f.). Die sprachlichen Fertigkeiten beziehen sich auf die mündliche Bewältigung von Routinesituationen, die Äußerung von Wünschen, Bedürfnissen und Meinungen, die Beherrschung von Höflichkeitsformeln, das Führen von Gesprächen, auf die Fähigkeit, aus schriftlichen authentischen Alltagstexten und aus deutlichen Tonaufnahmen zu vertrauten alltäglichen Themen die essentiellen Informationen herauszufiltern, und in der Schreibkompetenz auf die Beherrschung einfacher Korrespondenz sowie die Fähigkeit, persönliche Erfahrungen, Ereignisse und vergangene Erlebnisse und Handlungen in einfacher Form zu formulieren (vgl. BGBl., II Nr. 449/2005, 2).

Den Abschluss eines Deutsch-Integrationskurses bildet eine Abschlussprüfung auf dem Niveau A2, die vom Österreichischen Integrationsfonds entwickelt wurde und die nach dessen Aussagen ein „anerkannter Deutsch-Test auf A2-Niveau des Gemein-

---

[11] Auch SchülerInnen, die nach dem 1.1.2006 zugewandert sind und zum Zeitpunkt der Zuwanderung das 9. Lebensjahr schon vollendet haben, müssen die Integrationsvereinbarung erfüllen. Das kann jedoch durch eine positive Beurteilung im Unterrichtsfach Deutsch nach mindestens fünfjährigem Besuch einer Pflichtschule bzw. auf der 9. Schulstufe in Österreich erfolgen.

samen Europäischen Referenzrahmens für Sprachen" ist (vgl. Homepage des ÖIF[12] und Beitrag von Hans-Jürgen Krumm in diesem Band). Neben dem ÖIF-Test werden als Nachweis für die Deutschkenntnisse auch andere Sprachdiplome anerkannt, z.b. das Österreichische Sprachdiplom oder Diplome des Goethe-Instituts und der WBT Weiterbildungs-Testsystem GmbH. Alle angewendeten Prüfverfahren sind schriftlich und schließen daher AnalphabetInnen aus.

Eine Evaluation der Integrationskurse, wie sie etwa in Deutschland für die dortigen Integrationskurse 2006 durchgeführt wurde (Bundesministerium des Inneren 2006), liegt für Österreich nicht vor – wäre aber dringend notwendig. Aus einer schriftlichen Anfragebeantwortung des Bundesministeriums für Inneres im österreichischen Nationalrat vom 19.6.2007 geht hervor, dass im Jahr 2006 aufgrund der Nennungen der neun Bundesländer an das BMI insgesamt 23.178 Drittstaatsangehörige verpflichtet waren, die Integrationsvereinbarung zu erfüllen. Die Zahl der erfüllten Integrationsvereinbarungen wird mit 5.795 angegeben, die Zahl der Ausnahmen mit 220. Im Jahr 2005, in dem noch die Regelung von 2003 gültig war, betrug die Zahl der Ausnahmen noch 46.383, die Zahl der eingegangenen Integrationsvereinbarungen 3.758 und die der erfüllten 1.683.[13] Im selben Jahr 2006 sind allerdings 85.384 ausländische StaatsbürgerInnen nach Österreich zugezogen (Lebhart/Marik-Lebeck 2007, 147) – für die große Mehrheit gilt also die Integrationsvereinbarung gar nicht. Man könnte in dem Zusammenhang diskutieren, inwieweit es sich bei der Integrationsvereinbarung in erster Linie tatsächlich um eine Maßnahme der Sprachförderung handelt oder nicht vielmehr um ein Instrument symbolischer restriktiver Zuwanderungspolitik gegenüber Angehörigen von Drittstaaten. Festzuhalten ist, dass sie nur gegenüber Drittstaatenangehörigen gilt und dass auch Schlüsselarbeitskräfte ausgenommen sind.

An der „Integrationsvereinbarung" wurde von allen maßgeblichen ExpertInnen und Fachverbänden in Österreich unter anderem kritisiert, dass das Ziel der „Befähigung zur Teilnahme am gesellschaftlichen, wirtschaftlichen und kulturellen Leben in Österreich" nur durch ein ausreichendes sowie weiters durch ein für die betroffenen Gruppen leistbares Sprachkursangebot geleistet werden könne.

Das Niveau A2 des Europäischen Referenzrahmens mit 300 Stunden zu erreichen, ist lern-ungewohnten Erwachsenen wohl kaum möglich, weiters ist die Unterstützung durch den Staat (375 Euro für Modul 1; die Hälfte der Kosten, max. 750 Euro pro Person, für Modul 2) deutlich geringer als die Unterstützungsleistungen in anderen Staaten (z.B.: Niederlande, Schweden, Deutschland).

Unter sprachdidaktischen Aspekten wurde die Sanktionierung der Nichterfüllung der „Integrationsvereinbarung" im Extremfall mit dem Entzug der Niederlas-

---

[12] http://www.integrationsfonds.at/, 16.3.09.

[13] Schriftliche Anfragebeantwortung des BM für Inneres an die Präsidentin des Nationalrats vom 19.6.2007.

sungsbewilligung als kontraproduktiv kritisiert – die Drohung mit Bestrafung sei als lernhemmend zu beurteilen und „widerspricht jedem pädagogischen Sachverstand" (Krumm 2002, 39). Die Schaffung positiver Lernanreize z.b. durch die tatsächliche Teilhabe an der Aufnahmegesellschaft in Form der Gewährung von kommunalem Wahlrecht oder dem freien Zugang zum Arbeitsmarkt und zum geförderten Wohnungsmarkt wurde gefordert. Letzteres würde v. a. eine zweite, wesentliche Voraussetzung für erfolgreichen Spracherwerb schaffen: die Möglichkeit zu intensivem Sprachkontakt mit der deutschsprachigen Wohnbevölkerung. Ein weiterer Kritikpunkt war schließlich, dass durch die Integrationsvereinbarung Bildungsfragen als Fragen der Sicherheitspolitik behandelt werden und in die Agenden des Innenministeriums fallen.

Neben den „Deutsch-Integrationskursen" findet „Sprachförderung" in den zahllosen Einrichtungen der Erwachsenbildung statt, über die es keine umfassende Dokumentation gibt. Stellvertretend dafür sollen die Volkshochschulen genannt werden: Im Arbeitsjahr 2003/04 wurden ca. 1140 DaZ-Kurse mit ca. 18.000 TeilnehmerInnen an VHS in ganz Österreich abgehalten. Seit 1992 schon bietet zum Beispiel das „AlfaZentrum für MigrantInnen" der Volkshochschule Ottakring kombinierte Kurse für Alphabetisierung und Deutsch als Zweitsprache an. Als innovative Maßnahme der Deutsch-Sprachförderung sind die „Mama lernt Deutsch"-Kurse der Stadt Wien zu erwähnen, in deren Rahmen im Schuljahr 2006/2007 erstmals an ca. 100 Standorten Deutsch-Kurse für Mütter von Kindern mit anderen Erstsprachen im Ausmaß von 150 Stunden mit einem Selbstbehalt von 1 Euro/Stunde angeboten werden, die zweimal wöchentlich während der Unterrichtszeit an den Schulen der Kinder stattfinden und bei denen gleichzeitig eine Kinderbetreuung angeboten wird (vgl. Blaschitz/Dorostkar/de Cillia 2007). Andere Beispiele aus Wien wären „StartWien", Deutschkurse und Alphabetisierungskurse für Jugendliche in Wien, oder das Kursangebot des Vereins „Projekt Integrationshaus" und von anderen NGOs wie „Peregrina" oder „LEFÖ".

5. Erhebung zu Sprachfördermaßnahmen für Jugendliche und Erwachsene

Was Sprachfördermaßnahmen für Jugendliche und Erwachsene betrifft, konnten wir auf keine existierende Dokumentation zurückgreifen, weshalb wir versuchten, durch eine quantitative Online-Befragung bei potenziellen Kursanbietern zumindest eine erste Einschätzung zu bekommen. Diese soll im Folgenden dargestellt werden:

Nach einem mehrstufigen Verfahren (Zusammenführung verschiedener vorhandener Listen, Internetrecherche) erstellten wir zunächst eine Liste von potenziellen Kursanbietern, die schließlich 408 Einträge enthielt. In der Folge entwickelten wir einen Online-Fragebogen, wobei uns Elisabeth Bogenreiter-Feigl, Thomas Fritz, Verena Plutzar, Monika Ritter und Martin Wurzenrainer wertvolle Hinweise lieferten. Dieser Fragebogen wurde mit Hilfe eines Gratis-Tools für derartige Befragungen ins Netz gestellt und die über Mail kontaktierten Kursanbieter hatten einen Monat (16.1.–15.2.2008) Gelegenheit, ihn auszufüllen.

Von vielen der ca. 400 per Mail kontaktierten Institutionen wussten wir im Vorhinein aber nicht, ob sie tatsächlich entsprechende Kurse anbieten. Durch diese Tatsache lässt sich möglicherweise auch die verhältnismäßig geringe Zahl an retournierten Fragebögen (57 Stück, das entspricht einem Rücklauf von ca. 14 %) erklären; ein anderer Grund könnte sein, dass sich nur besonders engagierte Institutionen an der Umfrage beteiligt haben, dass es sich also um eine positive Auswahl handelt.

Auch wenn diese Erhebung nur als erste Annäherung an diese Daten betrachtet werden kann, so ist sie doch die einzige momentan verfügbare zu Sprachfördermaßnahmen für Erwachsene – nicht einmal der Österreichische Integrationsfonds verfügt über entsprechende Informationen. Eine mit ausreichenden finanziellen Mitteln durchgeführte Totalerhebung aller Kursanbieter in diesem Bereich stellt also ein wichtiges Desiderat dar.

Der Fragebogen umfasste drei Bereiche: Kurse in Deutsch als Zweitsprache (DaZ), Kurse in den Herkunftssprachen und allgemeine Angaben wie Beratungsmaßnahmen, Ausbildung der KursleiterInnen und ähnliches.

5.1. Erste Ergebnisse

Die folgende Darstellung beruht auf den Antworten der 57 retournierten Fragebögen, weshalb die Ergebnisse keinesfalls als repräsentativ anzusehen sind. Vielmehr lassen sich durch die Daten nur (grobe) Tendenzen aufzeigen.

5.2. Charakterisierung der Institutionen

Von den 57 Institutionen, die sich an der Erhebung beteiligten, waren 46% Volkshochschulen, 24% private Anbieter, 12% gaben „NGO/Gemeinnütziger Verein" an und jeweils 7% bfi oder „andere öffentliche Bildungseinrichtungen". Eine Institution kategorisierte sich als „Konfessionelle Bildungseinrichtung".

Zirka die Hälfte der Fragebögen kam aus Wien, gefolgt von Niederösterreich mit 17%. Das Burgenland fehlt im Sample vollständig.

Eine Charakterisierung der Institutionen unserer Befragung anhand der drei Kriterien „Mindeststandards bezüglich der Ausbildung der KursleiterInnen", „Wei-

terbildungsmaßnahmen der KursleiterInnen" sowie „Anstellungsverhältnis der KursleiterInnen" ergab folgendes: Hinsichtlich der Mindeststandards bezüglich der Ausbildung der Lehrenden wurde zu 20% „Germanistikstudium mit DaF/DaZ-Schwer-
punkt", zu 14% „Anderes Universitätsstudium mit DaF/DaZ-Modul im Rahmen der
freien Wahlfächer", zu 11% „Germanistikstudium ohne DaF/DaZ-Schwerpunkt" und
zu 9% der Lehrgang für SprachkursleiterInnen des Verbands Wiener Volksbildung[14]
angegeben. Kein Kursanbieter gab an, gar keine Ausbildung zu verlangen.

77% der Anbieter sehen Weiterbildungsmaßnahmen der KursleiterInnen vor, und
85% gaben an, mit freiberuflich tätigen KursleiterInnen zu arbeiten – lediglich 15%
erklärten, hauptsächlich fix angestellte KursleiterInnen zu beschäftigen.

5.3. Deutsch als Zweitsprache

Das Angebot an DaZ-Kursen sieht wie folgt aus:

„Normale" DaZ-Kurse werden von 58% der Institutionen durchgeführt, 68%
bieten auch DaZ für bestimmte Zielgruppen an, und zwar Elternkurse wie „Mama
lernt Deutsch" oder Deutschkurse für Jugendliche. Bei den Kursen für Jugendliche
gibt es wiederum bei der Hälfte, also bei 8 Anbietern, Kurse zur Vorbereitung von
Hauptschulabschluss-Kursen und eine Institution hält auch Kurse zur Erlangung der
Matura in Kombination mit Deutsch ab.

Kurse für Deutsch für den Beruf gibt es bei 45% der Institutionen, davon bei jeweils drei „Kurse zur Nostrifizierung im Ausland erworbener Qualifikationen" und
„Berufsausbildung in Kombination mit Deutschkurs".

Andere Kurse für bestimmte Zielgruppen gibt es schließlich in 17 Institutionen,
wobei u.a. folgende angegeben werden: „Sozialhilfeempfänger", „Männer", „für be-
hinderte MigrantInnen", „Botschaftsangestellte", „Kinder", „Lernen lernen".

Wir fragten auch nach so genannten „Integrationskursen", also nach Vorbereitungs-
kursen für die „Integrationsvereinbarung" laut Niederlassungs- und Aufenthaltsgesetz
(NAG, BGBl. I Nr. 100/2005), außerdem nach Vorbereitungskursen für den „Nach-
weis von Grundkenntnissen der demokratischen Ordnung sowie der Geschichte
Österreichs und des jeweiligen Bundeslandes" (Staatsbürgerschaftsprüfung, BGBl.
I 37/2006 § 10a. (1) 1.) sowie nach Alphabetisierungskursen für die „Integrations-
vereinbarung" (NAG, BGBl. I Nr. 100/2005). Folgende Ergebnisse erzielte unsere
Befragung: In beinahe der Hälfte der Institutionen gibt es Vorbereitungskurse für die
„Integrationsvereinbarung", nur 16% bieten Vorbereitungskurse für die Staatsbürger-

---

[14] Dieser Lehrgang war früher ein DaF/DaZ Lehrgang und ist seit einigen Jahren ein sprachübergreifender
Lehrgang für SprachkursleiterInnen.

schaftsprüfung an, und Alphabetisierungskurse im Rahmen der „Integrationsvereinbarung" werden von 24% der befragten Anbieter durchgeführt.

Bei zirka zwei Drittel der Befragten kommen im Übrigen alle angebotenen Kurse im Bereich Deutsch als Zweitsprache auch zustande.

5.4. Herkunftssprachen

Auf die Frage, ob es Kursmaßnahmen für SprecherInnen anderer Sprachen als Deutsch in ihren Herkunftssprachen gebe, antworteten 87% der Befragten mit nein, lediglich 13% bejahten, wobei als Sprachen genannt wurden (in der Reihenfolge ihrer Gewichtung): Bosnisch/Kroatisch/Serbisch, Arabisch, Chinesisch, Rumänisch, Russisch, Türkisch sowie Englisch und Ungarisch. Alphabetisierungskurse in den Herkunftssprachen halten laut unserer Befragung zwei Institutionen ab, und zwar in Bosnisch/Kroatisch/Serbisch (B/K/S). Diese Ergebnisse spiegeln wohl auch die Tatsache wieder, dass es sich bei unserer Erhebung um keine Totalerhebung handelt, andernfalls ließen sich auch Alphabetisierungskurse in anderen Sprachen erwarten.

Vier Anbieter nannten Sprachkurse für Jugendliche in den Herkunftssprachen. „Erstsprachliche Kenntnisse für den Beruf" gibt es bei drei Anbietern und eine Institution bietet auch Kurse zur Berufsausbildung in Kombination mit erstsprachlichen Sprachkursen an, und zwar für B/K/S.

Schließlich werden in vier Institutionen Sprachlerntandems vermittelt, und zwar für die Sprachkombinationen Deutsch und Chinesisch, Russisch, B/K/S, Polnisch, Türkisch, Spanisch, Französisch, Niederländisch und Englisch.

Nur 32% der Befragten gaben an, dass alle angebotenen Kurse in diesem Bereich auch zustande kommen.

5.5. Allgemeine Angaben

Auf die Frage, welche Sprachen die häufigsten Erstsprachen der KursteilnehmerInnen darstellen, erhielten wir folgende Angaben: B/K/S wird mit 18% am häufigsten genannt, gefolgt von Türkisch mit 15% und Russisch und Tschetschenisch mit jeweils 9%. Außerdem angegeben wurden Polnisch, Rumänisch, Albanisch, Arabisch, Kurdisch, Persisch und Chinesisch.

Wir baten die an der Befragung Beteiligten des Weiteren bei der Nennung der drei häufigsten Erstsprachen der KursteilnehmerInnen deren Gewichtung in ihrer Institution anzugeben. Bemerkenswert bei den Antworten war, dass es offenbar Kursanbieter gibt, die bestimmte sprachliche Zielgruppen ansprechen: So gibt etwa eine

Institution aus der Steiermark als die häufigsten drei Erstsprachen Tschetschenisch, Kurdisch und Türkisch an, andere Kursanbieter aus Wien nennen folgende Gewichtung: Tschetschenisch/Russisch und Persisch/Dari, Englisch, Koreanisch, Japanisch sowie Punjabi, Türkisch, B/K/S.

Im Bereich der allgemeinen Angaben wollten wir von den Kursanbietern des Weiteren wissen, ob es in ihren Institutionen über die „Kostenbeteiligung des Bundes" für die „Integrationsvereinbarung" hinausgehende finanzielle Unterstützungsmaßnahmen für die KursteilnehmerInnen gibt, was von 69% bejaht wurde.

Hier wurde unter anderem „AK Bildungsbonus"[15], „ESF"[16], „Ermäßigung durch die VHS"[17] und „AMS"[18] genannt.

Beratungsmaßnahmen für die KursteilnehmerInnen bieten 86% der Institutionen an, dabei wurden bei den offenen Fragen folgende Angaben über die Art der Beratungsmaßnahmen gemacht: „SozialarbeiterInnen", „Ersatz der praktisch nicht vorhandenen Beratung über die IV[19] durch die BHs[20]", „Sozialpäd. Betreuung, Krisenintervention, Traumaberatung etc.", „Hilfe bei Anträgen und anderen Formularen", „Fremdengesetze, Schulberatung".

60% gaben schließlich an, Einstufungsprüfungen/-tests durchzuführen und Abschlussprüfungen/-tests werden von 74% der Kursanbieter abgehalten.

5.6. Interpretation und offene Fragen

Unsere Erhebung, die ohne finanzielle Unterstützung durchgeführt wurde, stellt eine erste Annäherung dar. Zu vermuten ist, dass nicht alle angeschriebenen Institutionen tatsächlich Kurse anbieten, und wir bekamen auch Mails, in denen uns erklärt wurde, dass die betreffende Institution keine DaZ-Kurse mehr veranstalte. Zu vermuten ist des Weiteren, dass nur besonders engagierte Institutionen sich tatsächlich an der Umfrage beteiligt haben, dass wir also eine positive Auswahl bekommen haben.

Auf jeden Fall zeigt sich doch eine große Differenzierung bezüglich Umfang, Zielgruppe, Kosten, etc. bei den Kursformaten, die wir hier aus Platzgründen nicht im Detail vorstellen konnten; außerdem zeigt sich, dass die Sprachförderarbeit doch deutlich quantitativ und qualitativ über die zwangsverpflichteten „Integrationskurse" hinausgeht. Dass es in den Herkunftssprachen wenig Sprachkursangebot gibt, erstaunt uns angesichts der seit Jahren die Diskussion dominierenden Frage nach den Deutschkennt-

---

[15] „AK": „Arbeiterkammer".
[16] „ESF": „Europäischer Sozialfonds".
[17] „VHS": „Volkshochschule".
[18] „AMS": „Arbeitsmarktservice".
[19] „IV": „Integrationsvereinbarung".
[20] „BHs": vermutlich „Bezirkshauptmannschaften".

nissen nicht. Hier müsste eine weitergehende Erhebung auch die MigrantInnenorganisationen systematisch einbeziehen, was wir aber nicht leisten konnten. Überhaupt ist eine detailliertere Erhebung ein dringendes Desiderat, um eine differenzierte Landkarte der Sprachfördermaßnahmen in Österreich entwerfen zu können. Wichtig wäre auf jeden Fall eine gesamtösterreichisch koordinierte Sprachförderpolitik, die ein zielgruppenspezifisches, kostengünstiges und qualitativ hochwertiges Sprachförderangebot sowohl in DaZ, als auch in den jeweiligen Erst- und Herkunftssprachen garantiert, sowie auch die Umsetzung der unter „1. Vorbemerkung" angeführten Sprachfördermaßnahmen (etwa Dolmetsch- und Übersetzungsdienste, kultur- und medienpolitische Maßnahmen).

Literatur

Online Ressourcen letzter Zugriff 16.3.09

BAKIP/SOP/bmukk o.J., *Frühe sprachliche Förderung*, MS.

BGBl., II Nr. 449/2005, *Anlage B Deutsch Integrationskurse Rahmencurriculum*.

Blaschitz, Verena/Dorostkar, Niku/de Cillia, Rudolf (2007), *„Jetzt merke ich, dass ich doch etwas kann."*, Evaluation und Dokumentation der Mama lernt Deutsch-Kursreihe der Stadt Wien im Schuljahr 2006/2007, Endbericht, 2 Bände, Wien, http://www.wien.gv.at/integration/deutschlernen/pdf/evaluation.pdf

Breit, Simone (2007), *Evaluation der „Frühen Sprachförderung", einer Maßnahme aus dem Schulpaket I*. ZVB – Projektzentrum für Vergleichende Bildungsforschung, Universität Salzburg, Mai 2007.

Brizić, Katharina (2007), *Das geheime Leben der Sprachen*, Münster u.a.

Bundesministerium des Inneren (2006) (Hrsg.), *Evaluation der Integrationskurse nach dem Zuwanderungsgesetz*. Abschlussbericht und Gutachten über Verbesserungspotenziale bei der Umsetzung der Integrationskurse, Berlin.

Bundesministerium für Unterricht, Kunst und Kultur (2008*), Austrian Education News Nr. 53, März 2008*, http://www.bmukk.gv.at/medienpool/16206/aen53.pdf

Çinar, Dilek (Hrsg.) (1998), *Gleichwertige Sprachen. Muttersprachlicher Unterricht für die Kinder von Einwanderern*, Reihe Bildungsforschung des Bundesministeriums für Unterricht und kulturelle Angelegenheiten 13, Innsbruck/Wien, 23–80.

de Cillia, Rudolf (2007), „Sprachförderung", in: Fassmann, Heinz (Hrsg.*), 2. Österreichischer Migrations- und Integrationsbericht 2001–2006*. Rechtliche Rahmenbedingungen, demographische Entwicklungen, sozioökonomische Strukturen, Klagenfurt/Celovec, 251–257.

de Cillia, Rudolf/Wodak, Ruth (2006), *Ist Österreich ein „deutsches" Land? Sprachenpolitik und Identität in der Zweiten Republik*, Innsbruck u.a.

Ehlich, Konrad (Hrsg.) (2005), *Anforderungen an Verfahren der regelmäßigen Sprachstandsfeststellung als Grundlage für die frühe und individuelle Förderung von Kindern mit und ohne Migrationshintergrund,* Bonn/Berlin.

Gogolin, Ingrid/Neumann, Ursula/Roth, Hans-Joachim (Hrsg.) (2005), *Sprachdiagnostik bei Kindern und Jugendlichen mit Migrationshintergrund,* Münster u.a.

Kroetzl, Gerhard (2005), *Sprachstandsfeststellung im Rahmen der Schülereinschreibung.* Handreichung für Schulleiterinnen und Schulleiter, Wien.

Krumm, Hans-Jürgen (2002), „,One sprachen konten wir uns nicht ferstandigen. Ferstendigung ist wichtig', Entwicklung und Tendenzen in der Sprachlehrforschung im Bereich der Migration und Integration", in: *Deutsch als Zweitsprache 2/2002,* 32–40.

Lebhart, Gustav/Marik-Lebeck, Stephan (2007), „Zuwanderung nach Österreich. Aktuelle Trends", in: Fassmann, Heinz (Hrsg.), *2. Österreichischer Migrations- und Integrationsbericht 2001–2006,* Rechtliche Rahmenbedingungen, demographische Entwicklungen, sozioökonomische Strukturen, Klagenfurt/Celovec, 145–163.

Lehnert, Eva (2007), Verbessertes Integrationskursangebot, in: *Deutsch als Zweitsprache 3/2007,* 7–8.

Maas, Utz/Mehlem, Ulrich (2003), *Themenheft: Qualitätsanforderungen für die Sprachförderung im Rahmen der Integration von Zuwanderern,* IMIS-Beiträge Heft 21, Osnabrück.

Schriftliche Anfragebeantwortung des BM für Inneres an die Präsidentin des Nationalrats vom 19.6.2007.

Sobczak, Ewelina (2006), *Sprachenlernen im vorschulischen Bereich in Österreich,* Wien, MS.

Social Consult GmbH (1999), *Evaluation der Sprachförderung Deutsch für ausländische Arbeitnehmer.* Integrierter Endbericht an das Bundesministerium für Arbeit und Soziales, Bonn.

Statistik Austria (2002), *Volkszählung 2001.* Hauptergebnisse I – Österreich, Wien.

Verena Plutzar

Aus- und Weiterbildung für Pädagog-Innen im außerschulischen Bereich

1. Neue Herausforderungen

Der vorliegende Beitrag soll einen Gesamtüberblick über jene Bildungsangebote geben, die KindergartenpädagogInnen und DeutschkursleiterInnen in der Erwachsenenbildung in den Bereichen Deutsch als Zweitsprache, Mehrsprachigkeit und Migration/Integration qualifzieren. Es wird gefragt, ob die Angebote die Entwicklung einer pädagogischen Professionalität im Bereich der Sprachförderung von mehrsprachig aufwachsenden Kindern bzw. von erwachsenen MigrantInnen unterstützen. Dafür wird kurz skizziert, was unter pädagogischer Professionalität im Kontext von Migration und Integration verstanden wird. Anschließend werden die aktuellen Aus- und Weiterbildungsangebote für KindergartenpädagInnen vorgestellt.

2. Pädagogische Professionalität im Kontext von Migration und Integration

Zu pädagogischer Professionalität gehören drei Aspekte: Wissen, Handlungskompetenzen und Reflexionsvermögen: Unterrichtende benötigen Wissen, um Unterricht zu planen, zu organisieren und zu evaluieren, sie brauchen Handlungskompetenzen, um Kenntnisse und Wissen umzusetzen, und schließlich benötigen sie Reflexionsfähigkeit, die ihnen ermöglicht, zu dem eigenen Handeln in Distanz zu treten. Pädagogisches Handeln ist jedoch immer von einer Unabsehbarkeit bestimmt, da es wesentlich auch von unbeeinflussbaren Faktoren, wie den Rahmenbedingungen und den Lernenden, abhängt. Insofern kann die Reflexionsfähigkeit als zentrale Dimension pädagogischen Handelns bezeichnet werden, erlaubt sie doch erst die „Planung des Unplanbaren" (Arnold/Tutor 2007, 164).

Die Entwicklung der einzelnen Aspekte in und durch Bildungsangebote kann unterschiedlich gefördert werden, doch lässt sich vereinfacht Folgendes festhalten. Wissen und Kenntnisse sind vor allem inhaltlicher Natur und werden durch die Behandlung von Themenfeldern vermittelt, für die Entwicklung von Handlungsfähigkeit ist sowohl das Angebot von Praxis- und Projektarbeit entscheidend, als auch ein ausreichender Zeitrahmen, der es ermöglicht, in den Unterrichtseinheiten selbst Aktivitäten und Übungen durchzuführen; das Reflexionsvermögen schließlich wird durch die Anwendung kritischer Ansätze gefördert, aber auch ganz entscheidend durch die Anforderung, sich systematisch und angeleitet mit dem eigenen Tun, der eigenen Rolle und den Rahmenbedingungen auseinanderzusetzen. Hier sind besonders Methoden wie Supervision, Intervision, Portfolio- und Biografiearbeit zu nennen, aber auch hier spielt wiederum Zeit eine entscheidende Rolle.

Für den Bereich der Sprachförderung im Kontext von Migration/Integration bedeutet die Ausbildung von pädagogischer Professionalität
die Vermittlung

- von systematisierten und reflektierten linguistischen Grundlagen in der deutschen Sprache
- von Grundlagenwissen im Bereich von Spracherwerb und Sprachentwicklung, insbesondere im Hinblick auf Zwei- und Mehrsprachigkeit
- von Kenntnissen einer Zwei- und Mehrsprachigkeitsdidaktik bzw. Möglichkeiten der Sprachförderung, einschließlich der entsprechenden diagnostischen Möglichkeiten
- von Grundlagen der Interkulturellen Pädagogik
- von Kenntnissen der rechtlichen und sozialen Rahmenbedingungen sowie Wissen um die unterschiedlichen und marginalisierten Lebensfelder von MigrantInnen
- von Wissen um die Mechanismen von Diskriminierung und Rassismus
- von Kenntnissen der psychologischen Aspekte von Migration

sowie die Entwicklung

- der Fähigkeit, diese Kenntnisse im alltäglichen und sich ständig ändernden Berufsumfeld den Bedürfnissen der Kinder/Lernenden entsprechend einzusetzen
- der Fähigkeit, Kinder/Lernende bei der Entwicklung einer mehrsprachigen und mehrkulturellen Identität zu unterstützen
- der Fähigkeit, das sprachliche Umfeld der Kinder/Lernenden in den Sprachförderprozess mit einzubeziehen
- der Fähigkeit, die eigenen Vorurteile zu erkennen und ihnen entgegenzuwirken,
- einer positiven Einstellung zu Sprachenvielfalt in unserer Gesellschaft
- die Fähigkeit, die eigenen Grenzen zu (er)kennen und zu wahren und in Beziehung zu institutionellen und gesellschaftlichen Kontext zu stellen.

Im Folgenden werden nun die Qualifizierungen zuerst für KindergartenpädagogInnen und anschließend für DeutschkursleiterInnen dargestellt und aufgezeigt, ob die Angebote die hier aufgezählten Inhalte berücksichtigen, ob sie Praktika anbieten und ob sie die Entwicklung von Reflexionfähigkeit fördern.

3. Aus- und Weiterbildungen für KindergartenpädagogInnen

Das Ausbildungssystem sieht zwei Wege in das Berufsfeld der Kindergartenpädagogin vor: den 5-jährigen Besuch einer „Bildungsanstalt für Kindergartenpädagogik" (BAKIP) oder den Besuch eines 4-semestrigen Kollegs. Während die BAKIP auf der Sekundarstufe 2 angesiedelt ist, ist der Besuch des Kollegs für jene möglich, die bereits eine höhere Schule abgeschlossen haben. Österreich ist damit das einzige Land Europas, dessen KindergartenpädagogInnen nicht im tertiären Bereich ausgebildet werden (OEDC 2006, 45 und 69). Betrachtet man nun die Curricula der Ausbildungen, so fehlen im Lehrplan der BAKIP (2004) bislang sämtliche der oben genannten Inhalte, womit auch die Möglichkeit der Entwicklung einer Handlungs- und Reflexionsfähigkeit im Feld der mehrsprachigen Sprachförderung ausgeschlossen ist. Im Lehrplan der Kollegausbildung (2007) wird hingegen „Deutsch als Zweitsprache" bereits als Pflichtfach angeboten und im 3. Semester eine Semesterwochenstunde (SSt.) unterrichtet. „Bildungs- und Lehraufgabe" dieses Faches ist (Lehrplan 2007, 17):

„Die Schülerinnen und Schüler bzw. Studierenden sollen

- sich theoretisch und praktisch mit früher Mehrsprachigkeit auseinandersetzen,
- dazu befähigt werden, Kindergartenkindern mit einer anderen Erstsprache als Deutsch sinnvolle und zielführende Angebote zum Zweitsprachenerwerb zu machen sowie
- die Bedeutung und Aufgabe der Kindergartenpädagogin bzw. des Kindergartenpädagogen beim Zweitspracherwerb erkennen."

Diese Ziele des Kolleglehrplans entsprechen nur zu geringen Teilen den oben genannten Anforderungen: es fehlt die Vermittlung von systematischen linguistischen Grundlagen des Deutschen, von diagnostischen Verfahren, von Grundlagen der interkulturellen Pädagogik, von Kenntnissen der gesellschaftlichen Rahmenbedingungen und der Mechanismen von Diskriminierung, des Wissens um psychologische Aspekte von Migration. Der ausgesprochen geringe Rahmen von nur einer Semesterwochenstunde lässt nicht daran zweifeln, ob die im Lehrplan definierten Ziele auch tatsächlich erreicht werden, sondern macht auch die Entwicklung von Handlungsfähigkeit und einer reflexiver Kompetenz unmöglich.

Die mangelhafte Grundausbildung der KindergartenpädagogInnen lässt daher Fortbildungen einen besonderen Stellenwert zukommen. KindergartenpädagogInnen haben die Möglichkeit und in manchen Bundesländern sogar die Pflicht, sich laufend fortzubilden. Seit 2007 liegt die Schaffung des Angebots im Aufgabenbereich der Pädagogischen Hochschulen. 2007 wurden folgende Fortbildungen im Bereich der Sprachförderung von mehrsprachigen Kindern angeboten (vgl. Sobczak 2006):

- Zum Thema „Sprachlosigkeit" gab es ein Angebot in Kärnten:
  Ich will kein sprachloses Kind werden – Hilf mir! (eintägig, 5 Stunden).

- Zum Thema „Mehrsprachigkeit" gab es ein Angebot in der Steiermark und eines in Wien:
  Sprache: Spracherwerb – Mehrsprachigkeit (zweitägig, 12 Stunden)
  Mehrsprachigkeit in Kindergärten und Kindergruppen (97 Stunden über zwei Semester).

- Zum Thema „Kinder anderer Erstsprachen als Deutsch" gab es drei Angebote in Oberösterreich:
  Nicht deutschsprechende Kinder in meiner Gruppe – Herausforderung und/oder Überforderung? (dreitägig, 21,5 Stunden)
  Gemeinsam für die Kinder – Zusammenarbeit mit Eltern mit nicht deutscher Muttersprache (eintägig, 9 Stunden)
  Sprachförderung im Kindergarten – Speziell für Kinder mit nicht deutscher Erstsprache (zweitägig, 18 Stunden).

- Zum Thema „Frühe Sprachförderung" gab es zwei Angebote in Salzburg und ein Angebot in der Steiermark:
  Frühe Sprachförderung: Möglichkeiten des Wortschatzunterrichts im Kindergarten (eintägig, 4 Stunden)
  Frühe Sprachförderung: Von der Theorie zur Praxis (eintägig, 4 Stunden)
  Frühe Sprachförderung – Information und Erfahrungsaustausch für KindergartenpädagogInnen (eintägig, 3,5 Stunden)

Im Vergleich dazu die Angebote im Jahr 2008[1]:

- Zum Thema „Sprachlosigkeit" gab es ein Angebot in Wien:
  DIALOG Kindergarten-Schule/Bilinguale Sprachlosigkeit beim Schulstart (2 Halbtage).

- Zum Thema „Sprachförderung" gab es ein Angebot in Salzburg und eines in Wien:
  Praxiswerkstatt Sprachförderung (3 Stunden)
  Linguistik: Ein Geschenk für die Elementarpädagogik (32 Stunden)

- Zum Thema „Sprachstandfeststellung im Kindergarten" gab es mehrere Veranstaltungen im Frühjahr 2008, die vom Bundesinstitut für Bildungsforschung, Innovation und Entwicklung (BIFIE) durchgeführt wurden[1]:
  MulitplikatorInnenschulung: Kennenlernen und sachgerechter Umgang mit den Instrumenten: Beobachtungsbogen zur Erfassung der Sprachkompetenz 4- bis 5-Jähriger in Bildungs- und Betreuungseinrichtungen (BESK 4-5) und Sprachstandsfeststellungsbogen für 4- bis 5-Jährige ohne institutionelle Bildung und Betreuung im Rahmen eines halbtätigen Schnuppertages im Kindergarten (SSFB 4–5) (zweitägig)

---

[1] Die Auflistung erhebt daher keinen Anspruch auf Vollständigkeit.

[2] Der Evaluation dieses Angebots durch das BIFIE ist zu entnehmen, dass nur relativ wenige PädagogInnen von den Schulungen erreicht wurden (vgl. www.bifie.at/sprachstandsfestellung-im-kindergarten, 16.3.09).

Es ist beobachtbar, dass das Angebot 2008 im Vergleich zum Jahr davor deutlich geringer und weniger differenziert ist. Dafür dürften die gesetzlichen Veränderungen verantwortlich sein (vgl. Beitrag von Blaschitz und de Cillia in diesem Band), die den Kindergärten die Aufgabe der Sprachstandsfeststellung im Deutschen und damit verbunden einen Auftrag zur „Frühen Sprachförderung" gegeben haben. Die Pädagogischen Hochschulen reagieren auf diese Neuerung mit einem „Lehrgang Frühe Sprachförderung"[3]. 2008 wurde der Lehrgang bereits an einigen PHs angeboten. Er richtet sich sowohl an Lehrende an BAKIPs, an Personen, die die Sprachstandsfeststellungen durchführen – womit in erster Linie KindergartenleiterInnen gemeint sind – als auch an KindgartenpädagogInnen, die für Sprachförderungen verantwortlich sind. Das Curriculum wurde vom Unterrichtsministerium erarbeitet und schreibt folgende Inhalte verbindlich vor (vgl. Dippelreiter 2008):

„– elementare sprachenentwicklungspsychologisch relevante Grundlagen bzw. Gesetzmäßigkeiten beim Erwerb der (Erst-, Zweit- und allenfalls Fremd-)Sprache kennen lernen
– Kriterien der Beobachtung der sprachlichen Fertigkeiten und Fähigkeiten kennenlernen
– vielfältige medien– und materialgestützte Methoden zur Förderung der Sprachkompetenz kennen und diese situationsgerecht anwenden können."

Hochschulgemäß wird dieser Lehrgang in European Credits (EC) bemessen und umfasst 6 EC. Das entspricht im herkömmlichen Studiensystem etwa 4 Semesterwochenstunden (SSt.) und damit einer Präsenzzeit von etwa 120 Lehreinheiten.

Auch hier werden durchaus grundlegende Themen genannt, gleichzeitig fehlen jedoch wichtige Inhalte wie linguistische Grundlagen des Deutschen, Interkulturelle Pädagogik, rechtliche und soziale Rahmenbedingungen, Diskriminierung und Rassismus sowie psychologische Aspekte von Migration. Der geringe zeitliche Umfang lässt die Entwicklung von Handlungs- und Reflexionskompetenzen nicht zu, letzteres wird auch nicht angestrebt. Die Beobachtung, dass dieser ohnehin schon geringe Umfang von keinem der 2008 angebotenen Lehrgänge erreicht wird, ist alarmierend: Das Angebot der PH Niederösterreich umfasst 5 Einheiten, das der PH Salzburg 60 Einheiten, das der KPH Wien 99 Einheiten und das der PH Tirol 103 Einheiten. Kurzlehrgänge dieser Art verleiten dazu, Methoden und Instrumente wie fertige „Rezepte" zu behandeln und sind nur wenig dazu geeignet pädagogische Professionalität zu entwickeln.

---

[3] Die jeweils aktuellen Angebote sind auf der Homepage von EduCare (http://www.plattform-educare.org/Hochschulen.htm, 16.3.09) abrufbar.

Es sind aber auch Angebote zu finden, die genau dieses Ziel erreichen können. So bietet die PH der Diözese Linz einen umfangreichen Lehrgang mit dem Titel „Frühe Sprachförderung II" an, der 24 EC mit 360 Präsenzstunden sowie Selbstlerneinheiten umfasst. Dem Umfang entsprechend ist auch der Ansatz des Lehrgangs umfassend: Er möchte zur Sprachförderung *aller* Kinder befähigen, „unabhängig ihres Sprachstandes und ihrer Erstsprache [... und] ist nicht als Fördermaßnahme für Kinder mit Defiziten gedacht." (Svoboda et al. 2007). Der Lehrgang ist als gemeinsamer Lehrgang für KindergartenpädagogInnen *und* GrundschullehrerInnen konzipiert und baut auf *Projektarbeit* in „gemischten" Teams auf, die *supervisorisch* begleitet werden. Auch die Themen des Lehrgangs entsprechen den oben genannten Anforderungen. Unter der Überschrift „Pädagogik der Vielfalt" werden u.a. die Themen „Interkulturalität und Mehrsprachigkeit", „Integration und Sprachentwicklung", „Prozessdiagnostik und Förderdiagnostik" und „Sprachförderung als Querschnittsaufgabe (Wie viel Sprachen hat der Alltag?)" behandelt. Der Lehrgang demonstriert in vorbildlicher Weise, wie eine Ausbildung aussehen könnte, bei der Sprachförderung als Kompetenzentwicklung und nicht als Defizitausgleich verstanden wird, die den Übergang zwischen den Bildungsstufen berücksichtigt und deren inhaltliches, didaktisches und zeitliches Konzept dazu geeignet ist, das professionelle Handeln der Pädagoginnen zu unterstützen und entwickeln.

Ein anderer richtungweisender Lehrgang ist die seit 2002 durch die Niederösterreichische Landesregierung angeboten Ausbildung zu „Interkulturellen MitarbeiterInnen für Kindergärten" (IKM), die sich an Personen mit Migrationshintergrund richtet. Soweit ich sehen kann, ist dieser Lehrgang der einzige, der sich dezidiert an MigrantInnen richtet und damit dieser Gruppe ermöglicht, selbst in pädagogischen Berufen tätig zu werden (vgl. auch den Beitrag von Sprung in diesem Band). Aufgabe der IKM ist die Unterstützung einer interkulturellen Pädagogik in den Kindergärten. Die Ausbildung umfasst über 1000 Einheiten Theorie und über 200 Einheiten Praktika inklusive begleitender Supervision. Sie dauert drei Jahre und ist berufsbegleitend, insofern als die IKM von Beginn an im Auftrag der Landesregierung in den Kindergärten im Einsatz sind[4]. Die Berufsbezeichung „Interkulturelle MitarbeiterIn" dürfen die AbsolventInnen jedoch erst nach Abschluss der Ausbildung durch eine schriftliche Arbeit und eine mündliche Prüfung tragen. Der Umfang der Ausbildung ermöglicht ein breites Spektrum an Themen, die ausführlich behandelt werden können, und so findet sich hier auch die Thematisierung psychologischer Aspekte von Migration: „Mehrsprachige Kinder im Spannungsfeld (Psychische Situation fremdsprachiger Kinder, konkrete Hilfe für die Arbeit mit den betroffen Familien)", ein Thema, dem allein zwei Tage gewidmet werden. Die Behandlung der Themen

---

[4]   Die IKM werden vom Land Niederösterreich beschäftigt, ihr Berufsbild ist im Niederösterreichischen Kindergartengesetz festgeschrieben.

„Persönliche Migrationsgeschichte: Identität-Vielfalt-Fremdheit" und „Möglichkeiten und Grenzen der beruflichen Rolle als IKM" fördern die Entwicklung der Reflexionsfähigkeit, Praxisphasen werden supervisorisch begleitet. In einem solchen Rahmen ist die Entwicklung von Kenntnissen und Wissen wie auch von Handlungskompetenzen möglich.

Es kann also vorerst festgehalten werden, dass die Ausbildungssituation von KindergartenpädagogInnen im Hinblick auf die Vorbereitung für frühe Sprachförderung völlig unzureichend ist und dass auch die Fortbildungen, bis auf zwei Ausnahmen, nur in sehr beschränktem Maße dieses Defizit ausgleichen. Im Bereich der Erwachsenenbildung, der im Folgenden betrachtet wird, stellt sich die Situation gänzlich anders dar. Trotzdem lassen sich Parallelitäten orten, auf die in der Abschlussbetrachtung näher eingegangen wird.

4. Aus- und Weiterbildungen für DeutschkursleiterInnen in der Erwachsenenbildung

Die Erwachsenenbildung in Österreich ist ein weitgehend unstrukturiertes und daher unübersichtliches Feld[5]. Es fehlt an einem klar definierten Berufsbild einer ErwachsenenbildnerIn, das dem einer KindergartenpädagogIn entsprechen könnte, und damit auch an anerkannten Ausbildungsgängen und –inhalten, in denen sichtbar würde, was alles zu der pädagogischen Professionalität von ErwachsenenbildnerInnen gehört. Es gibt eine Vielzahl an „Trainer-Ausbildungen" mit unterschiedlichsten Schwerpunkten, die von verschiedenen Institutionen der Erwachsenenbildung angeboten werden, und es gibt seit 2007 die Österreichische Weiterbildungsakademie[6], die ein Anerkennungsverfahren entwickelt hat, über das diese vielfältigen Fortbildungen zu einem Abschluss mit Zertifikat oder Diplom zusammengefügt werden können.

Die Ausbildungssituation für DeutschkursleiterInnen stellt sich in Österreich relativ schwierig dar, da die Angebote sehr beschränkt sind und, wie noch auszuführen sein wird, zum großen Teil auch nur sehr bedingt auf die Arbeit in Deutschkursen für MigrantInnen vorbereiten. Aufgrund der aktuellen Integrations- und Arbeitsmarktpolitik gewinnen die Ausbildungen jedoch an Relevanz: Der Bedarf an Deutschkursen wächst und das Angebot an Deutschkursen steigt; gleichzeitig verlangen Auftraggeber, wie der Österreichische Integrationsfonds im Rahmen der sog. „Integrationsvereinbarung" (vgl. den Beitrag von Blaschitz und de Cillia in diesem

---

[5]   Die Verankerung der Erwachsenenbildung in Bundesministerium für Unterricht, Kunst und Kultur war so schwach, dass die zuständige Abteilung im März 2009 aufgelöst wurde. Welche Folgen das für die Umsetzung eines Konzepts von „Nachhaltigen Sprachförderungen" (vgl. Kerschhofer-Puhalo/Plutzar in diesem Band) hat, ist noch nicht absehbar.

[6]   http://www.wba.or.at/, 16.3.09

Band), das Arbeitsmarktservice (AMS) oder die Stadt Wien, dass die KursleiterInnen Qualifikationen nachweisen und definieren Richtlinien für deren Anerkennung, die nicht nur ziemlich genau die gegenwärtige Ausbildungslandschaft in diesem Bereich widerspiegeln, sondern auch wesentlich eine normierende Funktion übernehmen, indem sie definieren, welches professionelles Profil DeutschkursleiterInn haben sollen.

Im Folgenden werden nun zuerst die verschiedenen Aus- und Weiterbildungsmöglichkeiten für DeutschkursleiterInnen dargestellt und in Hinblick auf die Entwicklung einer pädagogischen Professionalität im Deutschunterricht von MigrantInnen bewertet, um anschließend die Anerkennungskritieren kritisch zu betrachten.

4.1. Bildungsangebote an österreichischen Universitäten

Ein zentraler Ort, an dem angehende DeutschkursleiterInnen ausgebildet werden, sind die Universitäten, wo in Rahmen des Studienfaches Germanistik in unterschiedlichem Ausmaß eine Beschäftigung mit Deutsch als Fremd- und Zweitsprache seit möglich ist.

4.1.1. Wien

Durch die Einrichtung des Lehrstuhls Deutsch als Fremdsprache im Jahr 1993 wurde in Wien erstmals eine wissenschaftliche Beschäftigung mit diesem Fach möglich. Im Rahmen des Germanistikstudiums (Diplom oder Lehramt), das 2013 ausläuft, ist seit 2002 der Besuch zumindest einer Lehrveranstaltung mit 2 Semesterwochenstunden (SSt.) in „Deutsch als Fremd-/Zweitsprache" (DaF) für alle Germanistikstudierende verpflichtend, auch kann ein Studienschwerpunkt im Ausmaß von 16 SSt. auf DaF gelegt werden. Außerdem gibt es die Möglichkeit, DaF im Rahmen eines „Freie-Wahlfach-Moduls Deutsch als Fremd- und Zweitsprache" für Hörer aller Studienrichtungen im Ausmaß von 24 SSt., womit die sog. „DaF-Bestätigung" erlangt wird, die auch im Diplomzeugnis eingetragen wird. Für Personen mit abgeschlossenen Studium und AbsolventInnen der Pädagogischen Akademien bzw. Hochschulen ist es bis 2013 ebenfalls möglich das „Freie-Wahlfach-Modul" zu absolvieren, sofern bis zum Wintersemester 2008 damit begonnen wurde. Dieses „Freie-Wahlfach-Modul" ist wiederum modular strukturiert, das Thema Mehrsprachigkeit wird im Modul „Sprachenpolitik" im Rahmen der Themenfelder „Sprachenpolitik und Mehrsprachigkeit in Europa" und „Deutsch als Fremd- und Zweitsprache", „Deutsch als Minderheitensprache", wie auch in „Spracherwerb und Sprachenlernen" im Rahmen des Themenfeld „Zwei- und Mehrsprachigkeit" behandelt. Ein Modul sind Praktika, wo Studierende an verschiedenen Kursinstitutionen Unterricht beobachten und selbst

Unterricht durchführen und auch ein „Interkulturelles Praktikum" und ein „Auslandspraktikum" absolvieren können.

Die Praktika können z.T. in MigrantInnenorganisationen bzw. in Kursen für MigrantInnen absolviert werden. Sie unterstützen auch die Entwicklung von Handlungskompetenzen.

Mit dem Masterstudiengang „Deutsch als Fremd- und Zweitsprache", der seit dem Studienjahr 2009 angeboten wird, wird der Bereich der inlandsbezogenen Vermittlung des Deutschen an MigrantInnen nun deutlich in den Fokus gerückt. Der Studiengang umfasst 120 EC und dauert 4 Semester. Als berufliche Perspektive wird explizit der „Deutschunterricht in der Erwachsenenbildung in Österreich und Deutschland (z.B für MigrantInnen)"[7] genannt. In Bezug auf die Sprachförderung von MigrantInnen heißt es im Curriculum (Curriculum Masterstudium 2008, 1):

„Sie [die Studierenden] verfügen sowohl über sprachdidaktische als auch grundlegende Qualifikationen in den Bereichen Spracherwerb, interkulturelle Kommunikation, Mehrsprachigkeit und Sprachenpolitik, um in Politikberatung, Unterrichtsplanung und Unterrichtspraxis zielgruppenspezifische Fördermaßnahmen zu entwickeln, durchzuführen und zu evaluieren."

Der Schwerpunkt der Studiengangs liegt auf dem Thema „Kulturübergreifende Kommunikation, Sprachpolitik und Mehrsprachigkeit", dem das umfangsreichste von neun Modulen gewidmet ist (12 EC). Alle angeführten Module beziehen sich nun konsequent auf die Bereiche Deutsch als Fremd- *und* Zweitsprache. Auch im Masterstudium werden Praktika angeboten, darunter auch das Interkulturelle Praktikum. Sie ermöglichen gemeinsam mit einer Verpflichtung, im Umfang von 30 Stunden eine Minderheitensprache bzw. eine möglichst fremde Sprache zu lernen, die Entwicklung von Handlungskompetenzen in der Sprachvermittlung. Reflexionsfähigkeit wird durch ein studienbegleitendes Studienprozessportfolio entwickelt.

Im Masterstudiengang Deutsch als Fremd- und Zweitsprache werden die Bereiche von Mehrsprachigkeit, Sprache, Integration/Migration sowie Interkulturalität in einem Umfang angeboten, dass sie als Schwerpunkte von Studierenden gewählt werden können. Die Ausbildung stellt in dieser Hinsicht das umfangreichste Angebot in Österreich dar. Was ihr jedoch, wie auch allen anderen universitären Angeboten, fehlt, sind Aspekte, die auf die Arbeit in der Erwachsenenbildung vorbereiten und in Trainer-Ausbildungen selbstverständlich sind. Dazu gehören Gruppendynamik und Gruppenführung, Umgang mit Konflikten, Kommunikation und Moderation. Aufgrund dessen muss festgestellt werden, dass der Masterstudiengang nicht als Ausbildung, wohl aber als Vorbereitung für die Arbeit als DeutschkursleiterIn für MigrantInnen betrachtet werden kann.

---

7   Flyer, abrufbar unter http://www.univie.ac.at/daf/studien.htm, 16.3.09

4.1.2. Graz

An der Universität Graz wird bereits seit 1990 ein „ Hochschullehrgang Deutsch als Fremdsprache" angeboten, der damit die älteste Ausbildung Österreichs in diesem Bereich darstellt. Der Lehrgang umfasst heute insgesamt 60 EC, dauert 2 Semester und kostet 2.900 Euro (exkl. Studiengebühren). AbsolventInnen des Universitätslehrganges tragen den Titel „Akademischer Experte/Akademische Expertin für Deutsch als Fremdsprache".

Im aktuellen Studienprogramm[8] werden die Inhalte Deutsch als Zweitsprache und Mehrsprachigkeit in einer Vorlesung und einem Seminar behandelt. In der Vorlesung „Zweit- und fremdsprachliches Lernen. Voraussetzungen und Formen" geht es um allgemeine spracherwerbsorientierte Fragestellungen, bei denen u.a. die Spezifika des Zweitspracherwebs und Bilingualismus behandelt werden. In dem Seminar mit dem Titel „Deutsch als Zweitsprache" wird „Zweitsprachliches Lernen in schulischen Situationen, kulturelle und sprachliche Identität, Didaktik des Unterrichts in mehrsprachigen Klassen" behandelt. Eine weitere Lehrveranstaltung wird zu „Interkulturelle Kommunikation" angeboten. Eine Besonderheit des Grazer Lehrgangs ist supervisierte Projektarbeit in Teams.

Das Angebot ist wiederum deutlich am Bereich Deutsch als Fremdsprache orientiert. Das Thema Mehrsprachigkeit wird nur am Rande behandelt, die Themen Migration und Integration fehlen völlig. Eine Stärke des Lehrgangs ist die Arbeit an Projekten mit begleitender Supervision. Trotzdem muss festgestellt werden, dass aufgrund der marginalen Berücksichtigung wesentlicher Themen nur sehr eingeschränkt auf die Tätigkeit als DeutschkursleiterIn für erwachsene MigrantInnen vorbereitet wird.

4.1.3. Innsbruck

An der Universität Innsbruck lässt sich im Rahmen von freien Wahlfächern wie auch als Wahlpflichtfach ein Studienschwerpunkt „Deutsch als Fremdsprachenphilologie und Interkulturelle Germanistik" studieren, der in vier Teilen absolviert werden kann und ein Ausmaß von 6–24 Semesterstunden umfasst. Der spezifische Bereich Deutsch als Zweitsprache wird lediglich in Bezug auf die Praktika bzw. das „Berufsfeld" genannt, ist sonst im Studienplan nicht extra ausgewiesen (Mitteilungsblatt der Leopold-Franzens-Universität Innsbruck (2000/2001, 16)."

Auch die Universität Innsbruck bietet seit 2009 einen Universitätslehrgang Deutsch als Fremdsprache/Deutsch als Zweitsprache an. Der Lehrgang umfasst 60 EC, dauert 2 Semester und kostet 3.250 Euro (exkl. Studiengebühren), hat bisher aber noch nie statt-

---

8   http://www-gewi.uni-graz.at/uldaf/ul/ul_programm.htm, 16.3.09

gefunden. Nach Abschluss des Universitätslehrganges ist man berechtigt, den Titel „Akademischer Experte/Akademische Expertin für Deutsch als Fremdsprache/Deutsch als Zweitsprache" zu tragen. Als Qualifikationsprofil nennt das Curriculum des Lehrgangs den Erwerb fachlicher Kompetenzen u.a. in den Bereichen „Interkulturalität, Fremdheit und Migration" (Curriculum Universitätslehrgang 2007, 1). Ziel ist unter anderem die Qualifikation „für die Vermittlung des Deutschen als Fremd- und Zweitsprache an [...] Einrichtungen in der Erwachsenenbildung sowohl im In- als auch im Ausland" (ebda.). Dafür wird ein Pflichtmodul „Kulturelle Kompetenzen" angeboten, wozu „Interkulturelle Kommunikation" mit 1,5 SSt (4 EC) gehört. „Deutsch als Zweitsprache: Sprache und Migration" und „Mehrsprachigkeit und Sprachreflexion" mit insgesamt 2 SSt. (5 EC) sind Teil eines Pflichtmoduls „Linguistische Grundlagen". Die Veranstaltung zum „Testen und Bewerten im DaF/DaZ-Unterricht" mit 1,5 SSt (2,5 EC) gibt u.a. einen „Überblick und kritische Betrachtung standardisierter und kalibrierter Test", behandelt die „Funktion des Testens im DaF/DaZ-Unterricht zwischen Feedback und gate-keeper Examen" und gehört in das Pflichtmodul „Methodisch-didaktische Kompetenzen II".

Ähnlich wie in Wien ist das Angebot im Rahmen der freien Wahlfächer deutlich an Deutsch als Fremdsprache orientiert, währen der neu entwickelte Lehrgang den Bereich Deutsch als Zweitsprache deutlicher fokussiert. Hier werden wesentliche Inhalte für die Arbeit in der Sprachförderung von MigrantInnen behandelt. Besonders die explizit kritische Auseinandersetzung mit Test- und Bewertungsverfahren erscheint richtungweisend. Es fehlen jedoch Angebote einer angeleiteten und begleiteten Praxis. Dadurch wie auch durch geringe Stundenanzahl wird die Entwicklung von Handlungskompetenzen und Reflexionsfähigkeit, die für die Arbeit als Deutschkursleiterin für Erwachsenen MigrantInnen notwendig ist, nur wenig gefördert.

4.1.4. Klagenfurt

Auch an der Universität Klagenfurt kann man „DaF/DaZ" als freie Wahlfächer belegen. Und auch in Klagenfurt kann man eine „Zusatzqualifikation" im Fachbereich „Deutsch als Fremdsprache"[9] erwerben, die 16 SSt. umfasst und 2 Semester dauert und in deren Rahmen ein Praktikum absolviert werden muss. Weder bei den freien Wahlfächern, noch in der Zusatzqualifikation werden Inhalte zu den Bereichen Deutsch als Zweitsprache, Mehrsprachigkeit und Interkulturalität im Kontext von Migration/Integration angeboten. Das Angebot ist demnach weder inhaltlich noch im Bezug auf seinen Umfang Vorbereitung auf die Tätigkeit als DeutschkursleiterIn für erwachsene MigrantInnen ausreichend.

---

[9]   http://www.uni-klu.ac.at/daf/zusatzqual_neu.htm, 16.3.09

Zusammenfassend kann also festgestellt werden, dass an allen österreichischen Universitäten im Rahmen von Wahlfächern Deutsch als Fremdsprache belegt werden kann, jedoch in diesen Angeboten der Bereich des Deutschen als Zweitsprache, Mehrsprachigkeit und Interkulturalität im Kontext von Migration und Integration weitgehend unberücksichtigt bleibt. Dieser wird in den neu entstandenen Angeboten in Wien und Innsbruck bereits deutlich fokussiert, damit wird auf die veränderten sprachen-, bildungs- und integrationspolitischen Rahmenbedingungen reagiert, die eine Professionalisierung im Bereich der Sprachförderung von erwachsenen MigrantInnen verlangen. Mit dem Angebot des Masterstudiengangs in Wien wurde das bislang umfangreichste Studien- und auch Bildungsangebot in den Bereichen Deutsch als Zweitsprache, Mehrsprachigkeit und Migration/Integration geschaffen. Allen universitären Ausbildungen aber fehlen Aspekte, die auf die Arbeit in der Erwachsenenbildung vorbereiten, was ihre Qualität bezüglich ihres Ausbildungscharakters durchaus einschränkt.

4.2. Ausbildungen in der Erwachsenenbildung

Bildungsangebote für ErwachsenenbildnerInnen haben sich in den letzten Jahren deutlich vermehrt, wobei auch dieses Feld, wie die Erwachsenenbildung selbst, weitgehend unstrukturiert und unübersichtlich ist. An verschiedensten Institutionen, Universitäten wie Weiterbildungsinstitutionen werden Aus- und Weiterbildungen für TrainerInnen, BildungsberaterInnen und BildungsmanagerInnen angeboten [10]. Weiterbildung für SprachkursleiterInnen wird traditionellerweise vom Verband Österreichischer Volkshochschulen und von „Die Wiener Volkshochschulen GesmbH" (ehemals Verband Wiener Volkshochschulen) angeboten, die in der Regel nur wenige Stunden oder maximal ein Wochenende dauern. Auf diese Fortbildungen wird im Folgenden nicht eingegangen, sondern es werden jene Lehrgänge vorgestellt, die sich auch als Ausbildungen verstehen bzw. als solche anerkannt werden.

4.2.1. Die Lehrgänge für SprachkursleiterInnen der Wiener Volkshochschulen

Im Jahr 1992, also knapp vor Gründung des Lehrstuhls Deutsch als Fremdsprache in Wien, bot der Verband Wiener Volksbildung erstmals einen Lehrgang für „Deutsch als Zweitsprache/Fremdsprache" an und reagierte damit auf den dringenden Wei-

---

[10] Für einen Überblick über die Aus- und Weiterbildungen für ErwachsenenbildnerInnen in Österreich siehe das Fachportal www.erwachsenenbildung.at, das vom Bundesministeriums für Unterricht, Kunst und Kultur (BM:UKK) gemeinsam mit dem Bundesinstitut für Erwachsenenbildung (bifeb) und dem Institut EDUCON gestaltet wird.

terbildungsbedarf einer anwachsenden Gruppe von Unterrichtenden in Deutschkursen für Flüchtlinge und MigrantInnen. Der Lehrgang dauerte 4 Semester und umfasste 300 Stunden. Voraussetzung für die Teilnahme waren mindestens zwei Jahre Unterrichtserfahrung (Fritz 1999, 119). In der Zwischenzeit wurde der Lehrgang zu einer Ausbildung für SprachkursleiterInnen allgemein ausgeweitet und das Angebot ausdifferenziert: Eine einwöchige „Grundausbildung" (25 Stunden) richtet sich an Personen ohne Unterrichtserfahrung und kostet 50 Euro. Im Anschluss daran wird der„Lehrgang für FremdsprachenkursleiterInnen, Level 1" angeboten, der sich ebenfall an UnterrichtsanfängerInnen richtet und einen Umfang von ca. 200 Unterrichtseinheiten hat[11]. Der „Lehrgang für FremdsprachenkursleiterInnen, Level 2" schließlich richtet sich an SprachkursleiterInnen mit einer Grundqualifikation für Fremdsprachenunterricht und Unterrichtserfahrung in der Erwachsenenbildung. Er dauert 4 Semester und umfasst ca. 300 Unterrichtseinheiten[12]. Die Kosten für den Lehrgang „Level 1" betragen 200 Euro plus 20 Euro Anmeldegebühren, für den Lehrgang „Level 2" 1.650 Euro plus 50 Euro Anmeldegebühren (für VHS-KL 1.200 Euro). Den Abschluss der Lehrgänge bildet ein Zertifkat.

Die Inhalte der Lehrgänge werden in Form von Workshops vermittelt, was bereits darauf hinweist, dass es um die Entwicklung von Handlungskompetenzen geht. Außerdem sind Praktika Teil beider Lehrgänge. Die Bearbeitung eines den Lehrgang begleitenden Portfolios unterstützt darüber hinaus die Entwicklung von professioneller Reflexionsfähigkeit, wobei die Portfolioarbeit die Prüfung oder eine Abschlussarbeiten ersetzt und damit nicht nur der Reflexion, sondern auch dem Leistungsnachweis dient.

Die Lehrgänge der Wiener Volkshochschulen stellen sprachübergreifende Weiterbildungen dar und sind daher nicht auf die Vermittlung des Deutsch als Zweitsprache ausgerichtet. Trotzdem berücksichtigen sie dafür relevante Inhalte, wie z.B. die Entwicklung einer mehrkulturellen Identität oder die Auseinandersetzung mit Mehrheiten und Minderheiten. Ihre Stärke liegt aber vor allem in der Behandlung von für den Unterricht Erwachsener wichtigen Aspekten wie Gruppendynamik, Lerntheorien und -strategien mit Orientierung am Lernen Erwachsener, Selbstreflexion in Bezug auf Lernen. Sie sind die einzigen Bildungsangebote für angehende DeutschkursleiterInnen, die erwachsenengerechtes Lernen dezidiert thematisieren.

Durch die Orientierung an der Fremdsprachvermittlung fehlen jedoch Aspekte des zweitsprachlichen Lernens völlig, wie auch die für DeutschkursleiterInnen für MigrantInnen zentralen Themenfelder wie Mehrsprachigkeit, Migration und Integration. Außerdem ist eine Vermittlung von sprachsystematischem Wissen über das Deutsche zu vermissen, das selbstverständlich eine Grundvoraussetzung für dessen Vermittlung darstellt. Es muss daher festgestellt werden, dass die Lehrgänge der Wie-

---

[11] http://fachgruppen.vwv.at/sprue/sprachenlehrganglevel1/, 16.3.09
[12] http://fachgruppen.vwv.at/sprue/sprachenlehrganglevel2/, 16.309

ner Volkshochschulen nur bedingt auf die Arbeit als DeutschkursleiterIn für MigrantInnen vorbereiten.

4.2.2.   Der Alphabetisierungs-Lehrgang des Alfa-Zentrums der VHS Ottakring

Seit 2002 bietet die Volkshochschule Ottakring einen Lehrgang „Alphabetisierung und Deutsch mit MigrantInnen" an und bedient damit einen zentralen Bereich innerhalb der Ausbildungslandschaft im Bereich Deutsch als Zweitsprache. Er dauert 2 Semester, umfasst 205 Stunden (inkl. Praktika und Abschlussarbeit) und kostet 790 Euro[13]. Aufnahmekriterien sind „Erfahrung/grundlegende Ausbildung in Deutsch als Zweitsprache"[14]. Der Lehrgang schließt mit einem Zertifikat ab.

Inhalte sind die Grundlagen des Schriftspracherwerbs, die auf die spezifische Zielgruppe erwachsener MigrantInnen adaptiert werden[15]. Erwachsenengerechtes Lernen wird durch die Behandlung von „Lernstrategien und selbstbestimmtem Lernen" berücksichtigt. Auch hier wird im Rahmen eines Praktikums die Entwicklung von Handlungskompetenzen im Alphabetisierungsunterricht unterstützt. Speziell an diesem Lehrgang ist die Vermittlung von Intervisions- und Evaluationstechniken. Sie fördern in hohem Maße die Ausbildung von reflexiven Kompetenzen. Der Lehrgang stellt eine Ausbildung für einen spezifischen Bereich des Deutsch als Zweitspracheunterrichts dar und bereitet auf die Arbeit als KursleiterInnen im Bereich der Alphabetisierung von erwachsenen MigrantInnen in der Zweitsprache Deutsch vor.

Die Angebote der Erwachsenenbildung zeichnen sich im Gegensatz zu den universitären Angeboten durch die Vorbereitung auf den Unterricht Erwachsener aus, indem sie erwachsenengerechtes Lernen wie auch Moderation und den Umgang mit Gruppen und Konflikten thematisieren. Außerdem lässt sich eine stärkere Fokussierung auf die Entwicklung von Handlungs- und Reflexionskompetenzen ausmachen. Wohl auch aufgrund ihrer Zielsetzung als sprachübergreifende Ausbildungen bzw. als spezialisierte Ausbildungen fehlen ihnen jedoch Inhalte, die für die Ausbildung von DeutschkursleiterInnen im Kontext von Migration grundlegend sind, dazu gehört eine systematische Auseinandersetzung mit der deutschen Sprache, mit Mehrsprachigkeit und Migration/Integration.

---

[13]   http://www.alfazentrum.at/dox/alfa_LG_folder_2008_09.pdf, 16.3.09

[14]   http://www.alfazentrum.at/ausbildungslehrgang.html, 16.3.09

[15]   http://www.alfazentrum.at/lehrgang_infos.html, 16.3.09

5. Anerkennung der Ausbildungen

Wer als DeutschkursleiterIn tätig sein möchte, muss dafür in zunehmenden Maße eine entsprechende Ausbildung nachweisen, vor allem dann, wenn es sich um Kurse handelt, die von öffentlichen Geldern finanziert werden. Dazu gehören Kurse im Rahmen der so genannten „Integrationsvereinbarung" (vgl. Blaschitz und de Cillia in diesem Band), Kurse, die das Arbeitsmarktservice (AMS) finanziert, und Kurse, die aus Mitteln des Landes gefördert werden.

5.1. Kriterien für sog. Integrationskurse

Zur Mindestqualifikation von Unterrichtenden in sog. „Integrationskursen" hält der Gesetzgeber fest (Integrationsvereinbarung-Verordnung 2005):

„§ 2. (1) Der Kursträger hat für die Abhaltung von Alphabetisierungskursen und Deutsch-Integrationskursen ausschließlich Lehrkräfte einzusetzen, die
1. eine DaF- oder DaZ-Ausbildung abgeschlossen haben und mindestens ein Jahr Unterrichtserfahrung mit Erwachsenen in bi- oder multilingualen Gruppen nachweisen;
2. die Ausbildung an einer Pädagogischen Akademie zur Erlangung der Lehrberechtigung in Deutsch abgeschlossen haben und mindestens ein Jahr Unterrichtserfahrung in bi- oder multilingualen Gruppen nachweisen;
3. das Studium der Germanistik oder das Studium einer lebenden Fremdsprache abgeschlossen haben und mindestens ein Jahr Unterrichtserfahrung in Deutsch in bi- oder multilingualen Gruppen nachweisen oder
4. zehnjährige Unterrichtserfahrung in bi- oder multilingualen Gruppen an Schulen mit Öffentlichkeitsrecht haben."

Unter Punkt 1 wird auf „DaF- oder DaZ-Ausbildungen" verwiesen, also jene Angebote, die eben besprochen wurden und von denen festgestellt wurde, dass *keines* davon eine *Ausbildung* für den Bereich *Deutsch als Zweitsprache* darstellen kann, weil dieser Bereich kaum berücksichtigt ist. Eine Ausnahme bilden die neu enwickelten Studiengänge, die hier aber aufgrund der zeitlichen Divergenz noch nicht gemeint sein können. Unter Punkt 2 werden die Ausbildungen der Pädagogischen Akademien genannt, die jedoch nur unzureichend die Vermittlung des Deutschen als Zweitsprache im Kontext von Migration als Gegenstand haben (vgl. den Beitrag von Boeckmann in diesem Band) und außerdem nicht auf erwachsenengerechtes Lernen vorbereiten. Unter Punkt 3 wird das Studium der Germanistik oder einer anderen lebenden Fremdsprache genannt, wo es keinerlei Vorbereitung in inhaltlicher wie in methodischer Weise auf die Arbeit als Kursleiterin oder gar als Deutschkursleiterin mit erwachsenen MigrantInnen gibt. Und die unter Punkt 4 genannte zehnjährige Erfahrung an Schulen ist ganz offensichtlich eine Hilfskonstruktion, mit der versucht wurde, arbeitslosen LehrerInnen die Möglichkeit zu geben, tätig zu werden. Das mag personalpolitisch berechtigt sein, mit Qualität hat das wenig zu tun. Es ist mehr als deutlich, dass es dem Gesetzgeber an profunder Sachkenntnis wie auch an Qualitätsbewusstsein fehlt.

Die Umsetzung von Gesetzen ist des Öfteren nicht ganz so strikt wie dieses selbst und so ist es auch in diesem Falle. Der Österreichische Integrationsfonds (ÖIF), der für die Zertifizierung der „Integrationskurse" und damit auch für die Anerkennung des Lehrpersonals zuständig ist, prüft jeden Einzelfall mit der Begründung: „Da die Bestimmung der IV–V 2005 sehr unscharf gehalten ist bzw. eine DaF/DaZ Ausbildung in Österreich nicht normiert ist [...]" (ÖIF 2008, 15). Es heißt jedoch weiter: „Jedenfalls muss ein Abschluss einer solchen Ausbildung vorhanden sein, der vergleichbar ist mit anerkannten Lehrgängen wie zB dem des Verbands der Wiener Volksbildung (sog. Level 2 oder auch Level 1), einer Universitären (sic!) DaF/DaZ Ausbildung, oder dem Abschluss des Goethe Instituts." (ebda.). Eine Zulassung kann aber auch durch Übermittlung von anderen entsprechenden Zeugnissen und Nachweis von Praxisstunden erwirkt werden. Auch wenn richtigerweise festgestellt wird, dass eine Ausbildung nicht normiert ist, bleiben die Kriterien mehr als diffus, denn es ist unklar, was „vergleichbar" eigentlich bedeutet. Die Tatsache, dass der ÖIF die Lehrgänge des VWV als „eigenständige *DaZ*-Ausbildungen" (ÖIF 2008, 16; Hervorhebung von mir) bezeichnet, zeigt leider auch an, dass auch der ÖIF noch immer über wenig Fachkenntnisse verfügt, auch wenn er sich darum bereits seit 2003 durchaus bemüht[16].

5.2. Kriterien des Arbeitsmarktservices

Das Bewertungsschema des AMS vergibt Punkte für formale Qualifikationen von Deutsch-TrainerInnen[17]. Die Höchstpunkteanzahl (10 Punkte) wird für eine abgeschlossene universitäre Sprachausbildung in Deutscher Philologie oder Fremdsprache mit Muttersprache Deutsch, für ein Lehramtsstudium Deutsch oder für ein Lehramtsstudium in einer Fremdsprache mit Muttersprache Deutsch, für ein Studium Übersetzen und Dolmetschen (gewählte Sprache Deutsch), für ein Studium der Sprachwissenschaften oder für ein Studium der Literaturwissenschaften (sic!)

---

[16] Zur fragwürdigen fachlichen Qualität der sog. „Integrationsprüfung" im Rahmen der sog. „Integrationsvereinbarung", die vom ÖIF entwickelt wurde, vlg. den Beitrag von Hans-Jürgen Krumm in diesem Band und die Stellungnahmen unter www.sprachenrechte.at.

[17] www.ams.at/_docs/900_deutsch.pdf. Stand April 2008, abrufbar unter http://www.ams.at/wien/ueber_ams/14401.html, 16.3.09

vergeben. Mit 8 Punkten wird eine abgeschlossene pädagogische Hochschule (neue Ausbildung seit Oktober 2007) in den Fächern Deutsch oder Englisch bewertet, wie auch ein abgeschlossener Lehrgang der Pädagogischen Akademie „Deutsch als Fremd- und Zweitsprache", eine abgeschlossene universitäre Ausbildungen „Deutsch als Fremdsprache" in Wien oder Graz oder an einer anderen Universität oder ein abgeschlossenes Bachelor-Studium der oben genannten Studienrichtungen. 5 Punkte werden für eine abgeschlossene pädagogische Akademie oder eine berufspädagogische Akademie (alte Ausbildung) in den Fächern Deutsch oder Englisch vergeben. Mit 0 Punkten werden schließlich „nicht staatlich zertifizierte SprachtrainerInnen-zusatzausbildungen" bewertet, wozu die Lehrgänge des VWV sowie der Alpha-Lehrgang des Alfazentrums zählen.

Die Kriterien des AMS sind deutlich an Hochschulabschlüssen orientiert, und es werden Studien mit der Höchstpunkteanzahl bewertet, auch wenn sie keinerlei Qualifikation für den Deutschunterricht geben, wie z.B. ein Dolmetschstudium oder Studium der Literaturwissenschaft. Das Potential jener Lehrgänge der Wiener Volkshochschulen, die für den Deutschunterricht von MigrantInnen wesentlich bessere Voraussetzungen schaffen, wird hingegen völlig ignoriert. Sie wären auf jeden Fall den ebenfalls besser bewerteten Studien der Germanistik, Sprachstudien und Ausbildungen an Pädagogischen Hochschulen und Akademien vorzuziehen, für die wiederum das bereits zu den Kriterien der Integrationskurse Gesagte gilt. Es muss hier mit aller Deutlichkeit festgestellt werden, dass die Kriterien des AMS, die immerhin über die Qualifikation von Unterrichtenden in einer großen Zahl an Kursen entscheiden, von erschreckende Unkenntnis des Faches und Bereichs zeugen und als völlig inadäquat und qualititätsfeindlich zu bewerten sind.

5.3. Kriterien der Stadt Wien

Schließlich sollen hier noch die Qualitätsstandards der Stadt Wien als Fördergeberin, vertreten durch die Magistratsabteilung für Diversität und Integration (MA17), genannt sein, da diese, damals noch vertreten durch den Wiener Integrationsfondsfonds (WIF), seit den 1990er Jahren das Deutschkursangebot für MigrantInnen positiv beeinflusst hat und wesentliches Vorbild für die weiteren Entwicklungen waren (vgl. Plutzar 2008). Die Standards verweisen auf ein Rahmencurriculum für den Unterricht von Deutsch als Zweitsprache, das 1999 vom WIF herausgegeben und 2006 überarbeitet und um einen Alphabetisierungsteil erweitert wurde (Fritz et al. 2006). Dort werden als anerkannte Ausbildungen genannt: das „Zertifikat" (gemeint ist die „DaF-Bestätigung") der Universität Wien, der Abschluss des Universitätslehrgangs in Graz, ein DaF-Studium an einer anderen Universität, eine abgeschlossene Zusatzausbildung an einer Pädagogischen Akademie in DaF/DaZ und die Lehrgänge des

Verbands Wiener Volksbildung (Fritz et a. 2006, 47f). In dieser Form erscheinen diese Kriterien, die einst richtungsweisend waren, mittlerweile etwas überholt und bedürften einer Anpassung an die veränderten Rahmendbedingungen („Integrationsvereinbarung") und neuen Studiengänge (Masterstudien- und Universitätslehrgänge).

5.4. Gesellschaftliche Anerkennung

Dass die MA 17 ihre Standards selbst nicht immer einhält, wie bei der Beschäftigung von KursleiterInnen im Rahmen der Kurse für Mütter an Schulen und Kindergärten, macht deutlich, in welch letztendlich unklarem Rahmen der Deutschunterricht für erwachsene MigrantInnen stattfindet. Das ist nicht nur der trotz aller Dynamiken immer noch unbefriedigenden Ausbildungssituation zu verdanken. Wenn über Anerkennung gesprochen wird, darf die gesellschaftliche Anerkennung nicht übersehen werden. Obwohl der Deutschunterricht für Erwachsene eine „Schlüsselrolle" in der Integrationspolitik spielt und aufgrund von Verpflichtungen und Prüfungen hohen Erwartungen gerecht werden muss, wird dieser Arbeit im gesellschaftlichen Gefüge ein geringer Stellenwert zugesprochen und von Seiten der Politik wenig investiert. Denn, auch wenn an den Ausbildungen einiges kritisiert wurde, muss festgestellt werden, dass DeutschkursleiterInnen in Österreich noch nie so gut ausgebildet waren wie heute. Trotzdem hat sich ihre arbeitsrechtliche und finanzielle Situation in den letzten Jahren deutlich verschlechtert hat: Die Beschäftigungsverhältnisse sind prekär, die Bezahlung ist nicht angemessen.

Hier lässt sich vorsichtig eine Parallele zu den KindergartenpädagogInnen ziehen. Auch sie bekommen immer mehr gesellschaftliche Verantwortung zugeteilt, werden aber in dieser zentralen Position (noch) nicht entsprechend anerkannt (vgl. auch OECD 2006, 68f). Die Tatsache, dass die Ausbildung nicht auf Hochschulniveau angesiedelt ist, schlägt sich nicht nur in der Entlohnung nieder, auch die gesellschaftliche Anerkennung dieser Berufsgruppe ist im Vergleich zu anderen pädagogischen Berufen relativ gering. Wirklich gute Ausbildung könnte einiges leisten – nicht nur die Verbesserung des pädagogischen Handelns, sondern auch eine längst notwendige Hebung der gesellschaftlichen Anerkennung beider Berufsgruppen.

6. Abschließende Forderungen

Die Ausbildungssituation der KindergartenpädagogInnen müsste sich grundlegend verändern. Einerseits müssten bereits in der Grundausbildung Inhalte vermittelt werden, die den PädgogInnen ermöglichen, im Bereich der frühen Sprachförderung professionell zu handeln. Dazu gehören die in der Einleitung genannten Inhalte ebenso wie ausreichend Zeit und Möglichkeit, diese Inhalte in Praxisfeldern zu erproben und in Bezug auf die eigene professionelle Rolle und die gesellschaftspolitischen Inhalte zu reflektieren. Die Ausbildung für KindergartenpädagogInnen sollte nicht mit dem allgemeinen Bildungsweg auf der Sekundarstufe II vermischt werden, sondern eine spezifische und differenziert Ausbildung darstellen, die auf einer allgemeinen Schulreife aufbauen sollte. Dementsprechend wäre die Ausbildung zu KindergartenpädagogIn dringend auf Hochschulniveau anzusiedeln. Des weiteren erscheint eine gemeinsame Ausbildung mit GrundschullehrerInnen in höchstem Maße sinnvoll (vgl. auch bmukk/BMWF Länderbericht 2008, Kap. 12).

Die Fort- und Weiterbildungen für bereits tätige KindergartenpädagogInnen sollten von ausreichendem Umfang sein, sodass es möglich ist, sämtlich Inhalte, die für die Sprachförderung von mehrsprachig aufwachsenden Kindern relevant sind, zu behandeln und nicht nur wenige Bereiche. Es sollte für die PädagogInnen im Rahmen der Weiterbildung ausreichend Zeit zu Verfügung sein, die Inhalte in Bezug auf die alltägliche Praxis zu verarbeiten, eine Kontextualisierung in gesellschaftspolitische Zusammenhänge und Rahmenbedingungen vorzunehmen und schließlich, die eigenen Haltungen und Zugänge zu reflektieren.

Bezüglich der Ausbildung von DeutschkursleiterInnen in der Erwachsenenbildung ist eine stärkere Berücksichtigung der Bereiche Deutsch als Zweitsprache, Mehrsprachigkeit und Migration/Integration an allen germanistischen Instituten Österreichs im Rahmen der so genannten „Zusatzqualifikationen" und Wahl(pflicht)fächer sehr wünschenswert. Hier scheint auch eine Zusammenarbeit zwischen Universitäten, Erwachsenenbildungs- und MigrantInneninstitutionen erstrebenswert. So könnten die Universitäten aus der alltäglichen Praxis des Unterrichts erwachsener MigrantInnen einiges an neuen Impulsen gewinnen. Außerdem wäre es dringend notwendig, auch auf universitärer Ebene Lehrangebote zu schaffen, die auf die Arbeit in Gruppen mit Erwachsenen vorbereiten. Demgegenüber wären die Ausbildungslehrgänge der Erwachsenenbildung um die Bereiche des Deutschen als Zweitsprache sowie Migration/Integration zu ergänzen.

Der dringendste Handlungsbedarf liegt aber m.E. bei der Veränderung der Bewertungskriterien für Ausbildungen durch öffentliche Fördergeber. Es konnte gezeigt werden, dass sich diese durch erschreckende Unkenntnis des Faches und mangelndes Qualitätsbewusstsein für diesen Bereich auszeichnen. Als Geldgeber bestimmen sie aber mehr als alles andere, was als „ausreichende" Qualifikation gilt, und können so alle Bemühungen um die Entwicklung guter Studien- und Ausbildungsgänge letztendlich „wertlos" machen.

Literatur

Online Ressourcen zuletzt abgerufen am 16.3.09

Arnold, Rolf/Claudia Gómez Tutor (2007), *Grundlinien einer Ermöglichungsdidaktik. Bildung ermöglichen – Vielfalt gestalten*, Augsburg.

bmukk/BMWF (2008), *Sprach- und Sprachunterrichtspolitik in Österreich. Language Education Policy Profile – Länderbericht*. Wien/Graz 2008.

Curriculum Universitätslehrgang (2007), *Curriculum für den Universitätslehrgang Deutsch als Fremdsprache/Deutsch als Zweitsprache an der Universität Innsbruck*, Mitteilungsblatt der Leopold-Franzens-Universität Innsbruck. Studienjahr 2007/2008. Ausgegeben am 26. November 2007, 8. Stück, Anlage 1–9, http://www.uibk.ac.at/service/c101/mitteilungsblatt/2007-2008/08/mitteil.pdf

Curriculum Masterstudium (2008), *Masterstudium an der Universität Wien. Studium: Deutsch als Fremd- und Zweitsprache*, http://www.univie.ac.at/daf/Master%20DaF_DaZ_2_%207.6.08.pdf

Dippelreiter, Maria (2008), *Expert/innenstimme. Frühe sprachliche Förderung im Kindergarten*, http://www.kinderrechte.gv.at/home/thema-des-monats/experten--Innenstimme/idart_305-content.html

Fritz, Thomas (1999), „Deutsch als Zweitsprache in Österreich", in: *Deutsch lernen 2/1999*, 107–122.

Fritz, Thomas/Renate Faistauer/Monika Ritter/Angelika Hrubesch (2006), *Rahmen-Curriculum Deutsch als Zweitsprache & Alphabetisierung,* Hrsg. von der Magistratsabteilung 17. Integrations- und Diversitätsangelegenheiten, http://www.wien.gv.at/integration/pdf/ma17-rahmen-curriculum.pdf

Integrationsvereinbarungs-Verordnung (2005), *Verordnung der Bundesministerin für Inneres über die Integrationsvereinbarung* (Integrationsvereinbarungs-Verordnung-IV-V), http://www.bmi.gv.at/niederlassung/rechtsgrundlagen_iv_v.asp

Lehrplan (2007), *Lehrplan des Kollegs für Kindergartenpädagogik* (einschließlich des Kollegs für Berufstätige), Anlage zum BGBl. II – Ausgegeben am 17. Juli 2007 – Nr. 173, http://www.bmukk.gv.at/medienpool/15173/lp_kindpaed_anlage.pdf

OECD (2006), *Starting Strong. Early Childhood Education and Care Policy. Länderbericht für Österreich*. Directorate for Ecudation, 1. März, http://www.oecd.org/dataoecd/57/58/36657509.pdf

Österreichischer Integrationsfonds (2008), *Handbuch des Teams Integrationsvereinbarung- Österreichischen Integrationsfonds* (sic!) Version 1.3., http://www.integrationsfonds.at/fileadmin/Integrationsfond/3_integrationsvereinbarung/downloads/handbuch_zertifizierung.pdf

Plutzar, Verena (2006), „Warum Deutschkurse keine Integrationskurse sein können. Zur Rolle von KursleiterInnen", in: *ÖdaF-Mitteilungen 1/2006: Deutsch als Zweitsprache lehren – lernen – leben*, 106–109.

Plutzar, Verena (2007), „Lernen der Zweitsprache – Lernen in der Zweitsprache – Herausforderungen für Unterrichtende", in: *Deutsch als Zweitsprache 3/2007*, 9–15.

Plutzar, Verena (2008), „Sprachliche Bildung erwachsener MigrantInnen als Aufgabe der Erwachsenenbildung", in: *MAGAZIN erwachsenenbildung.at. Das Fachmedium für Forschung, Praxis und Diskurs, Ausgabe 5, 2008*, Wien, http://www.erwachsenenbildung.at/magazin/08-5/meb08-5.pdf.ISSN 1993-6818.

Mitteilungsblatt der Leopold-Franzens-Universität Innsbruck (2000/2001), *Studienplan Diplomstudium Deutsche Philologie an der Leopold-Franzens-Universität Innsbruck*, Studienjahr 2000/2001, http://www.uibk.ac.at/c101/mitteilungsblatt

Sobczak, Ewelina (2006), *Sprachenlernen im vorschulischen Bereich in Österreich*, Wien, unveröffentlicht.

Svoboda, Ursula/Anna Kapfer-Weixlbaumer/Lisa Kneidinger/Ute Vogl (2008), *Konzeptbeschreibung „Lehrgang Frühe Sprachförderung"* 24 EC, http://www.ph-linz.at/mm-team/padl/lehrgang/doc/1021/sprache_24ec.pdf

Verordnung o. J., *Verordnung über die Ausbildung von Interkulturellen MitarbeiterInnen*, unveröffentlicht.

Katharina Brizić

Familiensprache als Kapital[1]

1. Einleitung

Dies ist der Artikel zum Vortrag „Spiel mir das Lied vom Sprachtod", der am 28. Februar 2008 auf der Tagung „Nachhaltige Sprachförderung" gehalten wurde. Im Gegensatz zum Vortrag beschränkt sich der Artikel jedoch auf einen kleinen, wenngleich zentralen Teil des Vortrags: auf die Darstellung einer Untersuchung, die im Jahr 2003 in 6 Wiener Volksschulen stattgefunden hat und 2006 abgeschlossen wurde.[2]

Es wird diese Untersuchung hier deshalb zentral behandelt, weil sie sich gleich mit mehreren aktuellen Fragen zum Thema Einwanderung, Schule und Sprachförderung befasste: erstens mit der Frage nach Erklärungen für das immer wieder dokumentierte besonders schwache Abschneiden bestimmter Immigrantengruppen im Bildungssystem; zweitens mit der Frage, wieweit denn eigentlich das einzelne Individuum und wieweit demgegenüber die gesellschaftlich-politische Ebene für kollektive (Miss)Erfolge verantwortlich gemacht werden kann; und drittens ganz besonders mit der Frage, welche Bedeutung in diesem Zusammenhang die Weitergabe von Sprache zwischen (Immigranten)Eltern und ihren Kindern hat.

Weil es um das schwache Abschneiden bestimmter Herkunftsgruppen geht, wurden ganz zentral auch die Herkunftsländer unserer untersuchten Familien mitbedacht – denn gerade die Herkunftsländer und ihre gesellschaftlich-politische Geschichte sind in der Bildungsforschung bislang weitgehend unberücksichtigt geblieben, wodurch da und dort der Eindruck entstehen konnte, Migration und Bildungsbeteiligung seien gleichsam „geschichtslose" Ereignisse. Keinesfalls soll jedoch hier der Eindruck erweckt werden, die Ursachen für schwaches Abschneiden seien *allein* bei den Herkunftsländern zu suchen; vielmehr belegen Bildungsstudien seit langem, dass gerade der Einwanderungsgesellschaft, ihrer Sprachen- und Bildungspolitik Verantwortung für das schwache oder starke Abschneiden von ImmigrantInnen und ihren Folgegenerationen zukommt. Dass der Fokus der vorgestellten Untersuchung dennoch auf den Herkunftsländern liegt, ist darin begründet, dass die „sprachliche Familiengeschichte" der MigrantInnen hier ganzheitlicher als bisher untersucht werden sollte: Sie hat ja nicht erst im

---

[1]   Der Artikel ist erstmals unter dem Titel „Das geheime Leben der Sprachen. Eine unentdeckte migrantische Bildungsressource" im Kurswechsel 2/2006, 32–43 erschienen. Der Artikel ist hier (bis auf die Einleitung und den Schluss, die leicht adaptierte Abbildung 2 und die aktualisierten Anmerkungen und Literaturhinweise) gegenüber der Erst- und Zweitversion unverändert abgedruckt.

[2]   Siehe dazu die Publikation „Das geheime Leben der Sprachen" (Brizić 2007).

Einwanderungsland, sondern bereits im Herkunftsland begonnen. Die Verantwortung sowohl für sprachliches als auch für schulisches Scheitern ganzer Bevölkerungsgruppen dürfte damit eine *gemeinsame* sein und *alle* beteiligten Gesellschaften, Staaten und politischen Systeme miteinbeziehen. Die große Bedeutung der gesellschaftlich-politischen Ebene wird also hier als etwas betrachtet, das Einwanderungs- und Herkunftsgesellschaft nicht voneinander trennt, sondern miteinander *verbindet*. Eine verstärkte Kommunikation und Kooperation zwischen Einwanderungs- und Herkunftsgesellschaften scheint unter diesem Blickwinkel mehr als wünschenswert. Es ist dies das Hauptanliegen, unter dem die in diesem Artikel vorgestellten Ergebnisse zu verstehen sind.

2. Sprachenvielfalt – Sprachverlust

Sprachen im Überfluss: Jugendsprachen, Berufssprachen, Soziolekte und Dialekte, Familiensprachen, überregionale Verkehrssprachen und noch viele weitere stellen insgesamt die komplexen und höchst verschiedenartigen Kanäle dar, über die unsere Alltagskommunikation läuft. Und es werden immer mehr: Bedingt nicht nur durch neue Medien, sondern auch durch Migrationsbewegungen werden einzelne Sprachen in Länder und Gesellschaftsbereiche importiert, in denen sie früher „fremd" waren; hier treffen sie auf „altansässige" Sprachen, vermischen sich mit ihnen und lösen hochkreative Prozesse aus, die, auf lange Sicht betrachtet, zur Geburt ganz neuer Sprachen führen, für die nicht einmal noch Namen existieren. Nur auf sehr theoretischer Ebene geben deshalb Bezeichnungen wie etwa „Code-Mixing" wieder, was die türkisch-deutschen oder die arabisch-französischen Umgangssprachen von Migrantenjugendlichen in europäischen Einwanderungsländern in der Praxis tatsächlich ausmacht – um hier nur zwei von unzähligen möglichen Beispielen zu nennen (vgl. Hinnenkamp 2000; Hinnenkamp/Meng 2000; Dirim/Auer 2004).

Sprachen aber auch im Rückgang: Zeitgleich mit der rasanten Auffächerung in neue Jugend-, Berufs- und Mischsprachen sinkt ebenso rasant die Zahl der „alten" Sprachen der Menschheit. Noch ist die Rede von etwa 6.000 weltweit; rund 3.000 von ihnen sind jedoch akut gefährdet: Im Schnitt kann angenommen werden, dass jede zweite Woche eine Sprache „stirbt". Letztlich dürften nur etwa 10% von ihnen das aktuelle Jahrhundert überleben – ein Bild also, das dem erstgenannten völlig entgegengesetzt ist (vgl. Dressler/de Cillia 2006).[3]

Was ist dazu zu sagen? Ist die oft geäußerte Bestürzung über das Sprachensterben angebracht? Und löst sie ausreichend wirksame Gegenstrategien aus? Schließlich und endlich bedeutet der Tod einer Sprache ja immer auch den Verlust von Kulturgut,

---

[3] Vgl. dazu auch die jüngsten Erkenntnisse der UNESCO-Konferenz über sprachliche Vielfalt (http ://derstandard.at/ ?url=/ ?id=2351931, 21.2.2006).

von Erzählungen und Märchen beispielsweise (vgl. Wodak/Rindler-Schjerve 1985), vielleicht sogar von kollektiver Erinnerung, von Vielfalt aber in jedem Fall.

Oder ist es nur ein normaler, wenn nicht sogar günstiger Entwicklungsschritt, wenn sich die Menschheit in sprachlicher Hinsicht doch auch „vereinheitlicht"? Denn für moderne Bildungssysteme scheint der Verlust der Vielfalt sogar von Vorteil zu sein. Gerade Migrantenkinder, die familiär die mitgebrachte Sprache bereits aufgegeben und zur Mehrheitssprache des Einwanderungslandes gewechselt haben, schneiden in großen Bildungsstudien deutlich besser ab als Migrantenkinder mit Migranten-Muttersprachen (vgl. Entorf/Minoiu 2004). Dies wiederum führt in logischer Folge zu einem ganz bestimmten Umgang mit Sprache(n) in weiten Bereichen der Migrationsforschung: Gerade *nicht* die Vielgesichtigkeit menschlicher Sprache, sondern vielmehr eine zügige *Reduktion* dieser Vielfalt steht als Empfehlung, latent oder offenkundig, im Raum (vgl. z.B. Esser 2006).

Steht also sprachliche Divergenz dem Bildungserfolg im Weg? Und entspringt daher das Betrauern des Aussterbens so vieler Sprachen einfach nur einer gewissen Sentimentalität, ohne sachlich begründbaren Hintergrund? Eine Entscheidung scheint bisher nicht gefunden: Denn vieles spricht wiederum dafür, dass gerade eine autonome Selbstplatzierung, und eben *nicht* der Verlust oder die Verleugnung des Eigenen, MinderheitenschülerInnen erfolgreich macht (vgl. Badawia 2002) – was dann wohl auch für Verlust oder Beibehalt der jeweils eigenen Sprache gelten müsste (vgl. Cummins 2001). Es zeigt sich also deutlich: Die Ergebnisse soziologischer, erziehungswissenschaftlicher und linguistischer, quantitativer und qualitativer Studien widersprechen einander hier bis hin zu diametral gegensätzlichen Aussagen und Empfehlungen. Verbindungslinien zwischen den Disziplinen fehlen hingegen oft; ihr Fehlen erschwert jedoch jede Argumentation und jeden Vergleich.

3. Eine qualitative Untersuchung zur Bedeutung der Sprachweitergabe zwischen Eltern und Kindern in der Immigration

Es soll deshalb hier eine soziolinguistische Studie vorgestellt werden, die diesem Dilemma zu begegnen versuchte. Da es sich um eine qualitative Studie handelt, ist auch sie einem ganz bestimmten Forschungs-"Stil" verbunden und zudem nicht repräsentativ. Es wurden jedoch, um Einseitigkeiten möglichst zu vermeiden, zu allen Ergebnissen stets Vergleichswerte aus anderen Studien herangezogen; vor allem aber wurde auf sämtlichen Ebenen eine besonders enge Verbindung zur soziologischen Migrationsforschung angestrebt, bis hin zur Bildung eines „soziolinguistischen" Erklärungsmodells, bei dem der Aspekt des „sozio" in seiner Gewichtung dem „linguistischen" Aspekt zumindest gleichgestellt, wenn nicht letztlich sogar übergeordnet wurde.

Die Vorgeschichte dieser soziolinguistischen Studie ist rasch erzählt: In den Jahren 1999 bis 2003 fand eine vierjährige psycholinguistische Sprachstandserhebung an sechs Wiener Volksschulen statt (Peltzer-Karpf et al. 2006); diese befasste sich eingehend mit den mündlichen und schriftlichen Kompetenzen von 65 Migrantenkindern aus der Türkei, dem ehemaligen Jugoslawien und einigen anderen Ländern. Dabei ging es zentral sowohl um die Kompetenzen der Kinder in Deutsch als auch um ihre Kompetenzen in der jeweiligen Muttersprache (Türkisch bzw. Bosnisch/Kroatisch/Serbisch). Und da die Kinder praktisch von ihrem Schuleintritt an bis zum Ende ihrer Volksschulzeit mehrmals jährlich ausführlich getestet wurden, konnten sich bereits früh die ersten Anzeichen eines einigermaßen rätselhaften Ergebnisses bemerkbar machen: Von allen untersuchten Gruppen zeigten die Kinder aus der Türkei in den Sprachtests schon zu Beginn und verstärkt in den Folgejahren der Untersuchung das bei weitem schwächste Abschneiden. Dieses betraf allerdings nicht nur die Zweitsprache Deutsch, sondern auch die Muttersprache – ein Phänomen, das zunächst unerklärt bleiben musste (vgl. Peltzer-Karpf et al. 2001, 169 ff.).

Und das, obwohl sich durchaus Erklärungen geboten hätten; denn das schwache Abschneiden türkischer SchülerInnen, sprachlich ebenso wie in anderen schulischen Bereichen, ist ein häufig beobachtetes Phänomen (vgl. z.B. Stanat 2003), das dementsprechend oft zu deuten versucht worden ist. Die Suche nach den Ursachen bewegt sich dabei je nach Disziplin in ganz unterschiedlichen Bereichen: in der Linguistik im Meso- und Mikrobereich, d. h. bei Familie und Individuum, in der Soziologie und ihren Nachbardisziplinen dagegen vor allem im Makrobereich der Gesellschaft des Einwanderungslandes.

Problematisch dürften in unserem Fall allerdings beide Herangehensweisen sein. Der in der Linguistik häufig anzutreffende Fokus auf Familie und Individuum kann schließlich leicht vergessen lassen, dass es in unserer Fragestellung vor allem um *gesellschaftlich* klar benachteiligte Gruppen geht, wohl kaum dagegen um eine aus einem bestimmten Herkunftsland stammende Anhäufung minder begabter, minder interessierter oder minder motivierter Kinder bzw. Eltern. Auch neigt, gerade bei einer Fokussierung auf Familie und Individuum, das Phänomen der unterschiedlichen Herkunfts*kultur* dazu, als zentrale Erklärung etwa für familiäre Bildungseinstellungen herangezogen zu werden. Aus individuellen Faktoren werden so leicht herkunftsbedingte „Einstellungs- und Orientierungsprobleme", aus familiären Faktoren „kulturell bedingte Erziehungsstile" (vgl. z.B. Ehlers 2001; Durgunoğlu/Verhoeven 1998) – eine Zugangsweise, die sich besonders unglücklich in jenen Diskurs einfügt, der gegenwärtig die Sichtweise vom „Kampf der Kulturen" nährt.[4]

Das soziologische Heranziehen der Faktoren der Einwanderungsgesellschaft als Erklärung scheint demgegenüber wesentlich zielführender, hat jedoch einen entscheidenden Haken: Es erklärt wohl viele Aspekte des geringen Bildungserfolgs türkischer SchülerInnen im deutschsprachigen Raum sowie auch ihr schwaches Abschneiden in Deutsch – nicht aber ihr schwaches Abschneiden in der Muttersprache. Selbst jene, die besonders den islamischen Zuwanderergruppen gern geringen Integrationswillen unterstellen (vgl. Fußnote 3), müssten hier eigentlich innehalten: Denn eine starke Abschottung türkischer Familien gegenüber der Einwanderungsgesellschaft sollte zwar erwartungsgemäß schlechte Deutschkenntnisse, zugleich aber auch *besonders gute Muttersprachkenntnisse türkischer Kinder* mit sich bringen. Und ausgerechnet diese im Schnitt besonders guten Türkischkenntnisse türkischer Kinder liegen nicht vor – weder in der oben genannten psycholinguistischen Langzeitstudie noch in anderen Untersuchungen, die sich mit den Muttersprachkompetenzen einzelner Einwanderergruppen befasst haben (vgl. z.B. Grosse 2000).

Die beschriebenen Ergebnisse verlangten damit nach Erklärungen, die über die bestehenden Sichtweisen möglichst hinausführen sollten. Die solcherart ins Leben gerufene *soziolinguistische Studie* sollte daher die genannte psycholinguistische Sprachstandserhebung in diesem Sinne ergänzen und zugleich auch neue Wege gehen; ihre Durchführung war für das vierte Volksschuljahr der untersuchten Kinder (2002/2003) vorgesehen – also gerade noch rechtzeitig, um im Rahmen der zu Ende gehenden Volksschulzeit die Kinder, ihre Familien und sämtliche LehrerInnen persönlich zu erreichen. Die Betonung liegt hier nicht von ungefähr auf *persönlich*; denn wie sich zeigte, war in unserem Fall der ausführliche Kontakt zu den Familien für eine dichte qualitative Untersuchung und Beschreibung der Phänomene von besonders großer Bedeutung.[5]

Die *Ergebnisse der soziolinguistischen Studie* ließen nämlich schon auf *Mikroebene*, d. h. auf Ebene der Kinder, vermuten, dass eine intensive Befassung mit den Eltern unumgänglich sein würde. Denn es konnte durchaus als erstaunlich bezeichnet werden, was die erste Auswertung ergab: Nicht etwa die erfolgreichen, sondern ausgerechnet die *schwachen DeutschlernerInnen* unter den Kindern waren zugleich diejenigen mit der *höchsten Motivation in Deutsch;* dagegen waren nicht die schwachen, sondern gerade die *erfolgreichen DeutschlernerInnen* zugleich *am höchsten motiviert, ihre jeweilige Muttersprache zu beherrschen.* Als ebenso einflussreich wie die muttersprachliche Motivation erwies sich im übrigen auch das *schulsprachliche Selbstvertrauen,* das – wiederum vorerst unerklärlich – gerade in der türkischen Gruppe besonders niedrig zu sein schien. In ihrer Bedeutung weit abgeschlagen präsentierten sich demgegenüber Faktoren wie die Geschlechtszugehörigkeit der Kinder und ihre Integrativität im Bereich der Schulklasse.

---

[5]   Zu den genauen Erhebungsmethoden, Hypothesen, Operationalisierungen und Ergebnissen dieser Studie siehe Brizić 2007.

Es ergab sich aus diesen vor allem in Lehrerinterviews gewonnenen Erkenntnissen über die Kinder verstärkt der Bedarf, auf *Mesoebene*, d. h. bei den Eltern, Erklärungen für die genannten Beobachtungen zu finden. Dieses Ansinnen konnte allerdings letztlich nur deshalb relativ erfolgreich sein, weil auf eine besonders aufwändige Erhebungsmethode zurückgegriffen wurde: das ausführliche Interview mit zumindest einem Elternteil aus der Familie jedes einzelnen untersuchten Kindes. Die Interviews wurden im Rahmen der Schule, dabei aber in gesonderten Räumen durchgeführt, die das Entstehen einer entspannten, dem Gesprächsklima zuträglichen Atmosphäre begünstigten. Zudem fanden die Gespräche, ebenso wie bereits die Einladung zu den Gesprächen, in Türkisch[6] bzw. Bosnisch/Kroatisch/Serbisch statt, was den Eltern die Kontaktaufnahme und besonders das Interview selbst sichtlich erleichterte; die Informationen, die auf diese Weise gewonnen werden konnten, waren derart umfassend, dass sie praktisch sämtliche davor in anderen Zusammenhängen gewonnenen Daten über die Eltern obsolet machten.[7]

Wohl auch aus diesen Gründen ermöglichten es die Ergebnisse aus den Elterninterviews tatsächlich, die Sprachkenntnisse der Kinder, ihre Motivation und ihr Selbstvertrauen in einem ganz neuen Licht zu betrachten. Es stellte sich nämlich bald heraus, dass der *tatsächliche sprachliche Hintergrund* unserer untersuchten Familien wesentlich vielfältiger und komplexer war, als zu Beginn angenommen worden war: Die Familien aus dem ehemaligen Jugoslawien gehörten bei weitem nicht nur der Bosnisch/Kroatisch/Serbisch sprechenden Mehrheitsbevölkerung an, sondern zu rund 30% einer sprachlichen Minderheit – der walachisch-rumänischen, der albanischen oder der Minderheit der Roma. Der Minderheitenanteil überstieg damit in unserem Sample hochgradig den im Herkunftsland zu erwartenden Anteil von 12% und entspricht so auch den Beobachtungen aus anderen Studien, wonach gerade Minderheiten verstärkt zur Auswanderung tendieren und in der Migration besonders stark vertreten sind (vgl. z.B. Dragić 2002). Ähnliches ließ sich auch für die Familien aus der Türkei feststellen (vgl. Zentrum für Türkeistudien Essen 1998), wobei sich hier allerdings die Erhebung des tatsächlichen sprachlichen Hintergrundes wesentlich schwieriger gestaltete: Nur für 13% der Familien war ein eindeutig kurdischsprachiger Hintergrund festzustellen, während für weitere 30% die Mehrheits- oder Minderheitszugehörigkeit nicht in Erfahrung gebracht werden konnte; die Indizien sprachen allerdings vielfach deutlich *für* eine Minderheitenzugehörigkeit: Der bei türkischen Familien zu erwartende Minderheitenanteil von mindestens rund

---

6   Dies war, da ich nicht Türkisch beherrsche, nur möglich, weil sich Reva Akkuş (Mitarbeiterin im psycholinguistischen Team) freundlicherweise bereit erklärte, die Interviews mit den türkischen Eltern durchzuführen; die Interviews in Bosnisch/Kroatisch/Serbisch konnte ich selbst abhalten.

7   wie z.B. die in den Stammdatenblättern der Schulen enthaltenen Angaben zu den Muttersprachen der Kinder oder auch die in die einem deutschsprachigen, mehrere Jahre zuvor ausgegebenen Fragebogen gewonnenen Informationen zu Schulbildung und Beruf der Eltern u.v.m.

40%, die Herkunft vieler Familien aus Provinzen mit starkem Minderheitensprachgebrauch und die besonders schwache Türkischkompetenz (!) mehrerer Eltern (und Kinder) ließen vermuten, dass die betreffenden Familien entweder erst kürzlich eine sprachliche Assimilation ans Türkische durchlebt hatten oder aber ihre tatsächliche Muttersprache nicht preisgeben wollten.[8]

Es war damit mehr als naheliegend, die Frage nach den Gründen für solche Phänomene auf die *Makroebene* zu verlegen: Wenn aus der Türkei stammende Familien sich von jenen aus den Nachfolgestaaten Jugoslawiens sowohl in ihrer durchschnittlichen *Muttersprachkompetenz* als auch in ihrem *Bekenntnis zur sprachlichen Zugehörigkeit*, in ihrer *sprachlichen Motivation* und in ihrem *sprachlichen Selbstvertrauen* derart unterscheiden, muss schließlich der gesellschaftliche, sprachlich-politische Hintergrund in den beiden Herkunftsländern daran einen gewissen Anteil haben.

Die Recherche in diesbezüglichen Teilen der turkologischen, slawistischen und ethnologischen Literatur hat die genannte Hypothese bestätigt: In der Türkei verläuft eine scharfe Trennlinie zwischen der bäuerlichen Bevölkerung Anatoliens (oft auch an der Peripherie der Großstädte angesiedelt) und der städtischen Bildungselite. Diese Trennlinie bestand schon zu Zeiten des Osmanischen Reichs und wurde ab Gründung der modernen türkischen Republik (1923) durch das enorme Tempo und die Radikalität von Gesellschafts- und Bildungsreformen noch verstärkt. Es wurde das arabische Alphabet abgeschafft und innerhalb eines einzigen Jahres durch die Lateinschrift ersetzt, und es wurden im Sinne einer längst notwendig gewordenen gesellschaftlichen Modernisierung religiöse Belange sämtlich aus Öffentlichkeit und Schule verbannt. Die umfassendste Reform aber betraf die Sprache selbst. Um Status und Funktionsfähigkeit der türkischen Sprache zu heben, wurden die für das damalige Türkische charakteristischen, zahlreichen persischen und arabischen Elemente aus der neu zu schaffenden Schriftsprache „weggereinigt" und durch Neuschöpfungen (Entlehnungen, Neukombinationen oder sogar neu erfundene Wörter) ersetzt. Die Art der Durchführung und das Tempo dieser Sprachreform hatten zur Folge, dass ausschließlich die Bildungsschicht daran erfolgreich teilhatte. Bis heute ist für das Neutürkische der Bildungselite ein exorbitant großer Wortschatz und ein je nach Kontext, Stil und politischer Orientierung variierender Sprachgebrauch charakteristisch. Die Landbevölkerung dagegen – d. h. die überwiegende Bevölkerungsmehrheit – erhielt praktisch keine Chance zur Teilhabe an den ambitionierten Sprach- und Gesellschaftsreformen. Es ist deshalb noch heute für Kinder aus bäuerlichen türkischen Familien ein überdurchschnittlich langer Schulbesuch notwendig, um mit der neutürkischen Schriftsprache vertraut zu werden (Boeschoten 1997).

Eine zweite scharfe Trennlinie, die weniger bekannt sein dürfte, verläuft zwischen der türkischsprachigen Bevölkerung der Türkei und ihren mindestens etwa

---

[8]   Zu den exakten Zahlen und Hintergründen vgl. Brizić 2007, 331ff.

40 Sprachminderheiten, die insgesamt 40 % der Gesamtbevölkerung oder sogar mehr ausmachen (Kreyenbroek 1996; Andrews 2002). Diese Sprachgemeinschaften aber unterliegen seit Gründung der modernen türkischen Republik einer kaum zu überblickenden Vielzahl sprachlicher und ökonomischer Benachteiligungen bis hin zu Umsiedlung und Deportation. Da sich der türkische Nationalstaat vor allem durch sprachliche Einheit definiert, war und ist ein schulischer Erwerb der jeweiligen Minderheiten-Erstsprache nicht möglich. Dazu kommt, dass infolge der generell schwierigen Lage der Landbevölkerung auch für die Minderheitenbevölkerung nicht einmal der schulische Erwerb der Staatssprache Türkisch gesichert ist. Die schulsprachlich benachteiligte Situation, in der sich also die Landbevölkerung ohnehin befindet, wird bei rund der Hälfte der Bevölkerung durch das De-facto-Verbot der jeweiligen Minderheitensprache noch verschärft. Die Aufgabe der eigenen Sprache und der Wechsel zum dominanten Türkischen prägt den Sprachgebrauch vieler Minderheitenangehöriger in der Türkei (Andrews 2002).

Es unterscheidet sich in dieser Hinsicht die Situation in der Türkei grundsätzlich von der Lage im ehemaligen Jugoslawien. Weder ist hier die Entfernung zwischen der Schulsprache Bosnisch/Kroatisch/Serbisch und der Umgangssprache besonders groß, noch unterliegen die Minderheitensprachen irgendeiner Form von Verbot. Im Gegenteil: Ein Großteil der Minderheiten erhält umfassenden Unterricht in der Erstsprache. Dazu kommt eine sehr gute Versorgung mit Schulen seit Bestehen Jugoslawiens 1945. Benachteiligung bis hin zur Diskriminierung von Minderheiten existiert dennoch auch hier.

Benachteiligt ist die walachische Sprachgemeinschaft Ostserbiens, da für sie zu keiner Zeit muttersprachlicher Unterricht vorgesehen war. Ein vorteilhafter Umstand dürfte jedoch darin liegen, dass die walachischen Gebiete mit einer großen Zahl an Schulen versorgt sind und dass das Walachische mit der Staatssprache des benachbarten Rumänien praktisch identisch ist (Kahl 1999). Das hat zur Folge, dass muttersprachliche Medien jeder Art in erreichbarer Nähe zugänglich sind.

Entschieden stärkeren assimilatorischen Tendenzen war seit jeher die albanische Bevölkerung im Kosovo ausgesetzt. Sie verfügt zwar über ein eigenes albanischsprachiges Schulwesen, aber die Versorgung mit Schulen blieb bis in die Gegenwart so schlecht, dass die Zahl der AnalphabetInnen und der Personen mit sehr kurzem Schulbesuch weit über dem Landesschnitt liegt (Breznik 1991). Der gesellschaftliche Status der albanischen Minderheit war besonders in den letzten Jahrzehnten des 20. Jahrhunderts von einem stark antiislamisch geprägten Geschichtsbild beeinträchtigt, dessen Folgen bis hin zu gravierenden Menschenrechtsverletzungen reichten (Janjetović 2001).

Die Minderheit der Roma erhielt, ähnlich wie in den meisten anderen Staaten, auch im ehemaligen Jugoslawien keinerlei muttersprachliche und kaum schulische Förderung; die Analphabetenrate war und ist exorbitant hoch. Dazu kommt ein überaus hohes Maß an gesellschaftlicher Diskriminierung. Die Sprache Romanes wird daher fast ausnahmslos innerfamiliär verwendet und meist mit anderen Sprachen (Serbisch, Rumänisch) gemischt oder aber zugunsten einer dominanten Sprache aufgegeben. Aufgrund jahrhundertelanger Marginalisierung befindet sie sich in schwacher Position und unterscheidet sich stark je nach Familie und Siedlungsgebiet (Matras 1997).

Die verschiedenen Bevölkerungsgruppen der beiden Herkunftsländer, der Türkei und des ehemaligen Jugoslawien, befinden sich daher auf der Makroebene sprachlich in höchst unterschiedlichen Lagen.[9] Das politische Klima und die bildungspolitischen Voraussetzungen haben die Möglichkeiten des Spracherwerbs der einzelnen Sprachgemeinschaften stark geprägt. Sie haben damit aber auch jene Personen geprägt, die nun als MigrantInnen in den verschiedenen Einwanderungsgesellschaften leben. Es dürfte also von einiger Bedeutung sein, dass z.b. fast alle türkischen MigrantInnen aus der anatolischen Landbevölkerung stammen und dass rund 40 % dieser MigrantInnen einer Sprachminderheit angehören (Uçar 1996).

Sprachkompetenz und *Sprachverhalten* sind also vor diesem Hintergrund nicht ausschließlich, aber doch vorrangig als *Folgen sprachplanerischer und sprachenpolitischer Maßnahmen* zu betrachten – ein Umstand, dem in einem neu gebildeten Erklärungsmodell Rechnung getragen wurde (vgl. Abbildung 1): Nicht auf Ebene des Individuums, und auch nicht auf Ebene der Eltern oder gar der ethnischen Gruppe, sondern erst auf Makroebene dürfte es möglich sein, „gruppentypische" Spracherwerbs(miss) erfolge wirklich fundiert zu erklären. Die *ethnische Zugehörigkeit* wäre damit in unserem Zusammenhang zu verstehen als eine *typische Form des politischen Behandeltwerdens*, also der Bildungs- und Spracherwerbschancen – und keinesfalls z.B. als eine „typische Form des (Lern)Verhaltens". Nur so könnte erklärbar werden, warum Eltern aus bestimmten Gruppen besonders häufig über schlechte (Mutter)Sprachkenntnisse, d. h. über vergleichsweise wenig *sprachliches Kapital*, verfügen[10]; und nur so wird auch verständlicher, warum ausgerechnet Eltern aus denselben Gruppen in der *intergenerationalen* Transmission[11] besonders häufig dazu neigen, ihre ursprüngliche Muttersprache aufgeben und in der Interaktion mit den eigenen Kindern zu einer dominanten Sprache zu wechseln (vgl. Abbildung 1). Die gesellschaftlich dominante Sprache (z.B. Türkisch für kurdische Familien, Serbisch für Roma-Familien usw.) konnte von diesen Eltern jedoch oft nur unzureichend erlernt werden, weil der Bildungszugang fehlte – und nur auf diesem Niveau kann die Sprache auch an die Kinder weitergegeben werden. Sprachwechsel und Sprachtod, wie sie eingangs be-

---

[9]   In beiden Herkunftsländern gibt es hinsichtlich aller Minderheiten gegenwärtig Neuerungen; vgl. z.B. zur Türkei http ://www.ecoi.net/. Für die von uns untersuchten Migranteneltern bzw. -kinder kommen die Neuerungen in jedem Fall zu spät.

[10]   Der Begriff des „sprachlichen Kapitals" wurde für unseren Zusammenhang in Anlehnung an Bourdieus Begriff des „kulturellen Kapitals" (Bourdieu 1983) adaptiert (vgl. zu den genauen Begriffsinhalten Brizić 2007).

[11]   In Anlehnung an Nauck/Schönpflug 1997

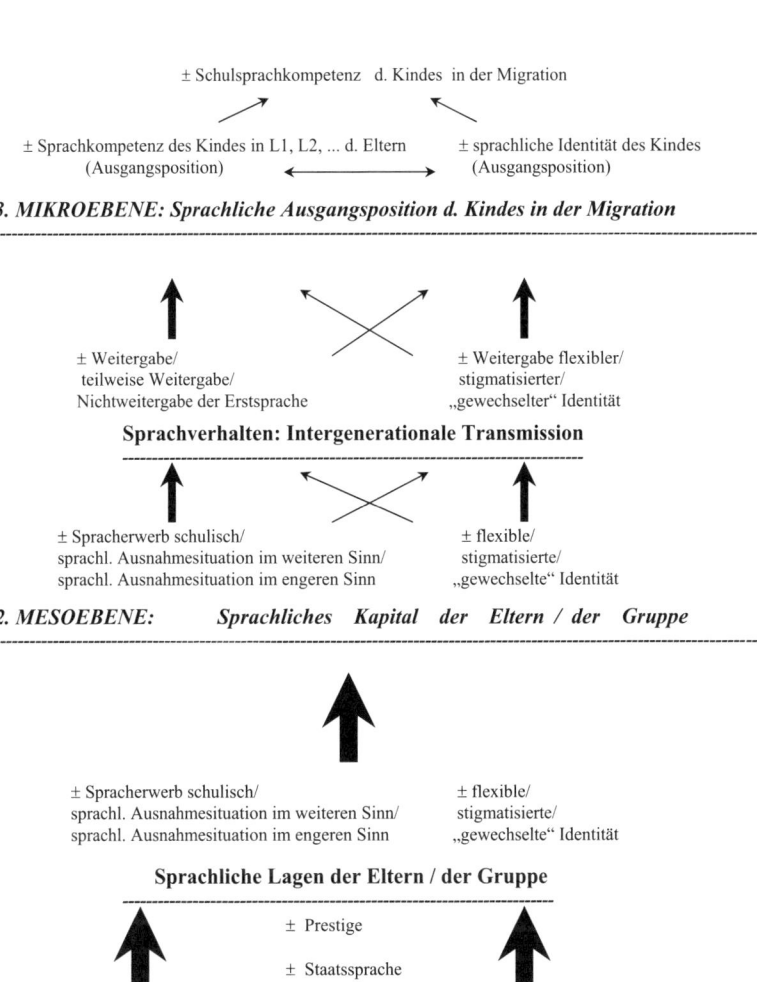

± Schulsprachkompetenz d. Kindes in der Migration

± Sprachkompetenz des Kindes in L1, L2, ... d. Eltern   ± sprachliche Identität des Kindes
(Ausgangsposition)   (Ausgangsposition)

3. MIKROEBENE: Sprachliche Ausgangsposition d. Kindes in der Migration

---

± Weitergabe/   ± Weitergabe flexibler/
teilweise Weitergabe/   stigmatisierter/
Nichtweitergabe der Erstsprache   „gewechselter" Identität

Sprachverhalten: Intergenerationale Transmission

± Spracherwerb schulisch/   ± flexible/
sprachl. Ausnahmesituation im weiteren Sinn/   stigmatisierte/
sprachl. Ausnahmesituation im engeren Sinn   „gewechselte" Identität

2. MESOEBENE: Sprachliches   Kapital   der   Eltern / der   Gruppe

---

± Spracherwerb schulisch/   ± flexible/
sprachl. Ausnahmesituation im weiteren Sinn/   stigmatisierte/
sprachl. Ausnahmesituation im engeren Sinn   „gewechselte" Identität

Sprachliche Lagen der Eltern / der Gruppe

± Prestige

± Staatssprache

± Schulsprache

± Bildungsbeteiligung

± Mehrheit

1. MAKROEBENE: Makrobedingungen für d. Spracherwerb im Herkunftsland

---

Abbildung 1

sprochen wurden, scheinen also unter diesem Aspekt weit mehr zu sein als nur eine bedauerliche Reduktion von Vielfalt: Sie versetzen sowohl die Generation der Eltern als auch die der Kinder in eine Lage, in der vollständige Muttersprachkompetenz und vollkommenes Sich-Mitteilen zwischen den Generationen nicht mehr möglich sind.

Besonders gut müssten daher auch in unserer kleinen Studie genau jene Kinder(gruppen) in ihrer Muttersprache abschneiden, deren Eltern ihrerseits auf besonders gute Spracherwerbsbedingungen zurückblicken können; analog dazu müssten jene Kinder in der Muttersprache besonders schlecht abschneiden, deren Eltern in ihrem Spracherwerb Benachteiligungen bis hin zur Stigmatisierung erfahren haben. Es sollte sich also tatsächlich eine Verbindung vom Deutscherwerb der Kinder bis weit zurück zu den Makrobedingungen des Herkunftslandes der Eltern herstellen lassen.

Zudem geht die Spracherwerbsforschung grundsätzlich von der Ganzheitlichkeit des kindlichen Spracherwerbs aus – und damit auch von einer starken Interaktion zwischen dem Mutterspracherwerb und dem Deutscherwerb der hier untersuchten Kinder, egal, ob diese Sprachen gleichzeitig erworben wurden oder nicht (vgl. Cummins 2001). Dieser Zusammenhang bildet daher das obere Ende unseres Erklärungsmodells (vgl. Abbildung 1): Alle Sprachen, die ein (Migranten)Kind lernt, stehen in permanenter Wechselwirkung miteinander.

Vom Erklärungsmodell zurück zu den Ergebnissen unserer soziolinguistischen Studie. Hier ließ sich an einer zwar nur kleinen Kindergruppe dennoch eindrucksvoll bestätigen, was theoretisch vermutet worden war (vgl. Abbildung 2): Die Zugehörigkeit der Eltern zu bestimmten Gruppen in den Herkunftsländern lässt offenbar sowohl ihren eigenen Spracherwerb als auch den ihrer Kinder *gruppentypisch* ausfallen – selbst in unserem kleinen Sample schneiden die Kindergruppen in *Deutsch* (!) *genau in der Reihenfolge* ab, in der die *Bedingungen für den Spracherwerb ihrer Eltern* es vorzugeben scheinen (vgl. die Reihenfolge der Herkunftsgruppen in Abbildung 2, von links nach rechts). Dabei scheint es besonders wesentlich zu sein, ob die Eltern die *Möglichkeit zur uneingeschränkten Weitergabe ihrer Erstsprache* hatten, oder ob sie gezwungen waren, von ihrer eigenen sprachlichen Identität Abstand zu nehmen. Dass es aber vor allem anderen die Makrofaktoren sind, die über Weitergabe oder Nichtweitergabe dominant entscheiden, und nicht etwa nur der individuelle „freie Wille", lässt sich allein schon daran ablesen, wie selten – auch in unserem kleinen Sample – der Sprachverlust in gut positionierten Gruppen vorkommt und wie häufig in benachteiligten (vgl. Abbildung 2: Der dickere Pfeil steht für die Muttersprache der Eltern, der dünnere Pfeil für eine eventuell vorhandene dominante Sprache). Die Möglichkeit zur *uneingeschränkten Weitergabe der Muttersprache* scheint aber sogar diverse negative Bedingungen auszugleichen (vgl. z.B. die walachische Gruppe *ohne* Sprachwechsel in Abbildung 2, die von allen Gruppen in Deutsch am besten abschnei-

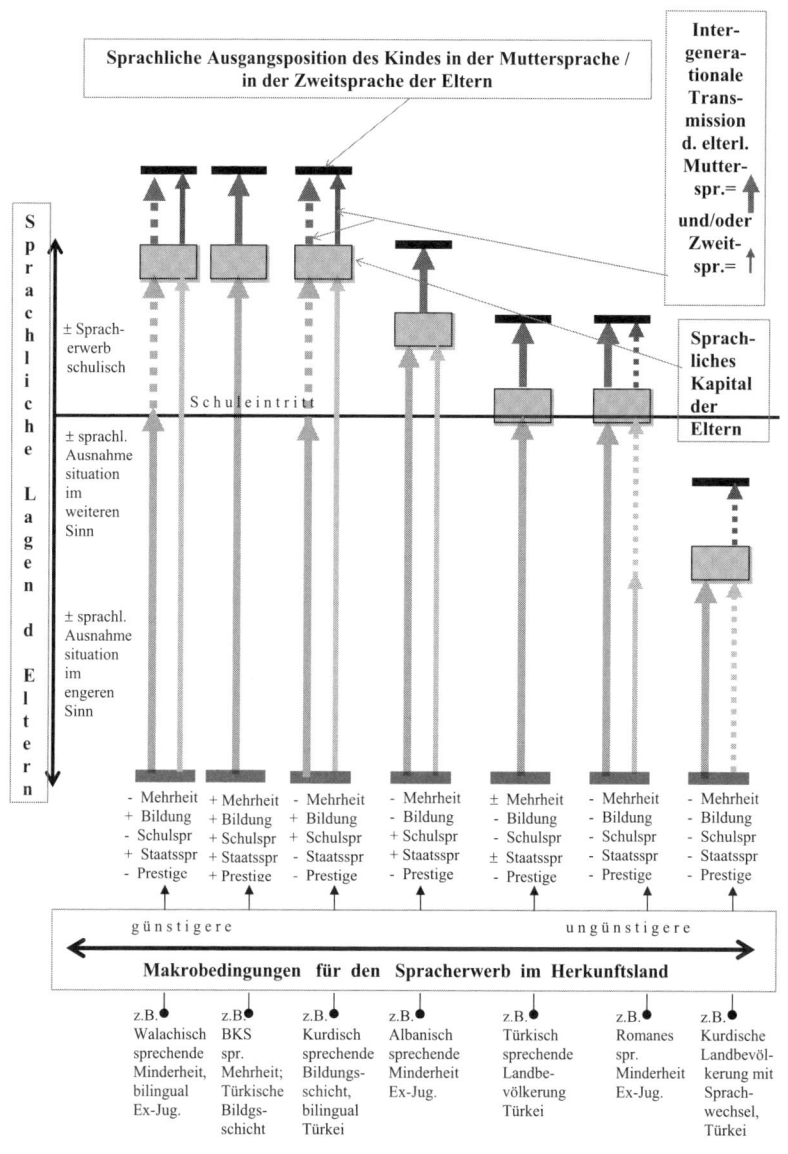

Abbildung 2

147

det !), während die *Nichtweitergabe der Muttersprache* eine ohnehin benachteiligte Lage noch verschärfen dürfte (vgl. unsere kurdische Gruppe *mit* Sprachwechsel zum Türkischen, die in Deutsch am schwächsten abschneidet). Bedenkt man also, dass es gerade der familiäre *Beibehalt* einer Minderheitensprache sein könnte, der mit einer besonders guten Deutschkompetenz (!) der Kinder einhergeht, so wird ein Blick darauf möglich, wie große und doch unbekannte und/oder unausgeschöpfte Ressourcen hier in den Familien zu finden und zu fördern wären.

Sogar im Sprachlernerfolg der *Kinder in der Migration* spiegeln sich damit möglicherweise immer noch die Makrofaktoren der *Herkunftsländer der Eltern*, wie die beiden Abbildungen vermitteln sollen. Anzunehmen ist zudem, dass die Makrofaktoren der Herkunftsländer in ihrer Wirkung wesentlich stärker sind als die meisten Möglichkeiten individueller Einflussnahme – es sei denn, ebenso starke Makrobedingungen in den Einwanderungsländern, aber auch in den Herkunftsländern selbst schaffen die Möglichkeiten für einen Ausgleich und geben so der *wirklich* individuellen, willentlichen Einflussnahme der Eltern viel von dem Spielraum zurück, der ihnen im Fall des Vorherrschens ungünstiger gesellschaftlich-politischer Bedingungen verloren gegangen ist

Auch nach der Analyse der Ergebnisse dieser Studie liegt es also nahe, unter anderem die soziale, sprachplanerische und sprachenpolitische Ungleichheit in den Herkunftsländern für herkunftsspezifische Sprachlern(miss)erfolge in der Migration mit verantwortlich zu machen. Die Auswirkungen von Phänomenen wie *Sprachwechsel* und *Sprachtod* auf den Bildungserfolg sind dabei nicht zu unterschätzen: Sie werden offenbar ganz besonders über die Variable *Selbstwertgefühl* wirksam, die im übrigen eine der bedeutendsten Variablen für den Bildungserfolg in der Migration ist.

4. Eine weitere Studie zur Bedeutung von Sprachwechsel in der Familie

Es ist die vorliegende Untersuchung nicht die einzige und auch nicht die erste, die an einen solchen Zusammenhang rührt. Zum Abschluss soll deshalb eine weitere, wesentlich ältere Arbeit zur Bedeutung der Familiensprache unbedingt ebenfalls erwähnt werden, da sie maßgeblich zu den dargestellten Überlegungen beitrug: die von Rosita Rindler-Schjerve geleitete Untersuchung zum Wechsel vom Sardischen zum Italienischen im ländlichen Sardinien der 1980er Jahre (Wodak/Rindeler-Schjerve 1985). Mit ihrer intensiven, detaillierten Beobachtung sowohl des sozialen und wirtschaftlichen Drucks, der auf SprecherInnen einer Minderheitensprache lasten kann, als auch seiner familiären Folgen hat diese Untersuchung das Phänomen „Sprachtod" beeindruckend genau unter die Lupe genommen. Es zeigt sich hier, was der Wechsel der Sprache für Familien benachteiligter Bevölkerungsgruppen bedeuten kann: Um den Kindern den über die Maßen herbeigewünschten sozialen Aufstieg zu ermöglichen, verzichten vor allem die Mütter, aber auch die Väter auf die Weitergabe jener Sprache, die sie am besten beherrschen (hier: des Sardischen) und sprechen Italienisch mit den Kindern, das ihnen weder besonders vertraut noch emotional nahe ist. Die Kommunikation zwischen Eltern und Kindern muss solcherart zwangsläufig „unvollständig" ausfallen, da zu Vieles nicht in die neue, nur schwach beherrschte Sprache übertragen werden kann. Diese Unvollständigkeit der Kommunikation ist den Eltern sehr wohl bewusst; vom Plan des Sprachwechsels nehmen sie dennoch nicht Abstand: Der so sehr erwünschte soziale Aufstieg kollidiert mit der Beziehung zu den eigenen Kindern (dies., 24). Der Verzicht der Eltern auf die vertraute Sprache bringt jedoch alles andere als das gewünschte Ergebnis, wie sich zeigt. Die Kinder beherrschen das Italienische, ihre neue „Familiensprache" (und spätere Schulsprache), nur schlecht (dies., 16).

Die abschließend erwähnte Untersuchung kann als richtungsweisend angesehen werden: Ihre Entstehung stand zwar in keinem Zusammenhang zur Migrationsforschung – aber die so aktuell gewordene Frage des Schulspracherfolgs in der Migration verleiht ihr ganz neue Bedeutung. Noch sind jedoch die Untersuchungen und Ansätze zu den Auswirkungen von Sprachwechsel und Sprachtod auf allzu viele, voneinander völlig separierte Disziplinen (Sprachtodforschung, Spracherwerbsforschung, Psychologie, Ethnologie, Soziologie u.v.a.) verstreut; das vorrangige Ziel der hier vorgestellten soziolinguistischen Studie ist es deshalb, einen ersten Beitrag zu einer interdisziplinären, umfassenden und noch vielfältig ausbaufähigen Herangehensweise zu leisten.[12]

Literatur

Andrews, Peter A. (Hrsg.) (2002), *Ethnic groups in the Republic of Turkey.* Bd. 2: Supplement and index, Reichert.

Badawia, Tarek (2002), *„Der dritte Stuhl". Eine Grounded-theory-Studie zum kreativen Umgang bildungserfolgreicher Immigrantenjugendlicher mit kultureller Differenz.* Frankfurt am Main.

Boeschoten, Hendrik (1997), The Turkish Language Reform forced into stagnation, in: Clyne, Michael (Hrsg.), *Undoing and redoing corpus planning.* Berlin, 357–383.

Bourdieu, Piere (1983), Ökonomisches Kapital, kulturelles Kapital, soziales Kapital, in: Kreckel, Reinhard (Hrsg.) (1983), *Soziale Ungleichheiten.* Göttingen, 183–198.

---

[12] Ein spezieller Dank an Rudolf de Cillia (Sprachwissenschaft), Christoph Reinprecht (Soziologie), Barbara Herzog-Punzenberger (Politikwissenschaft), Claudia Römer (Turkologie) und Reva Akkuş (Psychologie), deren Unterstützung und Beratung diesen interdisziplinären Ansatz ermöglicht hat.

Breznik, Dušan (1991), *Stanovništvo Jugoslavije.* (= Die Bevölkerung Jugoslawiens.) Titograd.

Brizić, Katharina (2007), *Das geheime Leben der Sprachen. Gesprochene und verschwiegene Sprachen und ihr Einfluss auf den Spracherwerb in der Migration,* Internationale Hochschulschriften, Bd. 465. Münster.

Cummins, Jim (2001), *Language, power and pedagogy. Bilingual children in the crossfire,* Clevedon.

Dirim, Inci/Auer, Peter (2004), *Türkisch sprechen nicht nur die Türken. Über die Unschärfebeziehung zwischen Sprache und Ethnie in Deutschland,* Berlin.

Dragić, Dragomir (2002), *Vlasi ili Rumuni istočne Srbije i Vlaško pitanje. Pitanja i odgovori* (= Die Walachen und Rumänen Ostserbiens und die walachische Frage. Fragen und Antworten), Beograd.

Dressler, Wolfgang U./de Cillia, Rudolf (2006), Spracherhaltung, Sprachverfall, Sprachtod. Language Maintenance, Language Decline and Language Death, in: Ammon, Ulrich et al. (Hrsg.), *Sociolinguistics/Soziolinguistik.* 2nd completely revised and extended edition/2., vollständig neu bearbeitete und erweiterte Auflage, Vol.3/3. Teilband, Berlin, 2258–2271.

Durgunoğlu, Aydin Y. & Verhoeven, Ludo (Hrsg.) (1998), *Literacy development in a multilingual context. Cross-cultural perspectives,* Hillsdale, N J.

Ehlers, Swantje (2001), Lesesozialisation zugewanderter Sprachminderheiten. In : Hug, Michael/Richter, Sigrun (Hrsg.), *Ergebnisse aus soziologischer und psychologischer Forschung. Impulse für den Deutschunterricht.* Baltmannsweiler, 44–61.

Entorf, Horst/Minoiu, Nicoletta (2004), *What a difference immigration law makes: PISA results, migration background, socioeconomic status and social mobility in Europe and traditional countries of immigration,* Darmstadt.

Esser, Hartmut (2006), *Migration, Sprache und Integration.* (= AKI-Forschungsbilanz, No. 3), Berlin.

Grosse, Ingrid (2000), *Die Bedeutung der Muttersprachenförderung für den Zweitspracherwerb. Eine Untersuchung zur Deutschkompetenz von Migrantenkindern aus Ex-Jugoslawien und der Türkei,* Diplomarbeit, Universität Wien.

Hinnenkamp, Volker (2000), „Gemischt sprechen" von Migrantenjugendlichen als Ausdruck ihrer Identität, in: *Der Deutschunterricht 5/2000,* 96–107.

Hinnenkamp, Volker/Meng, Katharina (Hrsg.) (2000), *Sprachgrenzen überspringen. Sprachliche Hybridität und polykulturelles Selbstverständnis,* Tübingen.

Janjetović, Zoran (2001), National minorities and non-Slav neighbours in Serbian textbooks, in: *Internationale Schulbuchforschung 2/2001,* 201–214.

Kahl, Thede (1999), *Ethnizität und räumliche Verteilung der Aromunen in Südosteuropa.* Münster.

Kreyenbroek, Philip (Hrsg.) (1996), *Kurdish culture and identity.* London.

Matras, Yaron (1997), Schriftliche Lehrmittel in Romanes: Ein Beispiel von Sprachplanung in einer Minderheitensprache, in: Erfurt, Jürgen/Redder, Angelika (Hrsg.) (1997), *Spracherwerb in Minderheitensituationen.* Oldenburg, 165–191.

Nauck, Bernhard/Schönpflug, Ute (Hrsg.) (1997), *Familien in verschiedenen Kulturen,* Stuttgart.

Peltzer-Karpf, Annemarie (et al.), *Sprachstandserhebung bei Schulanfängern: Bilingualer Spracherwerb in der Migration. Das zweite Schuljahr,* unveröffentlichter Projektbericht, Wien.

Peltzer-Karpf, Annemarie (et al.) (2006) bzw. Bundesministerium für Bildung, Wissenschaft und Kultur (Hrsg.), *A kući sprecham Deutsch. Sprachstandserhebung in multikulturellen Volksschulklassen: bilingualer Spracherwerb in der Migration,* Wien.

Stanat, Petra (2003), *Migration und Sozialschicht. Determinanten der Schulleistungen von Jugendlichen aus zugewanderten Familien,* Vortrag im Rahmen der 64. Tagung der AEPF (Arbeitsgruppe für Empirische Pädagogische Forschung), Hamburg, 29.9.–2.10.2003.

Uçar, Ali (1996), *Benachteiligt: ausländische Kinder in der deutschen Sonderschule. Eine empirische Untersuchung zur Lage der türkischen Kinder in der Sonderschule für Lernbehinderte,* Baltmannsweiler.

Wodak, Ruth/Rindler-Schjerve, Rosita (1985), *Funktionen der Mutter beim Sprachwechsel: Konsequenz für die Primärsozialisation und Identitätsentwicklung,* Wiesbaden.

Zentrum für Türkeistudien Essen (Hg.) (1998), *Das ethnische und religiöse Mosaik der Türkei und seine Reflexionen auf Deutschland* (= Wissenschaftliche Schriftenreihe des Zentrums für Türkeistudien, Bd. 1), Münster.

AKZENTE

Sprachförderung auf allen Bildungsstufen

Werner Mayer

Sprachentwicklung und Sprachförderung an der Schnittstelle Kindergarten – Schule

Dieser Beitrag soll einen Befund von der Verfasstheit und dem Umgang von Schule mit Diversität geben, im konkreten Fall mit der Mehrsprachigkeit immerhin eines sehr großen Teils der Schüler/innen in städtischen Ballungszentren.

Befund (1a): Schule und gesetzliche Bestimmungen

Generell kann gesagt werden, dass die legistische Situation der österreichischen Pflichtschule der Diversität der Schüler/innen, im Speziellen deren Mehrsprachigkeit durchaus entgegenkommt. Zu nennen sind hier

- Lehrplan der Grundschule: differenzierende und individualisierende Unterrichtsplanung Lehrplanzusatz Deutsch für Schüler/innen mit nichtdeutscher Muttersprache
- Möglichkeit des „außerordentlichen Status"
- besondere didaktische Grundsätze für den Fall, dass Deutsch nicht Erstsprache ist

Befund (1b): Schule und Lehrer/innen-Ressourcen

Die Dienstposten für den Besonderen Förderunterricht Deutsch sind während der beiden Regierungen Schüssel zwar drastisch reduziert worden, es gibt sie aber noch.

Befund (2a): Spürbare Tendenzen der Bildungspolitik

Die aktuelle Bildungspolitik scheint zur Zeit eher auf die „überforderten" Lehrer/innen zu hören als auf Erkenntnisse der Linguistik und Spracherwerbsforschung, und neigt

- zur Problematisierung der mehrsprachigen Situation
- zu segregativen Maßnahmen
- zur Auslagerung bzw. Einmahnung der Erledigung des Deutsch-Erwerbs an jeweils vorgelagerte Bildungsinstitutionen (Grundschule, Kindergarten) oder an die Eltern

Befund (2b): fehlende Tendenzen Bildungspolitik

Wie sich deutlich herausstellt, werden künftige Lehrer/innen über das Bundesgebiet gesehen sehr unterschiedlich auf soziokulturelle Diversität und Mehrsprachigkeit vorbereitet (vgl. den Beitrag von Boeckmann in diesem Band). Neben vielversprechenden Projekten an Universitäten und Pädagogischen Hochschulen hat zum Beispiel die Pädagogische Hochschule Wien auf Interkulturelle Pädagogik und Deutsch als Zweitsprache im Pflichtkanon der Studierenden gänzlich verzichtet und das angesichts dessen, dass mehr als die Hälfte aller schulpflichtigen Kinder in Wien mehrsprachig ist und einen Migrationshintergrund hat. Damit zeichnet sich der Verzicht ab

- auf eine Professionalisierung der Lehrer/innen
- auf den Aufbau von Lehrer/innen-Kompetenzen in Hinblick auf soziokulturelle Vielfalt
- auf Diversitätsmanagement

Befund (3): Lehrende

Unabhängig von den Rahmenbedingungen haben Unterrichtende gegenüber der soziokulturellen Diversität in ihrer Klasse tendenziell bis offen gezeigte xenophobe bzw. xenophile Attitüden. Diese Attitüden können sich je nach der herrschenden Atmosphäre in einer Schule verstärken oder ausgleichen. Zu dieser Haltung kommen häufig eine gewisse Überforderung durch eben diese offensichtliche Diversität, eine geringe Ausstattung mit didaktischen Möglichkeiten und letztlich ein hilfloses Agieren. Das kann zu einem nennenswerten Problem werden, wenn eine offen ablehnende Haltung gegenüber mehrsprachigen Kindern mit Hilflosigkeit, sich mit ihnen auch nur auseinanderzusetzen zu können, einhergeht. Andererseits genügt es wohl auch nicht, hilflos und zugetan zu sein.

Hilflose Unterrichtende entwickeln beiläufig eine oder mehrere Illusionen:

Illusion (1): Einsprachigkeit des Unterrichts

Die Einsprachigkeit der Schule und der Lehrerin steht mit der Mehrsprachigkeit der Kinder in dauernder Konkurrenz und führt in vielen Fällen dazu, dass die anderen Sprachen der Kinder (außer Deutsch) gar nicht wahrgenommen und bisweilen gänzlich verdrängt werden. Nach wie vor gibt es gelegentlich Sprechverbote in Richtung Herkunftssprachen der Kinder.

Verstärkt wird diese Tendenz durch den häufigen Wunsch von Eltern, alles in der Schule zu vermeiden, was nicht Spracherwerb Deutsch ist.

Einsprachig deutsch sind die wesentlichen Schulbücher, die Leistungsfeststellungen und alle Rückmeldeverfahren wie Lesescreenings und Bildungsstandards.

Illusion (2): Homogenität der Lerngruppe

Es kann der Eindruck entstehen, dass der Wunsch nach gleichen Lernvoraussetzungen der Schülerinnen so mächtig ist, dass er die Homogenität gleichsam als Anspruch an die Kinder errichtet, selbst wenn das Scheitern der Kinder, die diesem Anspruch nicht entsprechen können, in Kauf zu nehmen ist.

Mehrsprachige Kinder sind im Spracherwerb Deutsch als Störende dieses Homogenitätswunschs sehr leicht auszumachen.

Illusion (3): Spracherwerb in ein (bis zwei) Jahren

Es gibt hin und wieder Kinder, die einen rasanten Einstieg in die Zweitsprache Deutsch schaffen, und sie dienen dann immer als Beleg für das offensichtliche Versagen derer, die einen langsameren Spracherwerb abwickeln.

Die Länge des Spracherwerbs Deutsch in der Schule hängt von einigen Faktoren ab, von denen wir hier nur die wichtigsten darstellen wollen: das Alter, in dem das Kind mit Deutsch zuerst in Berührung kommt, Art und Intensität der Sprachförderung und die Erfolgsaussichten. Verglichen mit diesen ist der Umstand, dass ein Kind aus einer „bildungsfernen Familie" stammt, als nicht unbedingt ausschlaggebend einzuschätzen.

In keinem Fall kann mit einem Abschluss des Spracherwerbs nach einem Jahr oder zwei Jahren gerechnet werden. Das ist ein Zeitrahmen, in dem sich vielleicht die anfängliche Sprachlosigkeit und grobe Unsicherheit überwinden lässt.

Sprachstandsfeststellungen

Das „Störmoment" Mehrsprachigkeit im monolingualen Klassenzimmer wird nicht weiter differenziert, auch eine gelegentliche Feststellung des Sprachstands in der Zweitsprache Deutsch entfällt aus welchen Gründen auch immer.

Die Entwicklung von Sprachstandsfeststellungen und -screenings in letzter Zeit sind an den Eingang zu einer Bildungseinrichtung (Grundschule) bzw. am Übergang vom Kindergarten zur Grundschule angesiedelt. Vordergründig sollen diese Verfahren die Sprachkompetenz aller Kinder feststellen und eine frühe Sprachförderung ermöglichen. Es muss aber angemerkt werden, dass die Sprachentwicklung der Erstsprache (L1) ja noch in Phasen und Altersschritten beschrieben werden kann. Der Erwerb der Zweitsprache (L2) kann aber nicht am Lebensalter festgemacht werden und keinesfalls als Abweichung einer L1-Entwicklung beschrieben werden. Frühe Sprachförderung ist allemal zu begrüßen!

Es entsteht aber der Eindruck, dass die „1+1-Förderung" der ab dem Schuljahr 2009/2010 schulpflichtig werdenden mehrsprachigen Kinder, wie sie in Wien eingeführt wird, vornehmlich zur Homogenität der 1. Klasse beitragen soll. Das 1. Jahr der Förderung soll im letzten Kindergartenjahr erfolgen und – wenn das nicht ausreichen sollte –, ist an ein 2. Jahr in einer Vorschulklasse gedacht.

Die nach wie vor bestehende Entscheidungsgrundlage für den Besuch einer 1. Klasse oder einer Vorschulklasse (geistige und körperliche Eignung bzw. Überforderung) wird stillschweigend um das Kriterium Sprachbeherrschung (ausschließlich der Zweitsprache Deutsch) erweitert. Es wird offenbar vermutet, dass Kinder mit Sprachschwierigkeiten (in der Zweitsprache) höchstwahrscheinlich auch sozial, emotional, kognitiv oder motorisch nicht schulreif sind. Die Aufnahme eines schulreifen Kindes – ungeachtet seiner Sprachkenntnisse – in die Vorschulklasse ist gesetzeswidrig (Schulpflichtgesetz §6 Abs (2a)).

Nicht geklärt ist, in welcher Weise frühe Sprachförderung stattfinden soll und wer diese Aufgabe wie und mit welchen Fähigkeiten ausgestattet übernehmen wird können.

Kompetenzstufen

Das Sprachförderzentrum Wien hat mit Beginn des Schuljahres 2006/07 den Lehrer/innen der Sprachförderkurse an Volksschulen ein Instrument zur Verfügung gestellt, mit dem sie über Beobachtungen der kommunikativen Fertigkeiten der Kinder eine Einteilung in die erste von drei Kompetenzstufen treffen können. Die Kompetenzstufen sind an das Europäische Sprachenportfolio angelehnt und für Grundschulkinder adaptiert.

Der Übergang der Kompetenzstufe A in die Stufe B ist gekennzeichnet durch die Fähigkeit, sich an Alltagskommunikation in Deutsch beteiligen zu können.

Die Teilnahme der Kinder der Kompetenzstufe A an den Sprachförderkursen soll in erster Linie vermeiden, dass Kinder ständig durch die Sprache des Unterrichts überrollt werden.

In der Kompetenzstufe B können Kinder durchaus am Unterricht teilnehmen, wenn sie differenzierende Hilfestellung oder Betreuung durch Begleitlehrer/innen bekommen.

Diskussion

Die Diskussion des Workshops gestaltete sich im Wesentlichen in punktuellen Nachfragen zu den Statements und Präzisierungen durch das Podium.

Gesetzliche Grundlagen ≠ Rahmenbedingungen

Die Ressourcen für die Betreuung von Kindern mit Migrationshintergrund wurden zwischen 2000 und 2005 drastisch gekürzt. Für eine Wiener Grundschule mit 10 Klassen und etwa 90% Anteil der Migrationskinder bedeutete das: bis 2000 je ein/e Begleitlehrer/in für den Kernunterricht jeder Klasse – nach 2005 zwei Begleitlehrer/innen für die gesamte Schule.

Die gesetzlichen Grundlagen wurden erst 2006 verändert. Es wurden für die Volksschule 11-stündige Sprachförderkurse für eine Laufzeit von zwei Schuljahren eingeführt.

Nach wie vor haben Kinder mit anderen Erstsprachen als Deutsch die Möglichkeit, als außerordentliche Schüler/innen geführt zu werden. In der Pflichtschule haben sie auch Anspruch auf bis zu sechs Jahre besonderen Förderunterricht.

Situation der Aus- und Fortbildung

Die Streichung der Gegenstände „Interkulturelle Erziehung" und „Deutsch als Zweitsprache" aus dem Pflichtkanon der Lehrer/innen-Ausbildung dürfte in erster Linie eine Entscheidung der Pädagogischen Hochschule Wien (!) sein. Andere Hochschulen beginnen Kooperationen in diesen Bereichen mit der Ausbildung der Kindergartenpädagog/innen.

Sprachstandserhebungen

Alle Kinder, die ab 2009 in die Volksschule eintreten werden, sollen im Alter von 4,5 Jahren in Kindergärten hinsichtlich ihrer Sprachentwicklung – immer bezogen auf die Sprache Deutsch – untersucht werden und erforderlichen Falles ein Jahr intensive Sprachförderung bekommen. Zeitlich fällt diese Feststellung mit dem ersten (datenerhebenden) Teil der Einschreibung in die Volksschule zusammen. Der zweite Teil der Einschreibung im Frühjahr vor dem Schuleintritt soll noch einmal überprüfen, wie es um die Sprachkenntnisse der Kinder steht. Hier soll auch über eine allfällige Rückstufung in eine Vorschulklasse entschieden werden. Die dafür empfohlenen Instrumente sind u.a. aus sprachdidaktischer und methodischer Sicht bedenklich.

Unklarheiten im Zusammenhang mit der Abwicklung in Kindergärten, Schulen und Ausbildung, in Bezug auf Kompetenzen und Finanzierung werden massiv und emotionell beklagt.

Forderungen

Abschließend sollen hier die wichtigsten in diesem Workshop erarbeiteten Forderungen zusammengefasst werden:

1. Aufwertung der Arbeit der Kindergartenpädagog/innen (keine zusätzlichen Anforderungen ohne finanzielle Mittel, eine dienstrechtliche Aufwertung der Kindergartenpädagog/innen, kleinere Gruppen, (bevorzugter) Einsatz von Pädagog/innen mit Migrationshintergrund)
2. Vereinheitlichung der administrativen Zuständigkeit für Kindergärten (z.B. Stelle für Frühförderung im bmukk)
3. Ausbildung der Kindergartenpädagog/innen auf akademischem Niveau mit einer Ausbildungsdauer von drei Jahren und der Möglichkeit, ein Studium anzuschließen. Generell ist eine qualitative Verbesserung der Ausbildung anzustreben (vgl. etwa den Arbeitskreis für die Entwicklung der Ausbildung an der Universität Klagenfurt).
4. Einrichtung einer universitären Forschungsstätte für Frühpädagogik
5. Entwicklung von Instrumenten zur Sprachstandserhebung
6. Die Bildungspolitiker müssen die Rahmenbedingungen zur Einhaltung der gesetzlichen Grundlagen bereit stellen. Das betrifft die Gewährleistung einer kontinuierlichen Sprachförderung über die zwei Jahre der Außerordentlichkeit hinaus, die generelle Verbesserung der Rahmenbedingungen, die Weiterentwicklung der inhaltlichen Arbeit der interkulturellen Pädagogik und die Entwicklung von Konzepten der integrativen Sprachförderung auf der Basis von Mehrsprachigkeit.

7. Aufwertung des Muttersprachlichen Unterrichts: Wesentlich ist hier v.a. eine Verbesserung der dienstrechtlichen Stellung von muttersprachlichen Lehrkräften und ein Ausbildungsangebot für die Sprachförderung in den Erstsprachen.

8. Ausbau der altersheterogenen Klassen (Mehrstufenklassen, …)

9. Auch für den schulischen Bereich ist die Ausbildung der Lehrkräfte ein wesentlicher Aspekt. Wichtige Punkte bei der Verbesserung der Lehrer/innenausbildung sind v.a. ein verpflichtendes Lehrangebot in „Interkulturelle Erziehung und Mehrsprachigkeit" sowie der professionelle Umgang mit Diversität statt „Reparaturpädagogik".

10. Grundlegend ist v.a. aber die Wertschätzung der Arbeit mit mehrsprachigen Kindern.

Claudia Winklhofer, Sabine Schmölzer-Eibinger,
Marianne Seidel

Nachhaltige Sprachförderung in der Sekundarstufe 1

Zur Notwendigkeit der Sprachförderung in der Sekundarstufe 1

Sprache ist in der Schule das wichtigste Medium des Lernens. Sowohl die Vermittlung als auch die Aneignung von Wissen erfolgt in fast allen Fächern primär gestützt auf Sprache – das gilt nicht nur für die Sprachfächer, sondern auch für die Sachfächer. Um in der Schule erfolgreich zu sein, müssen Schülerinnen und Schüler daher über sprachliche Kompetenzen verfügen. Welche sprachlichen Fähigkeiten sind es nun, die für den schulischen Wissenserwerb relevant sind – und die speziell in der Sekundarstufe 1 gefordert sind?

In einem einleitenden Referat behandelte Sabine Schmölzer-Eibinger einige grundlegende Fragen der Sprachförderung in der Sekundarstufe 1.

Welche sprachlichen Kompetenzen braucht man, um die Anforderungen im Unterricht zu bewältigen?

Die Sprache des Unterrichts ist eine Sprache, die sich von der Sprache, wie wir sie im Alltag verwenden, in vielerlei Hinsicht unterscheidet. Sie geht einher mit einer spezifischen Form des Denkens und ist gekennzeichnet durch

Themen- und Gegenstandsorientierung
Die Wahl der Lerninhalte und -ziele erfolgt nicht nach Kriterien praktischer Brauchbarkeit, sondern nach übergeordneten curricularen Zielen. Man erarbeitet ein Thema systematisch, bespricht einen Gegenstand im Detail und im Rahmen fachsprachlicher Konzepte. Man redet dabei nicht einfach über das, was einem spontan in den Sinn kommt – so wie im Alltag –, sondern über etwas, das mit den eigenen Erfahrungen und Erlebnissen wenig zu tun hat. So spricht man etwa über Einzeller und Bakterien, obwohl man sie im Alltag nicht sehen kann, oder man bespricht den Bauplan, die Lebensweise oder die verschiedenen Gattungen von Tieren – und tut das alles nicht, um für die Praxis zu lernen, sondern um auf diese Weise fachbezogenes Wissen zu erwerben.

Fachbezogene Sprache

Die in der Schule verwendete Sprache ist durch komplexe Strukturen, eine hohe Informationsdichte, einen präzisen und differenzierten Fachwortschatz sowie durch ein hohes Abstraktionsniveau gekennzeichnet. Es treten gehäuft Passivkonstruktionen, Funktionsverbgefüge, Konjunktionalgefüge, Präpositionalkonstruktionen, Komposita, Abstrakta und Nominalisierungen auf. Sie erlauben es, Sachverhalte und Gegenstände als eigenständige Größen darzustellen und sie gleichzeitig als Elemente in größere Zusammenhänge zu stellen. Darüber hinaus werden Formen der Generalisierung eingesetzt, um allgemeine Tatsachen und Zusammenhänge zu beschreiben und es werden Kollokationen und Wendungen eingesetzt, mit denen spezifische Bedeutungen ausgedrückt werden können (Kurven steigen oder fallen, Verkehr fließt oder stockt, die Wirtschaft entwickelt sich etc.). Alltagssprachliche Begriffe kommen zwar vor, werden aber vielfach umgedeutet (das gilt z.B. für Begriffe wie „Faktor", „Methode", „Phasen", „Wachstum", „Tendenz", „Entwicklung").

Textgeprägte Sprache

Selbst da, wo im Unterricht gesprochen wird, erfolgt die Vermittlung und Aneignung von Wissen auf der Grundlage bzw. im Medium von Texten. Texte sind ein ideales Medium für die Archivierung, Weitergabe und den Erwerb von Wissen. Sie sind weder an Situationen noch an Personen gebunden, sie sind wiederholbar, beständig und autonom. Die Fähigkeit, Texte zu lesen und zu verstehen und mittels Texten kommunizieren zu können, ist daher eine Schlüsselkompetenz des Lernens. Textkompetenz schließt die Fähigkeit ein, über Texte zu reflektieren, sich über Texte zu äußern und eine textgeprägte Sprache auch mündlich im jeweiligen Kontext adäquat zu gebrauchen.

Diese besondere Form des Sprachgebrauchs und des Denkens ist keine Erfindung der Schule, sie wird vielmehr meist bereits in der Familie durch literale Praktiken vermittelt und eingeübt. Eine anregende literale Praxis, die sich etwa in der Vorlesepraxis oder in der Art der Gespräche über Gelesenes oder Gehörtes in der Familie zeigt, ist daher für die literale Entwicklung eines Kindes – und letztlich auch für den Schulerfolg – förderlich.

Im Laufe des Schulalters wird diese für die Schule typische schriftsprachliche Sprachpraxis zunehmend gefordert – dies zeigt sich besonders deutlich beim Übergang von der Volksschule zur Sekundarstufe 1, wo eine Aufsplitterung in verschiedene Fächer erfolgt und nicht nur die fachlichen, sondern auch die sprachlichen Anforderungen steigen. Es erfolgt eine striktere Trennung zwischen den Sprachfächern und den Sachfächern als zuvor – und damit auch eine deutliche Grenzziehung zwischen Wissensvermittlung und Sprachförderung.

Wie hängen die sprachlichen Anforderungen im Unterricht, die sprachlichen Kompetenzen und Bildungserfolg zusammen?

Zweitsprachenlernende sind oft nicht ausreichend in der Lage, die Leistungsanforderungen im Unterricht zu bewältigen, auch wenn sie die Zweitsprache im mündlichen, alltagsbezogenen Sprachgebrauch bereits weitgehend beherrschen. Die Probleme der Zweitsprachenlernenden, die schulischen Anforderungen zu bewältigen, werden im Laufe der Schulzeit meist nicht kleiner, sondern immer größer (vgl. de Cillia 1998, 231; Reich/Roth 2002, 22). Dies hat vor allem mit den steigenden schriftsprachlichen Anforderungen im Laufe der Schulzeit zu tun. Textkompetenz und Schulerfolg hängen daher unmittelbar zusammen: Fehlende literale Fähigkeiten verringern die Chancen auf Bildungserfolg.

Aus didaktischer Sicht stellt sich die Frage, wie eine wirksame Förderung der Sprach- und Textkompetenz im Unterricht aussehen könnte – oder müsste –, um die Chancen auf Schulerfolg von Schülerinnen und Schülern mit Migrationshintergrund zu erhöhen. In mehrsprachigen Klassen sind wir zusätzlich vor die Herausforderung gestellt, auch die Muttersprachigen in ihrer Sprach- und Textkompetenz so intensiv wie möglich zu fördern.

Wo muss Sprachförderung passieren?

Sprachförderung muss in allen Fächern passieren. Denn: Sprache ist das zentrale Werkzeug des Lernens. Und: Mangelnde Sprachfähigkeiten sind vielfach die größte Hürde, wenn es darum geht, Wissen zu erwerben – das gilt insbesondere für das Verstehen und Schreiben von Texten, aber auch für die mündliche Verwendung einer schriftgeprägten Sprache.

Wer muss Sprachförderung leisten?

Sprachförderung muss von den SprachlehrerInnen *und* den SachlehrerInnen geleistet werden. Dies erfordert zum einen besondere didaktische Verfahren, zum anderen aber auch das Selbstverständnis, sich nicht nur als Sachlehrer/-lehrerin, sondern auch als Sprachlehrer/-in zu begreifen.

Wie kann „nachhaltige" Sprachförderung erfolgen?

Nachhaltige Sprachförderung
- ist fokussiert auf die Förderung der literalen Fähigkeiten der Lernenden
- erfolgt sowohl in der Erstsprache als auch in der Zweitsprache der Schülerinnen und Schüler
- findet im Rahmen eines fächerübergreifenden Sprachcurriculums statt
- erfolgt in Form eines integrierten Sprach- und Sachlernens
- regt aktives, situations- und aufgabenbezogenes Sprachhandeln an
- ermöglicht einen lernerorientierten Zugang zum Wissenserwerb
- fördert die Reflexion auf Sprache und Sprachgebrauch
- ermöglicht kooperatives Problemlösen und interaktives Sprachhandeln
- erfolgt im Rahmen eines fertigkeitenintegrierten Ansatzes
- bedeutet Schreiben in allen Fächern

Praktische Umsetzung:
Das Beispiel der KMSi Geblergasse

Im Anschluss berichtete Marianne Seidel als Praktikerin über die aktuelle Situation an einer Kooperativen Mittelschule in Wien mit Schwerpunkt Informatik (KMSi Hernals, Geblergasse 29–31, 1170 Wien).

An der KMSi Geblergasse werden 297 SchülerInnen unterrichtet, von denen 275 eine andere Muttersprache als Deutsch haben; davon sind 48 SchülerInnen außerordentlich, d.h. sie sind innerhalb der letzten 2 Jahre nach Österreich gekommen.
Insgesamt werden an der KMSi Geblergasse 17 verschiedene Muttersprachen gesprochen. Der größte Anteil fällt auf Bosnisch/Kroatisch/Serbisch (BKS) mit 46,1%, der zweitgrößte auf SchülerInnen aus der Türkei mit 33,7%. Dann folgen Albanisch mit 3%, Polnisch mit 1,7% und andere Muttersprachen mit 8,1%.
Zu den anderen Muttersprachen gehören Makedonisch, „Philippinisch", Rumänisch, Slowenisch, Russisch, Armenisch, Bantusprachen, Arabisch, Ungarisch, Hindi und Indonesisch.

Neben den österreichischen Fachkolleginnen und -kollegen unterrichten drei LehrerInnen des muttersprachlichen Unterrichts, die z.T. auch über österreichische Lehrämter verfügen: 2 KollegInnen für BKS und 1 Kollege für Türkisch (Dieser Kollege spricht auch Kurdisch und Arabisch und kann SchülerInnen mit diesen Erstsprachen unterstützen.). Die verbleibenden SchülerInnen mit nicht deutscher Muttersprache können in ihrer Herkunftssprache nicht unterrichtet werden, da es für ganz Wien nur 4 LehrerInnen für Albanisch, 3 für Polnisch, 1 für Rumänisch und 1 für Russisch gibt.

An der KMSi Geblergasse findet der muttersprachliche Unterricht integrativ statt, d.h. die LehrerInnen des muttersprachenlichen Unterrichts arbeiten im Team mit den FachkollegInnen. Die Unterrichtsgestaltung ist je nach Bedarf unterschiedlich, die beiden LehrerInnen planen den Unterricht gemeinsam als Stationenbetrieb, in Kleingruppen oder in Projekten.

Die SchülerInnen bekommen die Texte in ihrer Muttersprache und in Deutsch (Fachvokabular in den Realien, Textbeispiele in Mathematik, ...)

SeiteneinsteigerInnen werden von den LehrerInnen des muttersprachlichen Unterrichts in Kursform schulstufenüberschreitend und sprachkomparativ unterrichtet. Dieses Modell hat sich sehr bewährt, da die SeiteneinsteigerInnen ja auf ein sprachliches Fundament zurückgreifen können.

Der Unterricht in den Hauptgegenständen und in den Realien ist durch extreme Heterogenität gekennzeichnet, die trotz einer doppelten Besetzung in jeweils 3 von 4 Stunden in Deutsch, Englisch und Mathematik an die LehrerInnen hohe Anforderungen stellt und nur durch kontinuierliche Individualisierung halbwegs gemeistert werden kann. Viele LehrerInnen fühlen sich mit dieser Situation überfordert, ebenso viele SchülerInnen, die in eine Art „innerer Emigration" flüchten.

Das bedeutet, dass die LehrerInnen ein hohes Maß an interkultureller Kompetenz haben müssen und die deutsche Sprache aus der Perspektive der Sprachlernenden betrachten sollten, leider ist aber gerade das ein Manko, da es den meisten LehrerInnen an einer fundierten Ausbildung in DaZ fehlt. Dieser Bereich hat nach wie vor weder in der Aus- noch in der Fortbildung einen angemessenen Platz.

Um zu zeigen, wie gelebte Mehrsprachigkeit gelingen kann, zeigte Marianne Seidel in einem Film ein dreisprachiges Projekt in einer 4. Klasse in Geographie und Wirtschaftskunde, das über ein Jahr dauerte. Die Ausgangssituation stellte sich wie folgend dar: Alle SchülerInnen dieser Klasse, die der 2./3. Generation angehörten, hatten Probleme, sowohl in ihrer Muttersprache als auch in Deutsch zu lesen und zu schreiben. Die Fachbegriffe nahmen diese SchülerInnen zwar abstrakt auf, sie konnten damit aber wenig anfangen. Thema des Projekts war „Leben und Wirtschaften in verschiedenen Lebensräumen" und ein Vergleich der Lebens- und Wirtschaftsweise verschiedener Länder (türkischer Bauer, Bauer aus dem Marchfeld, österreichischer Bergbauer, kroatischer Fischer). Da den SchülerInnen die Muttersprache emotional näher stand, wurden die Begriffe in der Muttersprache erarbeitet und gefestigt. Die Eltern wurden als Expertinnen und Experten ins Projekt einbezogen. Das erwies sich als sehr identitätsstiftend, da die Herkunftskulturen üblicherweise in der Mehrheitsgesellschaft wenig Ansehen haben.

Diskussion

Im Anschluss an den Film diskutierten die TeilnehmerInnen über ihre Erfahrungen und Forderungen im Hinblick auf nachhaltige Sprachförderung in der Sekundarstufe 1. Die Bedingungen in der Hauptschule bzw. Kooperativen Mittelschule und im Gymnasium Unterstufe sind sehr unterschiedlich. Es wurden auch sehr große regionale Unterschiede festgestellt. Während außerordentliche SchülerInnen in Wien auch ein Gymnasium besuchen können, so sind in anderen Bundesländern nur ordentliche SchülerInnen an den Gymnasien zu finden. In der HS/KMS wird Sprachenvielfalt häufiger thematisiert als in der AHS.

In Wien werden MuttersprachenlehrerInnen in der HS/KMS verstärkt in den Vormittagsunterricht integriert, in den anderen Bundesländern findet der muttersprachliche Unterricht meistens als unverbindliche Übung oder Freigegenstand an Randstunden am Nachmittag statt. Einig waren sich die TeilnehmerInnen bezüglich der fehlenden Ressourcen, der mangelnden Ausbildung der LehrerInnen in den Bereichen Deutsch als Zweitsprache und Interkulturelles Lernen (IKL) sowie bezüglich der geringen Wertschätzung der Herkunftssprachen im Vergleich zu den „Elitesprachen".

Forderungen für eine nachhaltige Sprachförderung

SchülerInnen mit Migrationshintergrund sind nicht Schuld, wenn der Unterricht nicht „reibungslos" funktioniert. Zu fordern sind Umdenken und Handeln im gesamten Bildungs*system*, denn die aktuelle Situation weist deutlich auf Schwachstellen des Bildungssystems hin, wie z.B. frühe Selektion, fehlende gemeinsame Beschulung in der Sekundarstufe 1, Wertigkeit von Bildung in der Gesellschaft, fehlende Ressourcen, Nahtstelle Kindergarten – Schule, fehlende ganzheitliche Sprachförderung usw.

Ob Sprachenvielfalt als Ressource an einer Schule wahrgenommen und genutzt wird, hängt stark vom persönlichen Engagement der LehrerInnen ab. Sehr oft mangelt es am Bewusstsein und Hintergrundwissen in Bezug auf Mehrsprachigkeit bei LehrerInnen und Eltern.

Heterogenität an den Schulen erfordert Offenheit und Flexibilität, Teamarbeit, individuelle Fördermöglichkeiten und als Basis eine fundierte Aus- und Fortbildung in Deutsch als Zweitsprache und interkultureller Pädagogik.

Die Kontinuität und Nachhaltigkeit in den Übergängen zwischen Schultypen ist eine große Herausforderung und hängt stark vom Engagement der LehrerInnen an den einzelnen Schulen ab. Bewährt haben sich Informationsaustausch und Hospitation. Wichtig ist, die Sensibilität aller Beteiligten in Bezug auf die Nahtstellenproblematik zu erhöhen!

Aspekte der geschlechtssensiblen Pädagogik sind in der interkulturellen Pädagogik gerade in der Sekundarstufe 1 ebenfalls zu berücksichtigen. Es braucht spezielle interkulturelle Mädchen- und Bubenarbeit.

Durch diese Tagung ist deutlich geworden, dass es Kompetenzen, Ressourcen und Modelle für eine nachhaltige Sprachförderung gibt. Gefordert ist jetzt die Politik, finanzielle Ressourcen zur Verfügung zu stellen, um dieses Wissen im Bildungssystem auch umzusetzen.

Literatur

De Cillia, Rudolf (1998), „Mehrsprachigkeit und Herkunftssprachenunterricht in europäischen Schulen", in: Çinar, Dilek (Hrsg.), *Gleichwertige Sprachen? Muttersprachlicher Unterricht für die Kinder von Einwanderern,* Innsbruck, 229–287.

Reich, Hans H./Roth, Hans-Joachim (2002), *Spracherwerb zweisprachig aufwachsender Kinder und Jugendlicher. Ein Überblick über den Stand der nationalen und internationalen Forschung,* Hamburg/Landau.

Imke Mohr, Barbara Haider, Gordana Ilić-Marković,
Thomas Laimer, Anna Lasselsberger

Empfehlungen zur Unterstützung einer nachhaltigen Sprachförderung in der Sekundarstufe 2 in allgemein bildenden höheren Schulen, berufsbildenden Schulen und für Jugendliche im außerschulischen Bereich

Die hier zusammengefassten Empfehlungen zur Unterstützung einer nachhaltigen Sprachförderung in der Sekundarstufe 2 an allgemein bildenden höheren Schulen, in berufsbildenden Schulen und in der außerschulischen Sprachförderung wurden im Rahmen des Workshops „Nachhaltige Sprachförderung in der Sekundarstufe 2" erarbeitet.

Empfehlung 1: Kooperation

Die *Zusammenarbeit aller Bezugspersonen* von Schülerinnen und Schülern mit anderen Erstsprachen als Deutsch sollte stärker gefördert werden: innerhalb der Schule, mit und unter Eltern, in und mit außerschulischen Einrichtungen, mit ethnischen Gemeinschaften, mit AusbildnerInnen usw.!

Das Vernetzt-Sein der Bezugspersonen der SchülerInnen ist von großer Wichtigkeit. Alle sollten über die sprachliche Situation der SchülerInnen, über die verfolgten Maßnahmen ihrer sprachlichen Förderung und über die gesetzlichen Möglichkeiten zur Förderung der Herkunftssprachen informiert sein (über Informationsblätter in verschiedenen Sprachen, über die Medien, über Schulplakate, über die Internetseiten der Schulen, des Bundesministeriums für Unterricht, Kunst und Kultur (bmukk), des Stadtschulrats/Landesschulrats). Projekte wie z.B. ISIS (Integration von SchülerInnen im Rahmen des Netzwerks „Dynamo"), das individuelle Lernförderung für SchülerInnen mit Migrationshintergrund anbietet, sind für alle SchülerInnen in weiterführenden Schulen interessant.

Für diejenigen, die diese Kooperationsarbeit leisten (aber auch das Team Teaching), sollten Werteinheiten zur Verfügung stehen. Ziel der Kooperation ist u.a., sich gegenseitig im Einsatz für Mehrsprachigkeit und für sprachliche Förderungsmaßnahmen zu unterstützen und zu ermutigen.

Empfehlung 2: Kultur der Mehrsprachigkeit

In Schule und Gesellschaft ist eine *Kultur der Mehrsprachigkeit* aktiv zu fördern!

Es scheint uns wichtig, dass die an österreichischen Schulen existierende Mehrsprachigkeit aktiv beworben wird. Wir stellen uns vor, dass das bmukk, die Stadt- und Landesschulräte und die Schulen selbst die Vielfalt der Sprachen der SchülerInnen präsentieren und dadurch ihre Wertschätzung ausdrücken (z.b. im Rahmen von Schulprojekten durch Darstellungen im Schulgebäude, auf den Formularen der Schule, durch mehrsprachige Internetseiten).

Die Gesetzeslage für eine Förderung von Mehrsprachigkeit und interkulturellem Lernen in den genannten Schultypen ist positiv zu bewerten[1]; es müssen jedoch mehr Anstrengungen unternommen werden, umfassend über diese gesetzlichen Maßnahmen zu informieren. So müsste es z.b. mehrsprachige Informationsbroschüren auch für Eltern und SchülerInnen der Sekundarstufe I und II geben, die über die Möglichkeiten eines Sprachentauschs bzw. über die Möglichkeit informieren, der Herkunftssprache den Status einer schulischen Fremdsprache zu geben. Wir empfehlen darüberhinaus, die schulischen Rahmenbedingungen für SchülerInnen mit anderer Erstsprache als Deutsch weiter zu flexibilisieren (z.B. eine DaZ-Matura auf Antrag für SeiteneinsteigerInnen zu ermöglichen, spezifische Richtlinien zur Beurteilung von Leistungen von SchülerInnen mit anderen Erstsprachen als Deutsch zu erlassen u.v.m). Daneben wäre es wichtig, über didaktische Konzepte für den Herkunftssprachenunterricht nachzudenken, ihn z.B. stärker mit den Inhalten des Zweitsprachenunterricht bzw. mit dem Unterricht in den Sachfächern zu verknüpfen; außerdem könnte er sich auch für SchülerInnen mit deutscher Muttersprache öffnen; dies wäre eine Maßnahme, die das Angebot an schulischen Fremdsprachen um die Minderheiten- und MigrantInnensprachen erweitern würde.

Empfehlung 3: Didaktik der Mehrsprachigkeit

Die Entwicklung und Umsetzung einer *Didaktik der Mehrsprachigkeit* sollte gefördert werden!

---

[1]   Informationen: http://www.bmukk.gv.at/schulen/unterricht/andere_erstsprachen.xml

Die Herkunftssprachen der SchülerInnen müssen mehr Wertschätzung erfahren und – wie es in einigen Lehrplänen ja bereits befürwortet wird – aktiv in den Sprach- und Sachunterricht geholt werden (Sprachvergleich und Sprachaufmerksamkeit fördern, über Sprachen sprechen, zum Schreiben mehrsprachiger Texte anregen usw.). Solche Maßnahmen können in allen Fächern gesetzt werden. Daneben sollte Mehrsprachigkeit im Schulprofil verankert werden (Einrichtung einer „whole school language policy") und durch den gezielten Einsatz bereits vorhandener Instrumente sichtbar gemacht werden (z.B. durch die Verwendung des Sprachenportfolios ESP 15+ (2007)).

DirektorInnen und LehrerInnen sollten die Integration einzelner SchülerInnengruppen explizit zum Thema machen.

Empfehlung 4: Aufbau von Netzwerken und Kompetenzzentren

Wir empfehlen den *Aufbau von lokalen /regionalen Netzwerken bzw. Kompetenzzentren*, über die innovative Entwicklungen in Bezug auf eine nachhaltige Sprachförderung schultypübergreifend diskutiert und weitergegeben werden!

Eine enge Verzahnung all derjenigen Institutionen, die mit der Zielgruppe arbeiten (Kommunikation auf der Schwelle zwischen Sekundarstufe I und II, allgemein bildenden und berufsbildenden Schulen, Schule/Berufs- und Arbeitswelt, außerschulische Sprachförderung, Bildungsberatungsstellen und Sozialarbeit) würde die Nachhaltigkeit der Sprachförderung garantieren; erfolgreiche Maßnahmen dürfen an den Schwellen nicht abbrechen. Daneben sind Vereinbarungen über sprachliche und andere Kompetenzen, die die aufnehmende Institution von den SchülerInnen erwartet, wichtig, damit diese sich gezielt auf den Wechsel vorbereiten können bzw. rechtzeitig unterstützende Maßnahmen planen und in Anspruch nehmen können.

Lokale /regionale Netzwerke bzw. Kompetenzzentren könnten Austauschbörsen für *Good-Practice*-Beispiele und Unterrichtsmaterialien (besonders auch für mehrsprachige) sein.

Daneben könnte die – schultypübergreifende – Zusammenarbeit von Sprach- und FachlehrerInnen in Bezug auf die Sprachförderung in heterogenen Klassen begonnen und koordiniert werden.

Empfehlung 5: Nutzung von Expertise, Kompetenzen und Ressourcen

Der Erfahrungsaustausch während der Tagung hat gezeigt: Es gibt *Expertise, Kompetenzen und Ressourcen* für eine nachhaltige Sprachförderung, die genutzt werden sollten!

Wichtige Schritte wären folgende: *MuttersprachenlehrerInnen* sollten verstärkt in die Arbeit an den Schulen eingebunden werden. Wo Engpässe bestehen, weil keine LehrerInnen für spezifische Herkunftssprachen mit abgeschlossener Ausbildung zur Verfügung stehen, sollte unter Lehramtsstudierenden für wichtige Fächerkombinationen geworben werden, z.b. Lehramt Albanisch-Deutsch, und das bmukk sollte intensiv prüfen, welche im Ausland erworbenen Abschlüsse von in Österreich lebenden LehrerInnen mit dem Ziel einer nachhaltigen Förderung anerkannt werden können. Die Zahl der LehrerInnen mit Migrationshintergrund an Schulen sollte sich deutlich erhöhen. In Zusammenarbeit mit diesen KollegInnen werden durch Migration geprägte Biographien sichtbar und es gibt Ansprechpersonen, die die Perspektive von SchülerInnen mit Migrationshintergrund erläutern können.

Wichtig wäre, dass an Schulen mit einer hohen Anzahl von SchülerInnen mit anderen Erstsprachen als Deutsch *KoordinatorInnen für Mehrsprachigkeit* ihre Arbeit aufnehmen können. Ihre Aufgabe wäre die Koordination von DaZ- bzw. muttersprachlichem Unterricht, interkulturellem Lernen und Deutsch in allen Fächern. Für diese Koordinationsarbeit müssten finanzielle Ressourcen zur Verfügung gestellt werden.

Empfehlung 6: Aus- und Weiterbildung des pädagogischen Personals

Die *Aus- und Weiterbildung des pädagogischen Personals* muss mit Blick auf „Erziehung zu Mehrsprachigkeit", „interkulturelles Lernen" und „Sprachförderung in allen Fächern" intensiviert werden!

Einheiten zu Deutsch als Fremd- und Zweitsprache, Erziehung zu Mehrsprachigkeit und interkulturellem Lernen sollen in *allen* pädagogischen Ausbildungen enthalten sein. Angehende LehrerInnen müssen einen Überblick über die gesetzlichen Grundlagen für SchülerInnen mit anderen Erstsprachen als Deutsch haben und sollten die bildungspolitischen Entwicklungen im Blick haben.

Wichtig wären – wie auch unter Punkt 4 beschrieben – sprachübergreifende Fortbildungsangebote für LehrerInnen („gemeinsame Spracherziehung") und eine Sensibilisierung der Sprach- und FachlehrerInnen für die gemeinsame Aufgabe „Sprachförderung in allen Fächern". Das Fort- und Weiterbildungsangebot sollte auch abseits der Ballungszentren gesichert werden.

Empfehlung 7: Sensibilität an den Schnittstellen

Die Sensibilität aller Beteiligten muss sich in Bezug auf die *Schnittstellenproblematik* dringend erhöhen!

Die im Gesetz verankerte *mehrsprachige Ausbildung* sollte *kontinuierlich* (bis zum höchsten schulischen Abschluss) verfolgt werden.

Zur Bewältigung der Schwellen müssen bei Bedarf *Vorbereitungsmaßnahmen* (Intensivkurse, Übergangsklassen, Lernberatung…) zur Verfügung stehen bzw. das Förderangebot muss ausgeweitet werden; das heißt z.b. konkret mehr als 600 Stunden Deutsch zur Förderung jugendlicher QuereinsteigerInnen und adäquate, flexible und bedürfnisorientierte Angebote für LernerInnen in Verbindung mit bildungsbegleitender Beratung und Betreuung anzubieten. Die Fördermaßnahmen müssen auch für die Sekundarstufe II intensiviert werden.

Wir plädieren zudem für bessere *Arbeitsbedingungen* (Anstellung, Bezahlung) der KursleiterInnen und BeraterInnen in den außerschulischen Förderinstitutionen.

Empfehlung 8: Gender Mainstreaming

Nicht zuletzt sollte *Gender-Mainstreaming* als durchgehendes Prinzip im Unterricht Berücksichtigung finden!

Neben der Umsetzung dieses Prinzips im Unterricht schlagen wir Projektarbeit zu spezifischen Fragen wie z.b. zu geschlechterspezifischen Stereotypen bei Burschen und Mädchen vor. Kulturell geprägte Aspekte der Geschlechterverhältnisse könnten dabei thematisiert werden.

Zusammenfassung

In diesem Workshop wurde deutlich, dass die Bemühungen um Mehrsprachigkeit zumeist immer noch persönliches Engagement einzelner Schulen und LehrerInnen sind. Eine nachhaltige Sprachförderung kann auf diese Art aber nicht gewährleistet werden. Mit unseren Empfehlungen möchten wir diese Bemühungen im Sinne aller Schülerinnen und Schüler und ihrer Lehrerinnen und Lehrer unterstützen.

Literatur

Österreichisches Sprachen-Kompetenz-Zentrum ÖSZ/Center für berufsbezogene Sprachen CEBS, Hg. (2007), *Europäisches Sprachenportfolio für junge Erwachsene (ESP 15+) in allgemein bildenden höheren Schulen sowie berufsbildenden mittleren und höheren Schulen in Österreich*, herausgegeben im Auftrag des Bundesministeriums für Unterricht, Kunst und Kultur, Linz/Graz/Salzburg.

Nadja Kerschhofer-Puhalo

Erwachsenenbildung. Qualität, Kontinuität und Nachhaltigkeit von Sprachlernprozessen bei Erwachsenen

Aufgabe der Erwachsenenbildung ist die niederschwellige, chancengleiche und flächendeckende Ermöglichung von Lern- und Bildungsprozessen mit dem Ziel, lebenslanges Lernen, berufsbezogene Weiterbildung und Teilhabe an der Gesellschaft zu fördern.

Durch die aktuelle politische Diskussion rund um Sprachkenntnisse von MigrantInnen und ihren Beitrag zur Integration gerät auch die Erwachsenenbildung zunehmend unter Druck. Thema dieses Workshops waren die Auswirkungen der aktuellen Diskussion auf das System der Erwachsenenbildung sowie nötige Entwicklungen und Veränderungen, um Sprachlernprozesse von MigrantInnen zu unterstützen und um MigrantInnen besser in Bildungssystem und Gesellschaft einzubeziehen.

In Inputreferaten wurden verschiedene Aspekte der Arbeit mit erwachsenen MigrantInnen dargestellt und im Anschluss diskutiert: Irmgard Stieglmayer (Weiterbildungakademie Wien) referierte zu Angeboten der Erwachsenenbildung im allgemeinen, Monika Ritter (AlfaZentrum für MigrantInnen an der Volkshochschule Ottakring, Wien) berichtete über Alphabetisierung von MigrantInnen in Wien und Eva Grabherr (Verein „okay. zusammen lernen", Dornbirn) sprach über Projekte im ländlichen Raum am Beispiel der Situation in Vorarlberg. Moderiert wurde der Workshop von Ursula Makoschitz (Verein Peregrina). In Arbeitsgruppen wurden notwendige Maßnahmen zur Verbesserung der Situation für Lehrende und Lernende in der Erwachsenenbildung diskutiert, zu den Querschnittthemen der Tagung (Mehrsprachigkeit, Ressourcen und Kompetenzen, Schnittstellen, Geschlechtergerechtigkeit, Anforderungen an Lehrende) wurden Forderungen erarbeitet.

Unter anderem wurden folgende Fragen diskutiert:

- Wie wird auf die unterschiedlichen Voraussetzungen und Bedürfnisse von erwachsenen MigrantInnen eingegangen?
- Welche Angebote und Förderungen gibt es im städtischen und im ländlichen Bereich?

- Werden Mehrsprachigkeit und Kompetenzen, die MigrantInnen mitbringen, als Ressourcen genützt?
- Welche Probleme ergeben sich an den Übergängen zwischen Bildungsinstitutionen und weiterführenden Bildungsangeboten? Wie kann hier Kontinuität geschaffen werden?
- Wie kann Geschlechtergerechtigkeit in der Erwachsenenbildung gewährleistet werden?
- Welche Qualifikationen müssen Lehrende in der Erwachsenenbildung mitbringen und welche Voraussetzungen müssen geschaffen werden, um nachhaltig arbeiten zu können?

Der vorliegende Beitrag reflektiert die wichtigsten Themen des Workshops und fasst die Ergebnisse der Gruppendiskussionen zusammen.

Vorbemerkungen

Spracherwerbsprozesse im Erwachsenenalter werden durch individuelle, soziale und institutionelle Faktoren bestimmt (vgl. Quetz 2003, 466). Maßnahmen zur Sprachförderung müssen diese Faktoren berücksichtigen, um ihre Treffsicherheit zu erhöhen und den Spracherwerb, der eng mit dem Integrationsprozess verbunden ist, zu unterstützen.

Bis zur Einführung der Integrationsvereinbarung, war der Erwerb von Deutschkenntnissen eine selbstbestimmte Integrationsleistung, die sowohl der beruflichen Positionierung als auch der aktiven Teilnahme an der sozialen Umwelt diente. Seit 1.1.2003 ist im Rahmen der so genannten „Integrationsvereinbarung" für MigrantInnen aus Drittstaatenländern der rechtliche Anspruch auf Aufenthalt in Österreich wie auch die Erlangung der Staatsbürgerschaft an den Nachweis von Deutschkenntnissen gebunden. Seit 1.1.2006 müssen ZuwanderInnen dafür eine Prüfung auf A2-Niveau (vgl. Gemeinsamer Europäischer Referenzrahmen für Sprachen des Europarates 2001) ablegen. Diese so genannte „Integrationsvereinbarung" (vgl. den Beitrag von Blaschitz /de Cillia in diesem Band) stellt sowohl die Lernenden als auch die Unterrichtenden vor neue Herausforderungen.

Zugänglichkeit von Bildungsmaßnahmen und Erreichbarkeit der Zielgruppe

In der Erwachsenenbildung besteht ein recht breites Angebot an verschiedenen Bildungsinstitutionen. Gerade bei Sprachkursen ist die Zahl der kursanbietenden Institutionen in den letzten Jahren erheblich gestiegen. Trotz des recht umfangreichen Angebots können aber manche Zielgruppen nicht erfolgreich in Bildungsmaßnahmen eingebunden werden. Ursachen dafür sind u.a. die geringe Übersichtlichkeit des Marktes, mangelnde Informationen, ein unzureichendes Beratungsangebot, die unzureichende Berücksichtigung der Lebenssituation von Lernenden (z.B. Mütter von Kleinkindern oder Berufstätige), Unsicherheit und Vorbehalte hinsichtlich der eigenen Vorkenntnisse seitens der Lernenden und nicht zuletzt finanzielle Gründe. Trotz der finanziellen Förderung bestimmter Kursangebote gibt es noch zu viele Personen, die sich die vorhandenen Angebote nicht leisten können und auch in keinem Förderprogramm berücksichtigt werden.

Wesentliche Kriterien bei der Gestaltung von Bildungsmaßnahmen für Erwachsene sind daher die zielgruppenadäquate Gestaltung des Angebots (angepasst an Lebenssituation, Ziele und Vorkenntnisse der Lernenden), Niederschwelligkeit, eine entsprechende Preisgestaltung und eine den Zielen und Voraussetzungen von Lernenden angepasste Methodik und Didaktik.

Besonders im Zusammenhang mit dem Sprachtest im Rahmen der Integrationsvereinbarung (vgl. Blaschitz/de Cillia und Krumm in diesem Band) sind hier zwei Aspekte wesentlich: eine zielgruppenadäquate Methodik, die auf Vorkenntnisse, Lernerfahrungen und Probleme der Lernenden besonders eingeht (z.B. Schwierigkeiten mit dem deutschen Schriftsystem und der Sprachstruktur des Deutschen im Vergleich zur Herkunftssprache/-schrift der Lernenden), und eine an die Bedürfnisse der Lernenden angepasste Didaktik, die die Anforderungen des täglichen Lebens ebenso berücksichtigt wie die des Sprachtests („Lernen für den Test") und zu Sprachenlernen über den Test hinaus motiviert.

Viele Lernende erleben bei ihren ersten Versuchen in einem Sprachkurs aufgrund von Unterschieden in der Sprachstruktur oder einer für sie ungewohnten Sprachlehrmethodik Überforderung und Misserfolg, was weitere Lernversuche oft erschwert. Ein zentrales Element von Angeboten zur Sprachförderung muss daher eine motivierende Gestaltung von Lernprozessen sein, die hilft, schlechte Erfahrungen aus früheren Lern- und Prüfungssituationen, Prüfungsangst und ein negatives, defizitorientiertes Selbstbild zu überwinden und Motivation für den eigentlichen, langfristigen Spracherwerb als Teil des Integrationsprozesses zu schaffen.

Bildungsangebote für MigrantInnen am Beispiel der Alphabetisierungsangebote in Wien

Das Beispiel von erwachsenen Deutschlernenden „mit Alphabetisierungsbedarf" zeigt besonders deutlich, wie unterschiedlich die Voraussetzungen, Bedürfnisse und Ziele von Lernenden sein können und wie wichtig es ist, entsprechende Kursangebote zu schaffen und auf die jeweiligen Schwierigkeiten der Lernenden im Unterricht gezielt einzugehen: Das lateinische Alphabet nicht zu beherrschen, weil man in einem anderen Schriftsystem aufgewachsen ist, bedeutet noch lange nicht „ungebildet" zu sein. Schwache schriftliche Fähigkeiten im Deutschen bedeuten keineswegs, dass die Sprache nicht beherrscht wird, ebenso wie schriftliche Kenntnisse und das Beherrschen gängiger Übungsformen noch nicht bedeuten, dass die Sprache ausreichend beherrscht wird, um sie im Alltag einsetzen zu können. Ansätze zur differenzierenden und individualisierenden Gestaltung von Lernprozessen sind hier besonders wichtig. Zwar ist in diesem Bereich eine zunehmende Sensiblisierung zu beobachten, doch leider regiert hier oft noch ein stark auf Defizite und Nicht-Können fokussierendes Denken bei Lernenden wie Lehrenden und Prüfenden. Die Aufnahme dieses Themenbereichs in Lehrausbildungen ist daher unbedingt erforderlich.

Das Inputreferat von Monika Ritter beleuchtete die spezielle Situation von Kursen zur Alphabetisierung von MigrantInnen. In Wien gibt es zur Zeit unterschiedliche Kursangebote:

- Kombinierte Kurse für Alphabetisierung & Deutsch auf mehreren Niveaus
- Angebote zur zweisprachigen Alphabetisierung, z.B. Türkisch-Deutsch oder Spanisch-Deutsch (punktuelle Angebote)
- Niederschwellige Angebote für Deutsch als Zweitsprache und Alphabetisierung in den Communities
- Alphabetisierung, Deutsch als Zweitsprache und Basisbildung für Jugendliche
- Geförderte niederschwellige Angebote wie „Mama lernt Deutsch" (mit der Möglichkeit des Team Teachings bei TeilnehmerInnen mit Alphabetisierungsbedarf bzw. eigenen Gruppen mit Schwerpunkt Alphabetisierung)

Die Finanzierung bzw. Förderung der Kurse erfolgt in Wien durch die Stadt Wien/ Magistratsabteilung (MA) 17, teilweise durch das Bundesministerium für Unterricht, Kunst und Kultur (bmukk), Einzelförderungen gibt es vom Arbeitsmarktservice (AMS), dem Wiener ArbeitnehmerInnen Förderungsfonds (WAFF) und der Arbeiterkammer Wien. Das 1999 erstellte Rahmencurriculum „Deutsch als Zweitsprache" wurde im Auftrag der Stadt Wien/MA 17 2006 um einen Alphabetisierungsteil erweitert (http://www.wien.gv.at/integration/pdf/ma17-rahmen-curriculum.pdf). Eine grundlegende Ausbildung „Alphabetisierung und Deutsch mit MigrantInnen" wird seit 2002 im AlfaZentrum der Wiener Volkshochschulen angeboten.

Außerhalb Wiens sind das Kursangebot und die Ausbildungssituation bei der Alphabetisierung mit MigrantInnen derzeit lückenhaft bis nicht vorhanden. Ausnahmen bilden Regionen und Städte, in denen durch EU-Projekte punktuell Angebote bestehen. Auch in den Bundesländern ist eine Ausbildung für den Alphabetisierungsunterricht dringend nötig. Ab Herbst 2009 soll es einen österreichweiten Ausbildungslehrgang für Alphabetisierung und Deutsch als Zweitsprache geben (auch zu diesem Angebot vgl. http://www.alfazentrum.at/ausbildungslehrgang.html).

Die an das Referat anschließende Diskussion beleuchtete einige kritische Bereiche der Alphabetisierung für MigrantInnen, in denen eine Verbesserung der Situation angestrebt werden muss:

•   Die so genannte „Integrationsvereinbarung" sieht für den Erwerb des deutschen Schriftsystems lediglich 75 Unterrichtsstunden vor („Modul 1"). Nach Besuch dieser 75 Unterrichtseinheiten wird davon ausgegangen, dass die gleichen schriftlichen und sprachlichen Anforderungen gelten können wie für Menschen mit 8 Jahren Grundschulbesuch. Damit stellt diese so genannte „Integrationsvereinbarung" gerade für Menschen, die den Schriftspracherwerb im Erwachsenenalter beginnen oder fortsetzen, eine kaum zu überwindende Hürde dar. Die Anforderungen der vorgeschriebenen Prüfung müssen im Hinblick darauf in Frage gestellt werden. Eine Überarbeitung der Testinhalte ist dringend anzustreben (vgl. dazu auch den Beitrag von Doubek/Hrubesch/Rössl in diesem Band).
•   Für AsylwerberInnen fehlen Angebote zur Alphabetisierung.
•   Für die Zielgruppe der 10- bis 14-Jährigen mit Alphabetisierungsbedarf besteht oft kein geeignetes Förderangebot.
•   Die Mehrfachqualifikation von Unterrichtenden (Deutsch als Zweitsprache und Zusatzqualifikationen für die Alphabetisierung und Basisbildung) wird nicht entsprechend honoriert.

Zur Verbesserung der Situation von Lernenden und Lehrenden im Bereich Alphabetisierung und Basisbildung wurden insbesondere gefordert:

•   verstärkte Angebote zur Basisbildung in der Zweitsprache
•   leistbare bzw. geförderte Kursangebote
•   Kurse mit Kinderbetreuung
•   EDV-Ausstattung für die Kurse

- Angebote für den Übergang zu weiterführenden Bildungsangeboten (Deutsch-kurse für Fortgeschrittene, berufsbezogene Kursangebote)
- Wegfall der Verpflichtung zum Nachweis eines bestimmten Niveaus von Sprache und Schrift im Rahmen der Integrationsvereinbarung
- Anpassung der Prüfungs-Instrumente: Gute Fortschritte im Alphabetisierungs-prozess, gute mündliche Deutschkenntnisse, die bei geringeren schriftlichen Kenntnisse vielfach bestehen, und mündliche Mehrsprachigkeit sind mit den derzeit vorhandenen Instrumenten nicht dokumentierbar.
- Entwicklung eines Portfolios für Alphabetisierung und Basisbildung, das mündliche und schriftliche Deutschkenntnisse differenziert und auch Mehrsprachigkeit umfasst
- österreichweite Etablierung eines Berufsbildes für Unterrichtende für Deutsch als Zweitsprache und Alphabetisierung
- Verbesserung der Arbeitsbedingungen für Unterrichtende

Projekte im ländlichen Raum

Im ländlichen Raum unterscheidet sich die Situation in mancherlei Hinsicht von der in Ballungszentren. Wichtige Ziele der Erwachsenenbildung im ländlichen Raum sind v.a. die Verbesserung der Zugänglichkeit von Bildungsmaßnahmen und die Erweiterung bzw. Differenzierung des Angebots.

Eva Grabherr (Verein „okay. zusammen lernen", Dornbirn) stellte ein Projekt aus Vor-arlberg vor: Das Programm zur Aktivierung und Unterstützung von Deutsch- und Orientierungskursen für ZuwanderInnen in Vorarlbergs Gemeinden ist ein Projekt im Rahmen der Programmschiene „Bildung für Integration" (Informationen zum Projekt: http://www.okay-line.at). Die Angebote des Vereins „okay. zusammen ler-nen" sollen das bereits vorhandene niederschwellige Sprachkurswesen in Vorarlbergs Gemeinden für Zielgruppen, welche das Kurswesen der etablierten Anbieter nicht erreicht, stützen und es weiter ausbauen.

Hauptziele des Programms sind einerseits die Qualifizierung bestehender Kurse und andererseits die Motivierung zu neuen Angeboten:

- Beratung in allen relevanten Fragen für kursanbietende Institutionen und Kurs-leiterInnen, die bereits Sprachkurse in Gemeinden anbieten oder auf diesem Feld tätig werden wollen.
- „Von Mund zu Mund": Ein Unterrichtsmaterial für „Deutsch als Fremdsprache" für Anfängerkurse in Vorarlbergs Gemeinden von Elisabeth Allgäuer-Hackl und

Karin Metzler. Das Material wurde spezifisch für das niederschwellige Sprach- und Orientierungskurswesen entwickelt und wird in Vorarlberger Gemeinden und für die Flüchtlingsarbeit der Caritas kostenlos zur Verfügung gestellt.

- Ausleihe von den Sprachunterricht unterstützenden Zusatzmaterialien
- Fortbildungsangebote für KursleiterInnen

Weiters führte das Programm zur Einrichtung eines Förderschwerpunktes der Frauenabteilung der Vorarlberger Landesregierung für niederschwellige Sprach- und Orientierungskurse für Migrantinnen auf Gemeinde-Ebene.

Das Programm in einigen Zahlen (April 2004 bis Juni 2006):
- Ausgabe von Unterrichtsmappen für 50 niederschwellige Deutschkurse in Vorarlberger Gemeinden
- 14 Gemeinden, in denen niederschwellige Deutschkurse angeboten wurden
- 555 Unterrichtsmappen „Von Mund zu Mund" im Einsatz in niederschwelligen Deutschkursen in den Gemeinden (das entspricht in etwa der gleichen Zahl von LernerInnen)
- 459 Unterrichtsmappen „Von Mund zu Mund" im Einsatz in Deutschkursen für AsylwerberInnen der Caritas

Die Erweiterung des regionalen Angebots von Sprachkursen, die Information und Unterstützung von Lernenden wie auch die Unterstützung von KursleiterInnen durch Fortbildungsveranstaltungen sowie Veranstaltungen und Materialien zur Information für Lernende, Lehrende und Interessierte tragen nicht nur zum Erwerb von Sprachkenntnissen sondern auch zur Verbesserung der interkulturellen Verständigung wesentlich bei.

Wahrnehmung und Stärkung von Ressourcen und Kompetenzen

In der Diskussion rund um Sprache, Bildung und Integration stehen meist die „sprachlichen Defizite" von MigrantInnen im Vordergrund. Ganz entscheidend für den Prozess des Spracherwerbs wie für den gesamten Integrationsprozess ist aber die *ganzheitliche Wahrnehmung der Lernenden* mit all ihren Fähigkeiten und Erfahrungen.

Bereits beherrschte Sprachen, im Herkunftsland erworbene Bildungsabschlüsse und Berufsausbildungen, erworbene fachliche Kenntnisse und berufliche Erfahrungen, Lernerfahrungen und Lernstrategien sowie all das, was als „Kulturelles", „Weltwissen" und „Lebenserfahrung" bezeichnet wird, sind konkrete Ressourcen, an die angeknüpft werden kann. Obwohl sie vielfach weder Lernenden noch Lehrenden wirklich bewusst sind, könnten sie im Unterricht doch als wichtige Ressourcen für die Gestaltung weiterer Lernprozesse dienen. Portfolio-Instrumente wären hier eine Form, mit denen Lernende selbst bestehendes Wissen, Kenntnisse und Fähigkeiten für sich erarbeiten und für andere sichtbar machen können, um diese als Ansatzpunkte für weitere Lernprozesse zu verwenden. Das unterstützt auch eine autonome und selbstbestimmte Lernhaltung (vgl. das Sprachen- und Qualifikationsportfolio für MigrantInnen und Flüchtlinge (Plutzar/Haslinger 2005)).

Eine ganzheitliche und wertschätzende Haltung gegenüber den Lernenden stärkt nicht nur ihr Selbstvertrauen sondern motiviert auch zu weiteren Lernprozessen und trägt zur Integration von mitgebrachten Kenntnissen, Fähigkeiten und Erfahrungen in die Gesellschaft bei. Von den Unterrichtenden erfordert das Kreativität, Sensibilität und die Fähigkeit zur Empathie für die Lernenden.

In Rahmen der Diskussion wurde kritisch auf den Widerspruch hingewiesen, dass die Frage, welche Fähigkeiten als Ressourcen anzusehen sind, oft ohne Einbeziehung der MigrantInnen selbst diskutiert wird. Die Anerkennung der Bildungschancen, die Eltern ohne Grundbildung ihren Kindern ermöglicht haben, und die Wertschätzung von Integrationsleistungen illiterater Menschen wurden als Beispiel für eine positive Sichtweise statt der vielerorts vorherrschenden Defizitorientierung genannt.

Von besonderer Bedeutung ist die *Anerkennung und Nostrifizierung von im Ausland erworbenen Bildungsabschlüssen*. In diesem Bereich besteht noch großer Handlungsbedarf. Die Anerkennung abgeschlossener Ausbildungen (und auch erworbener Teilqualifikationen) ist ein entscheidender Faktor zur gleichberechtigten Partizipation von MigrantInnen am Arbeitsmarkt und in der Gesellschaft und ist auch aus volksökonomischer Sicht gewinnbringend. *Dequalifikation* (berufliche Tätigkeit unter dem Bildungsniveau und den eigentlichen Fähigkeiten, z.B. Chemikerin arbeitet als Putzfrau, Zahnärztin als Kosmetikerin) wird dadurch verhindert und *Brain Drain* (Zuwanderung von im Ausland ausgebildeten Personen) sinnvoll genutzt.

Umgang mit Mehrsprachigkeit in den Bildungsinstitutionen der Erwachsenenbildung

Teil einer grundsätzlich wertschätzenden Haltung gegenüber einer Person ist auch die positive Einstellung zu ihrer Sprache. Erwachsene beherrschen zum Zeitpunkt der Einwanderung bereits (mindestens) eine Sprache, ihre Erstsprache. Viele sprechen auch mehrere Sprachen fließend. Die Anerkennung der Herkunftssprachen von MigrantInnen und die Aufwertung ihrer *Mehrsprachigkeit* sind für alle weiteren Lernprozesse wichtig. Der Umgang mit Mehrsprachigkeit, die Wahrnehmung und Wertigkeit von Sprachen und Ansätze zu einer Didaktik der Mehrsprachigkeit sind daher auch in der Erwachsenenbildung von großer Bedeutung.

Eine positive Einstellung zu *Mehrsprachigkeit* im Unterrichtsgeschehen manifestiert sich in
- einer positiven Haltung gegenüber den Erstsprachen der KursteilnehmerInnen im Kurs und in der Beratung
- der Wertschätzung von Zwei- und Mehrsprachigkeit der Lernenden
- der Ermunterung zur Verwendung der Muttersprachen auch im Unterricht selbst statt Vermeidung oder gar Verbota
- der Aneignung von Wissen über Herkunftssprachen seitens der Unterrichtenden
- der Einbeziehung der Erstsprachen in den Unterricht zur Bewusstmachung von Ähnlichkeiten und Unterschieden (language awareness)
- dem Thematisieren des Wertes der Erstsprache in den Familien und der Weitergabe und Förderung der Sprache(n) der Eltern an die Kinder

Institutionell ist Mehrsprachigkeit in Einrichtungen der Erwachsenenbildung in Form verschiedener Angebote aufzuwerten und zu fördern durch:
- Bildungsberatung und Kursinformation in mehreren Sprachen (z.B. mehrsprachige Kursprogramme bzw. Kursprogramme in verschiedenen Sprachen)
- Verwendung der in der Gruppe vorhandenen Sprachen im Kursgeschehen
- Einbeziehung einer oder mehrerer Sprachen in die Unterrichtsunterlagen
- Vermittlung von Wissen über andere Sprachen für KursleiterInnen im Rahmen von LehrerInnenaus- und weiterbildung
- Angebote zur beruflichen Ausbildung in verschiedenen Erstsprachen
- Entwicklung und Einsatz von Fachliteratur/Unterrichtsmaterial zu berufsbezogenen Ausbildungsangeboten in verschiedenen Erstsprachen
- Organisation von Sprachtandems und Lernpartnerschaften
- Organisation von Sprach-Gruppentreffen (z.B. Frauen Lateinamerikas, …)

Kontinuität und Nachhaltigkeit in den Übergängen zwischen Bildungseinrichtungen

Beim Wechsel zwischen Bildungsinstitutitonen, z.B. von der Schule zu Einrichtungen der Erwachsenenbildung, beim Wechsel zwischen verschiedenen Kursangeboten oder beim Übergang zu einem weiterführenden (berufsbezogenen) Bildungsangebot, stellen sich für MigrantInnen verschiedene Probleme:

- Durch die Unübersichtlichkeit der Angebote besteht ein zunehmender Bedarf an anbieterunabhängigen Beratungsangeboten (auch in verschiedenen Erstsprachen).
- Zwar gibt es mittlerweile ein relativ breites Angebot an Deutsch-Anfängerkursen, für Fortgeschrittene fehlt es aber oft an leistbaren Angeboten.
- Gerade im Bereich Alphabetisierung mit Deutsch als Zweitsprache und Basisbildung ist zwar ein Grundangebot für Erwachsene vorhanden, Lücken zu weiterführenden Fachausbildungen (Lehrausbildungen, Berufsreifeprüfung etc.) bestehen noch.
- Es fehlt an Sprachkursen mit thematischer/fachlicher Spezialisierung, die auf weiterführende fachliche Ausbildungsangebote vorbereiten.
- Berufsbezogene Ausbildungen schließen BewerberInnen durch Aufnahmeverfahren aus, die Deutschkenntnisse auf sehr hohem Niveau verlangen (z.B. Diktat, Rechtschreibtest), selbst wenn diese für die betreffende Ausbildung nicht unbedingt fachlich relevant sind (z.B. EDV-Ausbildung).
- Im Ausland erworbene Kenntnisse bzw. Abschlüsse werden nicht erfasst bzw. nicht in das Kursgeschehen einbezogen.

Zu fördern sind daher
- leistbare Angebote für Fortgeschrittene
- Sprachkurse, die Fachsprache vermitteln und auf weiterführende Ausbildungen vorbereiten
- Nostrifikation bereits vorhandener Abschlüsse aus dem Ausland
- Schaffen entsprechender (anbieterunabhängiger) Beratungsangebote, um die Durchschaubarkeit des breiten Angebots der Erwachsenenbildung zu gewährleisten
- Mehr Informationen über Förderungs- und Finanzierungsmöglichkeiten auch in den Erstsprachen
- Durchlässigkeit der Angebote (inhaltlich und sprachlich)
- Kurse mit Kinderbetreuung auch bei Angeboten für Fortgeschrittene und bei berufsbezogenen Angeboten
- Kontakt zu Firmen als (zukünftige) Arbeitgeber, um in (Sprach-)Kursen auf die Praxisanforderungen einzugehen

Grundsätzlich sollte für alle Bildungsinstitutionen „Kundenorientierung" in der Beratung und im Unterricht für alle TeilnehmerInnen, also auch für die Zielgruppe der MigrantInnen selbstverständlich sein.

Wesentlich für eine Verbesserung von Kontinuität und Durchlässigkeit von Bildungsmaßnahmen ist außerdem ein Austausch zwischen verschiedenen Institutionen der Erwachsenenbildung und ein intensiverer *Dialog zwischen kursanbietenden und fördergebenden Institutionen.*

Geschlechtergerechtigkeit

Bildung ist eine wertvolle Ressource, die Männern und Frauen in gleicher Weise zugänglich sein muss. Gerade in der Migration können Bildungsangebote einen wertvollen Beitrag zur Förderung der gleichberechtigten Teilhabe von Frauen und Männern an der Gesellschaft leisten. Voraussetzung dafür ist auch die *geschlechtersensible Gestaltung von Bildungsangeboten.*

Die Förderung der Teilnahme von Frauen muss Schwerpunkt von (sprach-)bildenden Maßnahmen sein, denn Sprachkenntnisse spielen für den Aufbau von Bildung und Selbständigkeit von Frauen eine wesentliche Rolle. Frauen sollen sich Wissen nicht nur aneignen, um ihre Kinder unterstützen zu können, sondern auch für sich selbst, um sich weiterzubilden und mehr Möglichkeiten zur gesellschaftlichen und beruflichen Etablierung zu bekommen und um eine Vorbildfunktion ausüben zu können. Zu hinterfragen ist aber auch die gesellschaftliche Rolle des Mannes. Bei der Planung von Förderungsmaßnahmen in der Erwachsenenbildung sind daher die geschlechtsspezifischen Bedürfnisse von Frauen *und* Männern zu berücksichtigen. Konkrete Maßnahmen müssen auf die Bedürfnisse ihrer Zielgruppe (z.B. Frauen mit Kleinkindern, Berufstätige) eingehen.

Der sensible Umgang mit *Sprache* (z.B. die Verwendung von weiblichen Personenbezeichnungen) wie auch die kritische Auseinandersetzung mit *Rollenbildern* (z.B. Überdenken der Rollen von Frauen in Lehrmaterialien oder in Berufsbildern) sind wichtige Bestandteile einer geschlechtergerechten Bildungspolitik.

In der Diskussion kamen folgende Fragen zur Sprache:

- Wie wird Selbstorganisation von MigrantInnen wahrgenommen und gefördert?
- Wie stark sind die konkreten Bestrebungen, Frauen zur Bildung zu motivieren?
- Wie ist das Verhältnis zwischen Bildungsbedürfnis und Zwang zur Bildung (z.B. durch die Integrationsvereinbarung)?
- Haben gewisse Maßnahmen für Geschlechtergerechtigkeit möglicherweise Alibicharakter?

Im Sinne des *Empowerment* von Frauen *und* Männern sind bei der Gestaltung von Bildungsmaßnahmen zu beachten:

- ein ausreichendes Angebot an Bildungsmaßnahmen mit Kinderbetreuung (die Finanzierung solcher Angebote scheint schwieriger zu werden)
- mehr Kurse ausschließlich für Frauen

- mehr Kurse, die im Rahmen der Berufstätigkeit besucht werden können und daher auch Männer erreichen (Angebote am Abend und am Wochenende)
- mehr niederschwellige Angebote in den Communities
- mehr geförderte Bildungsmaßnahmen für Frauen, die noch nicht im Arbeitsprozess stehen und Berufstätigkeit in einem qualifizierten Bereich anstreben
- Berücksichtigung von Kinderbetreuungspflichten und Pflegeaufgaben im zeitlichen Rahmen zur Erfüllung der Integrationsvereinbarung
- Überdenken und Hinterfragen von Rollenklischees im Unterrichtsgeschehen und in Unterrichtsmaterialien

Anforderungen an die Lehrenden in der Erwachsenenbildung

Den in der Erwachsenenbildung tätigen TrainerInnen und BeraterInnen kommt eine ganz entscheidende Rolle im Hinblick auf Spracherwerb und Integration von MigrantInnen zu. Neben ihrer Kernaufgabe, der Sprachvermittlung, erfüllen Unterrichtende in ihrem Berufsalltag eine Fülle weiterer Aufgaben: Sie entwickeln Unterrichtsmaterial und methodische Ansätze, begleiten Lernende in ihrem Alltag im Aufenthaltsland und unterstützen sie in ihrem Integrationsprozess. Vielfach sind SprachlehrerInnen die erste Brücke zum Aufenthaltsland. Bei sozialen und rechtlichen Problemen sind sie oft erste AnsprechpartnerInnen und leisten sozialarbeiterische „Erste Hilfe". Zusätzlich dazu übernehmen sie vielfach auch beratende und administrative Aufgaben (z.B. im Zusammenhang mit der Integrationsvereinbarung oder dem Wiener Bildungspass), die weit über die eigentlichen Unterrichtsaufgaben hinausgehen und in der Regel auch nicht bezahlt werden.

Vergleicht man die Anforderungen an TrainerInnen in der Erwachsenenbildung mit den Rahmenbedingungen ihrer Arbeit, ist eine starke Diskrepanz festzustellen. Der momentane Status dieser Berufsgruppe ist denkbar schlecht: Viele Betroffene befinden sich in so genannten „atypischen", kurzfristigen und schlecht bezahlten Beschäftigungsverhältnissen, Mehrfachqualifikationen werden nicht entsprechend honoriert, eine langfristige Personalpolitik, die erworbenes Know-How entwickelt, erhält und auch entsprechend entlohnt und damit MitarbeiterInnen auch langfristig „binden" kann, scheint in den meisten Kursinstitutionen nicht von Priorität.

Kursanbietende Institutionen und Auftraggeber bzw. Fördergeber der Kurse erwarten mehrfache Kompetenz und langjährige Erfahrung, zugleich bieten sie aber keine qualitätssichernden und auf Nachhaltigkeit gründenden Arbeitsbedingungen für TrainerInnen. Viele gut ausgebildete TrainerInnen verlassen die Erwachsenenbildung daher meist nach einigen Jahren wieder. Eine Kontinuität fördernde Personalpolitik kann auf diese Weise überhaupt nicht geleistet werden, obwohl sich die oft geforderte Kontinuität und Nachhaltigkeit von Kursmaßnahmen auch auf die Lehrenden beziehen muss.

Verbesserung ist v.a. in zwei Bereichen anzustreben:

- Die Entlohnung ist verglichen mit den erwünschten Qualifikationen und Belastungen im Berufsalltag zu gering.
- Die meisten Beschäftigungsverhältnisse sind sogenannte „atypische" Arbeitsverhältnisse (freier Dienstvertrag oder Werkvertrag, kaum Angestelltenverhältnisse) und sind in der Regel nur auf einige Wochen oder Monate befristet.

Hier ist die Bildungspolitik gefragt, für bessere Rahmenbedingungen für die Unterrichtenden zu sorgen. Auch Fördergeber müssen auf die Situation der Unterrichtenden aufmerksam gemacht werden. Verlangte Zusatzqualifikationen (z.b. für Alphabetisierung) und erwartete Praxiserfahrungen im Umgang mit speziellen Zielgruppen (z.b. Jugendliche, Arbeitslose) müssen entsprechend entlohnt werden.

Zu einer Verbesserung der Arbeitsbedingungen tragen weiters bei:

- begleitende Supervision bzw. Intervision, Austausch mit KollegInnen, Fach-Coaching
- bezahlte Fortbildung und Weiterbildung
- Zeit und Raum für (bezahlter) Entwicklungsarbeit (z.b. von Unterrichtsmaterial)
- Beschreibung eines eigenständigen Berufsbilds „ErwachsenenbildnerIn" zur Aufwertung der Tätigkeit und der Qualifikationen von TrainerInnen in der Erwachsenenbildung

Arbeitssituationen, die nicht von Unsicherheit, kurzfristigen, prekären und schlecht entlohnten Dienstverhältnissen, mangelnder Ausstattung und oft auch Überforderung gekennzeichnet sind, sind als entscheidender Faktor zur Sicherung von Qualität und Kontinuität anzusehen.

Ein zentraler Aspekt im Hinblick auf Qualitätssicherung ist auch die *Ausbildung bzw. Weiterbildung von TrainerInnen* in der Erwachsenenbildung. Zwar gibt es für den Bereich Deutsch als Fremdsprache in Österreich eine reiche Palette an Ausbildungen (vgl. den Beitrag von Plutzar in diesem Band), auf die spezifischen Anforderungen für Deutsch als Zweitsprache bereiten aber die meisten dieser Angebote nicht ausreichend vor. Auf die konkreten Berufsanforderungen angepasste und geförderte Aus- und Fortbildungsangebote für TrainerInnen in der Erwachsenenbildung sind zur Qualitätssicherung aber unumgänglich. Daher müssen Angebote zur Aus- und Fortbildung von KursleiterInnen bezüglich ihrer Praxisrelevanz immer wieder kritisch überdacht, verändert und ergänzt werden. Die Erarbeitung eines Berufsbildes für TrainerInnen und BeraterInnen in der Erwachsenenbildung kann dafür eine wichtige Grundlage sein. Als Beispiele für gewünschte und derzeit praxisrelevante zusätzliche Inhalte von Aus- und Fortbildungsangeboten wurden in der Diskussion angeführt:

- Schulungen zum Themenbereich Ausländergesetzgebung und allgemeine rechtliche Grundlagen
- Umgang mit „Integrations-Kursen" und Prüfungen
- Einführung in die Portfolioarbeit mit den Lernenden
- Selbsterfahrung der Lehrenden zum Thema Sprachenlernen und Mehrsprachigkeit

Resümee

Maßnahmen zur nachhaltigen Sprachförderung in der Erwachsenenbildung betreffen Lernende, Lehrende und Institutionen.

Lernende müssen bereits frühzeitig über das Bildungssystem und über Bildungsangebote informiert werden. Kursangebote müssen zielgruppenadäquat gestaltet sein und den Lernenden aufbauend auf den bisher erworbenen Kenntnissen und Erfahrungen konkrete Hilfe bei der Aneignung der neuen Sprache bieten. Kommunikative Aspekte und Alltagsrelevanz sollen hier im Vordergrund stehen, das Lernen für Prüfungsaufgaben für den Test im Rahmen der Integrationsvereinbarung ist eine unnötige zusätzliche Belastung für Lernende und Lehrende.

Lehrende müssen auf die vielfältigen Anforderungen in ihrer Aus- und Weiterbildung ausreichend vorbereitet werden. Die inhaltliche (Weiter-)Entwicklung von entsprechenden Aus- und Weiterbildungs-Angeboten für Lehrende und die Verbesserung der Arbeitsbedingungen verringern die Belastung der Unterrichtenden und tragen damit entscheidend zur erfolgreichen Gestaltung von Spracherwerbsprozessen bei.

Der Aufbau kontinuierlicher und durchlässiger Bildungsangebote erfordert aber auch die Vernetzung aller handelnden und entscheidenden Akteure im Erwachsenenbildungsbereich. Nur durch Kooperation von kursanbietenden Institutionen mit Fördergebern und Interessensvertretungen von Lernenden und Lehrenden kann die zielgruppenadäquate Gestaltung von Bildungsangeboten verbessert und damit auch die Beteiligung der Zielgruppe erhöht werden.

Die Kriterien Geschlechtergerechtigkeit, Empowerment und Ressourcenstärkung, die Unterstützung von MigrantInnen bei der Verwirklichung längerfristiger Bildungsziele sowie die bewusste Förderung von Mehrsprachigkeit müssen hier verbindlich sein. Zur besseren Vernetzung sind Initiativen zu Informations- und Meinungsaustausch wie diese Tagung ein wesentlicher Beitrag, um Qualität und Nachhaltigkeit von sprachfördernden Maßnahmen zu sichern und um das Thema Sprache im Zusammenhang mit Migration und Integration auf konstruktive Weise zu behandeln.

Literatur

Europarat (2001), *Gemeinsamer europäischer Referenzrahmen für Sprachen: lernen, lehren, beurteilen. Niveau A1, A2, B1, B2, C1, C2*, Berlin u.a., http://www.goethe.de/z/50/commeuro/deindex.htm.

Faistauer, Renate/Fritz, Thomas/Hrubesch, Angelika/Ritter, Monika (2006), *Rahmencurriculum Deutsch als Zweitsprache und Alphabetisierung*, http://www.wien.gv.at/integration/pdf/ma17-rahmen-curriculum.pdf.

Plutzar, Verena/Haslinger, Ilse (2005), *Sprachen-und Qualifikationsportfolio für MigrantInnen und Flüchtlinge*, Verein Projekt Integrationshaus, Wien, http://www.integrationshaus.at/portfolio/.

Quetz, Jürgen (2003), „Erwerb von Fremdsprachen im Erwachsenenalter", in: Karl-Richard Bausch/Herbert Christ/Hans-Jürgen Krumm (Hrsg.), *Handbuch Fremdsprachenunterricht*, 4. Aufl., Tübingen/Basel, 464–470.

Querschnittsthemen und übergreifende Fragestellungen

Margit Doubek, Angelika Hrubesch, Barbara Rössl

Leistungsfeststellung und Dokumentation

In diesem Workshop wurden verschiedene Formen der Leistungsbeurteilung unter dem Aspekt der Mehrsprachigkeit diskutiert und überlegt, wie die Dokumentation von (sprachlichen) Leistungen zur Schaffung von Kontinuität bzw. Transparenz bei Übergängen von und zu unterschiedlichen Bildungseinrichtungen beitragen kann. Eine stets präsente Frage war auch jene nach den notwendigen Maßnahmen, wenn bei der Leistungsmessung Defizite festgestellt würden.

Formen der Leistungsfeststellung

Bei allen Verfahren, mit denen (sprachliche) Leistung überprüft wird, gilt es zu bedenken:

- Die Leistungsfeststellung selbst stellt immer nur eine Momentaufnahme im Erwerbsprozess dar.
- Die Leistungsmessung soll so angelegt sein, dass sie aus der Sicht der Beurteilten als Einladung, Leistung zu zeigen verstanden werden kann und nicht als reiner Kontrollmechanismus empfunden wird.
- Die Leistungsfeststellung stellt immer ein verkürztes Verfahren dar – es wird nur ein Ausschnitt aus dem gesamten Leistungspotential sichtbar bzw. erschließbar.

Die *Grundfragen bei jeder Leistungsmessung* müssen lauten: WAS und WIE soll gemessen werden? WIE wird Sprachfähigkeit definiert und welches Messverfahren wird angewandt? Und WIE werden die ermittelten Messwerte dann beurteilt?

Leistungsfeststellung hat also unterschiedliche Ziele und Zwecke, denen die gewählte Form der Messung entsprechen muss: Die Feststellung einer definierten Leistung (*achievement*) steht im Gegensatz zur Erfassung der Fähigkeit im Gebrauch einer Sprache (*proficiency*), die kurs- und lehrwerksunabhängig erfolgt (mit Bezug z.B. auf den Gemeinsamen Europäischen Referenzrahmen für Sprachen). Die Leistungsmessung kann normorientiert (z.b. mit der Lernergruppe als Bezugsgröße) erfolgen oder kriterienorientiert (in Bezug auf ein Außenkriterium, z.b. Lernziele). Hinzu kommen Sprachstandsdiagnosen (z.b. mittels Beobachtungsverfahren oder Fragebögen) mit dem Ziel der Förderbedarfserhebung und Lerndossiers oder Portfolios, die Selbst- (*self-assessment*) und Fremdevaluation vereinen und lernbegleitend (statt punktuell) eingesetzt werden.

Die Gütekriterien eines Tests (nach der klassischen Testtheorie) sind die *Validität* (Gültigkeit, also: Überprüft ein Test das festgelegte Konstrukt?), die *Reliabilität* (Zuverlässigkeit der Messung, also: Sind die Testergebnisse reproduzierbar?) und die *Objektivität* bezüglich Durchführung, Auswertung, Interpretation des Tests. Weitere wichtige Kriterien sind Fairness, Transparenz, Praktikabilität, Authentizität, Nützlichkeit, *backwash effect* (Rückwirkungseffekt) und (soziale) Auswirkungen eines Tests (*impact*).

Sprachkompetenzen von Kindern feststellen – eine Orientierungssuche

Diskussionen um die Möglichkeit bzw. Unmöglichkeit, sprachliche Fähigkeiten von Kindern im *Kindergarten- und Grundschulalter* überhaupt einzuschätzen, werden nicht ohne Grund zumeist recht hitzig geführt. Dabei werden auf der einen Seite kritische Stimmen laut, die sich speziell auf die Schwierigkeit einer Normalitätsannahme und also einer Generalisierung (jedweder) sprachlicher Aneignungsverläufe richten. Auf der anderen Seite stehen anforderungsbedingte Erwartungen an Sprachstandserhebungsverfahren seitens der mit sprachlichen Beurteilungen bzw. Einschätzungen betrauten PädagogInnen.

Das Spannungsfeld zwischen diesen komplementären Perspektiven erweist sich bei einer umfassenden sowie differenzierten Ansicht als durchzogen von einem komplex verästelten Fragestellungsgefüge mit sehr verschiedenen Antwortpotentialen. Daraus lassen sich die Möglichkeiten sowie gegenwärtig speziell auch die Probleme erklären, sprachliche Fähigkeiten, zumal in einem *mehrsprachigen Kontext,* einzustufen, was sich in verdichteter Form in den aktuellen Bestrebungen zu Testverfahrensentwicklungen widerspiegelt.

Frage des Verwendungszusammenhanges: Förderung und Selektion

Zweck sowie *Umsetzungsmöglichkeit* sollten bei der Konzeption, Auswahl und beim Einsatz einer Sprachstandserhebung bzw. -beurteilung als grundlegende Kriterien zu allererst berücksichtigt werden. Diesen Anforderungen können gegenwärtig vielfach diejenigen Verfahren nicht oder nur schwerlich gerecht werden, die es sich zur Aufgabe gemacht haben, als Basis für anschließende *Fördermaßnahmen* zu fungieren, wie jene für das Kindergartenalter sowie für die Schuleingangphase. Als mehrheitlich völlig ungeklärt stellt sich dabei heraus, wie und ob die erhaltenen sprachlichen Daten in dem überaus weiten Rahmen der mehrsprachigen Aneignung interpretiert und für sprachentfaltungswirksame Fördermaßnahmen aufgegriffen werden können. In dieses Problemfeld mündet gegenwärtig letztlich auch die Frage, in welcher der Sprachen die Kompetenzen mehrsprachiger Kinder erhoben werden sollen, sowie die Umsetzung ihrer Beantwortung, derzufolge die herkunftssprachlichen Fähigkeiten bei einer umfassenden Sprachdiagnostik miteinzubeziehen sind (Reich/Roth 2004). Aktuell ist diese Forderung jedoch als Desiderat einzustufen: fehlende bzw. bislang nicht berücksichtigte Maßnahmen, allen voran *mehrsprachige Förderprogramme* sowie *herkunftssprachliche Fachkräfte*, lassen die Sinnhaftigkeit auch noch so differenzierter Sprachstandserhebungsverfahren a priori ins Wanken geraten.

Beurteilungsmaßstab – Empirischer Forschungsstand

Dass sich eine aussagekräftige Einschätzung von Sprachkenntnissen in Deutsch als Zweitsprache im Kindergarten- und Grundschulalter sinnvollerweise an den typischen Sprachaneignungsverläufen orientieren sollte, ist aufgrund der noch disparaten empirischen Forschungslage zum Zweitspracherwerb aktuell fraglos noch nicht zufriedenstellend umsetzbar. Der *schulische* Beurteilungsmaßstab klammert jedoch selbst die aus der Forschung bereits hinlänglich belegten *Erwerbsverläufe von Deutsch als L2* (z.B. Diehl/Christen/Leuenberger 2000) aus. Allzu früh werden etwa komplexe morphosyntaktische Formen als entscheidende Kriterien für die Benotung herangezogen. Fehlervermeidungsstrategien und letztlich Stagnationen im Spracherwerb sind Folgen dieser rigiden Benotungssituation.

Sprachkompetenzen von Jugendlichen und Erwachsenen dokumentieren

Für die Beurteilung und Dokumentation der Sprachkompetenzen von *SchülerInnen* steht den LehrerInnen in Österreich fast ausschließlich das Notensystem von 1 bis 5 zur Verfügung, das sich – auch aus bereits oben genannten Gründen – allerdings nur bedingt für die Beurteilung der Leistungen von DaZ-LernerInnen eignet. Problematisch ist auch hier die Frage nach dem Bezugsrahmen: der „Klassendurchschnitt" etwa oder extern entwickelte Bildungsstandards bzw. Lernziele für eine bestimmte Jahrgangsstufe können kaum Beurteilungsgrundlage für mehrsprachige Kinder und Jugendliche darstellen, noch weniger für die sogenannten „SeiteneinsteigerInnen". Dies bedeutet derzeit relative Willkür in der Beurteilung der betroffenen SchülerInnen bzw. in der Interpretation ihrer Schulnoten. Abhilfe könnten hier alternative Beurteilungsformen wie Portfolios schaffen, die den individuellen Sprachstand aber auch die Mehrsprachigkeit der SchülerInnen dokumentieren und beim Übertritt in andere Schulformen oder den Einstieg in den Arbeitsmarkt ein differenziertes Bild vom Sprachstand jedes /jeder Einzelnen liefern würden. Zwar werden solche Möglichkeiten in vielen Schulen genutzt und als (durchaus prestigeträchtige) Zusatzinstrumente eingesetzt, allerdings dürfen sie die Notengebung nicht ersetzen, womit ihr eigentlicher Zweck ad absurdum geführt wird.

Für *erwachsene LernerInnen* der Zweitsprache Deutsch brachten die sogenannte „Integrationsvereinbarung" im Niederlassungs- und Aufenthaltsgesetz 2003 bzw. 2006 und die Novelle zum Staatsbürgerschaftsgesetz 2006 wesentliche Veränderungen in Bezug auf Leistungsfeststellung und -dokumentation. Erfolgte bis dahin der Besuch von Deutschkursen (fast) ausschließlich aus eigenem Antrieg, sind Neuzuwandererinnen bzw. Einbürgerungswillige nun zum offiziellen Nachweis ihrer Deutschkenntnisse auf A2-Niveau – überwiegend in Form von bestandenen Tests – verpflichtet. Dies setzt viele MigrantInnen unter enormen Druck, da das Gesetz weder auf ihre persönlichen Lebensumstände (Berufstätigkeit, Betreuungspflichten etc.) noch auf ihre vorangegangenen Lernerfahrungen (Alphabetisierungsgrad, Studienerfahrung etc.) Rücksicht nimmt. Wird der erforderliche Nachweis nicht innerhalb einer bestimmten Frist erbracht, drohen Sanktionen, die bis zur Ausweisung führen können (für nähere Informationen siehe den Beitrag von Blaschitz/de Cillia in diesem Band, zu Stellungnahmen auch www.sprachenrechte.at). Dies ist ein höchst problematischer Punkt, denn das Nichtbestehen eines Test kann für die Betroffenen sogar existenzgefährdend sein.

Ebenso kritikwürdig ist die Tatsache, dass keiner der vom Gesetzgeber akzeptierten Nachweise als tatsächlich adäquat erscheint. Diplome wie die des Österreichischen Sprachdiploms (ÖSD) sind eher für FremdsprachenlernerInnen konzipiert und weniger geeignet als Nachweis von im Gesetz geforderten Sprachkenntnissen, die die „Teilnahme am gesellschaftlichen, wirtschaftlichen und kulturellen Leben in Österreich" gewährleisten sollen. Der vom Österreichischen Integrationsfonds (ÖIF) entwickelte Test wurde zwar für die Zielgruppe „MigrantInnen in Österreich" enwickelt, weist aber in Gütekriterien Validität und Reliabilität erhebliche Mängel auf.

Dazu kommt, dass Tests durch ihre überwiegende Schriftlichkeitsorientierung literale und sprachliche Kompetenzen undifferenziert konfundieren. Die Ergebnisse liefern somit ein völlig verzerrtes Bild zu den tatsächlichen sprachlichen Kompetenzen, wodurch besonders Personen mit wenig Schulerfahrung hochgradig benachteiligt werden.

Es ist mehr als bedauerlich, dass auf die Lebens- und Lernrealität der Menschen nicht eingegangen wird und dass alternative Möglichkeiten der Leistungsdokumentation nicht berücksichtigt werden. Gerade wenn über Integration gesprochen wird, braucht es neben differenzierten Kursangeboten auch entsprechende Möglichkeiten der Leistungsdokumentation, wie sie ja in Form von Portfolios bereits vorliegen, aus denen dann individuelle Leistungsprofile hervorgehen, wie z.b. in Österreich das „Sprachen- und Qualifikationsportfolio für MigrantInnen und Flüchtlinge" (Verein Projekt Intergrationshaus 2005).

Schlussfolgerungen und Forderungen

Aus den Inputs und Diskussionen des Workshops ergeben sich folgende Desiderata der TeilnehmerInnen:

- Schaffung von Mitteln und Ressourcen zur intensiven Forschungstätigkeit zum Spracherwerb in verschiedenen Kontexten
- Berücsichtigung der Mehrsprachigkeit der Lernenden auf allen Ebenen, angefangen von der vorschulischen Sprachstandsfeststellung bis zur Möglichkeit der „Erstsprachennote" im Maturazeugnis
- Verstärkung des Angebots muttersprachlichen Unterrichts bzw. des Einsatzes muttersprachlicher MitarbeiterInnen im Kindergarten
- Einführung einer gemeinsamen Grundausbildung für alle PädagogInnen (vom Kindergarten bis zur Erwachsenenbildung) mit verpflichtenden Lehrveranstaltungen aus den Bereichen Deutsch als Zweitsprache und Interkulturellem Lernen
- Schaffung ausreichender Aus- bzw. Weiterbildungsangebote für Unterrichtende auf dem Feld der Leistungsmessung bzw. -beurteilung
- Vereinheitlichung der Trägerschaft für Bildungsinstitutionen (insbesondere Kindergarten bis Sekundarstufe II) sowie des Dienst- und Besoldungsrechts für PädagogInnen

- Berücksichtigung alternativer Systeme der Leistungsdokumentation (z.b. Lerndossiers oder Portfolios) im Schulwesen und in der Erwachsenenbildung, um Stärken der LernerInnen hervorheben und Kompetenzen individuell darstellen zu können
- Diskussion eines Rahmen- bzw. Referenzsystems zur Beurteilung der Deutschkenntnisse mehrsprachiger SchülerInnen, um Objektivität und Transparenz zu gewährleisten
- Reflexion über Sinn und Zweck der Leistungsbeurteilung und Planung von anschließenden Maßnahmen (Förderung statt Segregation, adäquate Sprachlernangebote statt Verlust des Aufenthaltstitels)
- Schaffung ausreichender Ressourcen für flächendeckende Fördermaßnahmen, geplant und durchgeführt von ausgebildeten Fachkräften

Literatur

Diehl, Erika/Christen, Helen/Leuenberger, Sandra (2000), *Grammatikunterricht: alles für die Katz?*, Tübingen.

Ehlich, Konrad u.a. (2005), *Anforderungen an Verfahren der regelmäßigen Sprachstandsfeststellung als Grundlage für die frühe und individuelle Förderung von Kindern mit und ohne Migrationshintergrund*, Berlin.

Europarat (2001), *Gemeinsamer europäischer Referenzrahmen für Sprachen: lernen, lehren, beurteilen. Niveau A1, A2, B1, B2, C1, C2*, Berlin u.a. www.goethe.de/z/50/commeuro/deindex.htm

Österreichisches Sprachdiplom (ÖSD), www.od.at

Österreichischer Integrationsfonds (ÖIF), *Test*, http://www.integrationsfonds.at/index.php?id=285

Reich, Hans H./Roth, Hans-Joachim (2004): *HAVAS 5 – Hamburger Verfahren zur Sprachstandsanalyse Fünfjähriger. Auswertungsbogen und Auswertungshinweise*, Hamburg.

Schweizerische Konferenz der kantonalen Erziehungsdirektoren (EDK), Hrsg. (1999), *Europäisches Sprachenportfolio. Schweizer Version*, Bern. www.sprachenportfolio.ch

Verein Projekt Integrationshaus, Hrsg. (2005), *Sprachen- & Qualifikationsportfolio für MigrantInnen und Flüchtlinge*, Wien. http://www.integrationshaus.at/portfolio

Vollmer, Helmut J. (2003), „Leistungsmessung, Lernerfolgskontrolle, Selbstbeurteilung: Überblick", in: Karl-Richard Bausch/Herbert Christ/Hans-Jürgen Krumm (Hrsg.): *Handbuch Fremdsprachenunterricht*, 4. Auflage, Tübingen/Basel, 365–370.

Reva Akkuş, Keziban Demirbaş,
Maria Fill, Martin Wurzenrainer

Elternarbeit

In der Arbeitsgruppe „Elternarbeit" wurden folgende zentrale Fragestellungen diskutiert:

- Werden die Kompetenzen der Eltern mit Migrationshintergrund wahrgenommen und als Ressource genützt?
- Welche Anforderungen ergeben sich daraus für die ExpertInnen?
- Gibt es in den Angeboten zur Elternarbeit eine geschlechtsspezifische Benachteiligung von Frauen und Männern?

Diese Fragen wurden in der Beschreibung von bereits bestehenden Strategien bzw. geplanten Projekten erörtert. Nach der Methode des „World Café" diskutierten die TeilnehmerInnen anschließend in wechselnden Gruppen weitere Strategien und erarbeiteten Forderungen und Desiderata.

Für das Gelingen von Elternarbeit stehen zwei Faktoren im Vordergrund: Zum einen ist eine intensive Kooperation der Schule mit den Eltern eine Voraussetzung, um diese Zielgruppe überhaupt zu erreichen, und zum anderen darf in der Definition der Zielgruppe nicht nur auf die Eltern der Minderheitsgesellschaft fokussiert werden. Eine Ausprägung der Elternarbeit sind Bildungsveranstaltungen, da das Angebot von Informationsveranstaltungen eine Möglichkeit darstellt, alle Eltern zu erreichen. Ein Großteil der dabei angebotenen Themenbereiche (Familie, Erziehung, Spracherwerb, Gesellschaft, Wohnen, Arbeit, Bildung und Bildungssysteme) deckt spezifische Bedürfnisse aller Eltern ab. Durch eine breite Bewerbung der Angebote steigt die Akzeptanz der Elternarbeit, dies fördert die Integration. Allerdings werden bei Elternarbeitsprogrammen oft Eltern der Mehrheitsgesellschaft nicht erreicht, da sie sich nicht als Zielgruppe angesprochen fühlen.

Elternarbeitsschwerpunkte am Beispiel des Integrationshauses (IH)

Angeboten werden Eltern-Workshops an Schulen, in denen mit kleinen Gruppen und mehrsprachigen LeiterInnen über längere Zeit an selbst gewählten Themen gearbeitet wird. In den Workshops schafft die enge Zusammenarbeit im kleinen Team starkes Vertrauen, wodurch auch an sensiblen Themen (Konflikte in der Partnerschaft, Gewalt in der Familie) gearbeitet werden kann.

Weiters werden Informationsveranstaltungen an Schulen angeboten, die als „erweiterte Elternabende" zu verstehen sind, bei denen (mehrsprachige) ExpertInnen über weniger sensible Themen (siehe oben) referieren. In „Mama lernt Deutsch"-Maßnahmen wird vorrangig mit schulinternen ExpertInnen (DirektorIn, SchulärztIn, LehrerInnen) gearbeitet, die Themen der Kommunikationstriangel Schule-Kinder-Eltern anbieten. Ein Nachteil dieses Modells ist die Ausklammerung der Väter und – wie bereits erwähnt – der Eltern der Mehrheitsgesellschaft.

Im IH-Gesamtkonzept sind auch Einzelberatungsstunden an Schulen vorgesehen, in denen sensible, persönliche Bedürfnisse, die in den anderen (Gruppen-)Angeboten nicht zur Sprache kommen können, mit Hilfe einer qualifizierten BeraterIn durch ressourcen- und lösungsorientierte Einzelberatung und -fallhilfe bearbeitet werden.

Von einer komplizierten Liebesbeziehung zu einer gleichwertigen Partnerschaft

Die Beziehung zwischen Schule und Eltern kann auch als komplizierte Liebesbeziehung beschrieben werden, weil die Zusammenarbeit und das gegenseitige Vertrauen schwierig scheinen, obwohl beide Seiten ein gemeinsames Ziel haben: Das Kind möglichst gut zu begleiten und zu erziehen! Aufgabe der ExpertInnen ist es herauszufinden, wie eine konstruktive Zusammenarbeit zwischen Schule und Elternhaus stattfinden kann. Wichtig ist es auch zu klären, warum Kommunikation zwischen beiden Seiten oft nicht gut funktioniert. Die konstruktive Beschäftigung mit den Zielen und Möglichkeiten der einzelnen Familien wird oft von „Kategorisierungen" behindert. Die klischeehafte Einteilung der Eltern mit Migrationshintergrund führt zu eindeutigen Wertungen, die zwar die Zuordnung und Orientierung vordergründig erleichtern, jedoch die eigene Flexibilität im Denken und Handeln verhindern und den Kontakt mit Eltern erschweren.

Todsünden in der Kommunikation mit Eltern mit Migrationshintergrund sind: Bewerten, ironische Bemerkungen machen, befehlen, den anderen bedrohen, ungebetene Ratschläge erteilen, vage sein, Informationen zurückhalten. Diese Kommunikationsfehler führen zu falschen Überlegenheitsgefühlen und Machtspielen. Eltern aus MigrantInnen- und Minderheitengruppen und/oder mit niedrigem Einkommen fühlen sich gegenüber den Schulen, die ihre Kinder besuchen, kulturell fremd und machtlos und versuchen sie zu meiden. Das erschwert den Eltern den Kontakt mit der Schule zusätzlich.

Nach dem so genannten Eisbergprinzip können wir davon ausgehen, dass 80% der Kommunikation von der Beziehungsebene beeinflusst sind, von unseren Ängsten, Erwartungen, Hoffnungen, Neigungen und Abneigungen. In der Kommunikation zwischen Schule bzw. LehrerInnen und Eltern reicht die Fokussierung auf die Sachebene daher nicht aus. Gerade in Konfliktsituationen ist es notwendig, die Beziehungsebene zu berücksichtigen. Eltern nehmen die Vorschläge der ExpertInnen zu Erziehung und Bildung ihres Kindes und besondere Förderangebote dann an, wenn sie merken, dass die ExpertInnen ein positives Bild von ihrem Kind haben. Daher ist es bei den Elterngesprächen sehr wichtig, auf die eigene Haltung zu achten und eine sehr respektvolle, sanfte aber klare Sprache anzuwenden.

Elternarbeit auch für Väter

In Projekten zur interkulturellen Familienarbeit und zur Förderung der Mehrsprachigkeit von Kindern mit multilingualem Hintergrund wird oft das Ziel formuliert, den gesamten familiären Kontext zu beachten. Tatsächlich wenden sich Maßnahmen wie „Mama lernt Deutsch" oder „Frauengesprächskreise" aber vor allem an die Mütter. Diese einseitige Konzentration sollte kritisch auf ihre Folgen überprüft werden. Die Hypothese ist, dass eine gezielte Förderung und Einbeziehung der Väter für eine profunde Sprachkompetenz der Kinder und die Funktion des Spracherwerbs in der gesellschaftlichen Integration der Familie unerlässlich ist. Durch die frauenspezifische Ausrichtung von Förderprojekten entstehen Foren des Austauschs zu wichtigen Themen, wie zum Beispiel zu Problemen aufgrund kultureller Unterschiede oder zum Zusammenhang von Migration und dem Bereich Partnerschaft und Familie. Dass Männer bei der Suche nach familiären Lösungsstrategien nicht einbezogen werden, resultierte bei Frauen häufig in dem Gefühl, bezüglich familiärer Entscheidungen und Kindererziehung alleine gelassen zu werden. Häufig versuchen Mütter durch externe Förderungen wie Nachhilfeunterricht zu gewährleisten, dass die Kinder Deutsch lernen. Fehlt jedoch die innerfamiliäre Unterstützung und Sprachpraxis vor allem auch durch den Vater, entsteht ein kontraproduktiver Druck auf die Kinder. Aufgrund des Vorliegens unterschiedlicher alltagspraktischer Erfahrungsräume und rollenspezifischer Bedürfnisse ist davon auszugehen, dass viele der für Frauen erprobten Fördermaßnahmen für männliche Migranten nicht greifen. Dies muss bei der Konzeption entsprechender Projekte berücksichtigt werden. Auch die Väter sollten gezielt adressiert werden, Themen wie männliche Identität, Dominanz, Aggression und Sexualität und deren möglicher Bedeutungswandel im Kontext der Migration sollten in einem geeigneten Rahmen speziell für Männer besprechbar gemacht werden, auch um diese für gesamtfamiliäre Entwicklungsprozesse zu sensibilisieren. Gleichzeitig sollte durch entsprechende Projekte das Verständnis für die Rollen anderer Familienmitglieder gefördert werden.

Forderungen und Desiderata

Mehrsprachigkeit ist in der österreichischen Gesellschaft als Normalfall anzuerkennen. Dafür muss sich die Einstellung der Mehrheitsgesellschaft und insbesondere der im Bildungswesen Tätigen zur Mehrsprachigkeit ändern: Mehrsprachigkeit muss in Schule und Gesellschaft verstärkt als Recht und Bereicherung begriffen werden.

Der Schule kommt hier eine wichtige Vorbildfunktion zu. Mehrsprachige Eltern sind nicht als Störfaktor zu sehen, vielmehr müssen sie als wichtige Ressource und MittlerInnen in die Gestaltung von Schule und Gesellschaft einbezogen werden. Grundvoraussetzung ist, dass sich alle an der Gestaltung Beteiligten auf gleicher Augenhöhe begegnen. Eltern mit Migrationshintergrund sind in ihren Kenntnissen, Fähigkeiten und Verantwortlichkeiten ernst zu nehmen und zu achten. Ihre Kompetenzen können auf vielfältige Weise auch in der Schule sichtbar gemacht werden, zum Beispiel in Austauschforen zu Erziehungsfragen, beim Dolmetschen bei Schulveranstaltungen und Elternabenden, in der Übertragung von Projektleitungen in Geographie und/oder Geschichte zu Themen aus ihren Herkunftsländern. Die Veranstaltungen dürfen allerdings nicht auf reine „Kulturvergleichsanalysen" reduziert werden, die Gefahr der Stereotypisierung ist zu vermeiden.

Insbesondere die Kompetenzen der Väter müssen stärker aufgegriffen und einbezogen werden. Viele Projekte wollen vorwiegend Mütter als Zielgruppe erreichen. Die Fördermaßnahmen für Mütter bedeuten für diese aber häufig eine zusätzliche Belastung, während Väter zwar oft als Vermittler bei Schulproblemen auftreten, darüber hinaus in ihrer Verantwortlichkeit aber kaum gefordert und gefördert werden.

Die Fördermaßnahmen selbst sind von Anbeginn an individuell auf die Zielgruppe abzustimmen und müssen über einen längeren Zeitraum regelmäßig stattfinden, um die Kontinuität zu gewährleisten.

In Erziehungspartnerschaften sind alle Eltern einzubinden, also die der Mehrheits- und Minderheitsgesellschaften.

Entscheidend ist die Professionalität der ExpertInnen, die in der Elternarbeit tätig sind (LehrerInnen, BeraterInnen etc.). Vorzugsweise sind sie selbst mehrsprachig und interkulturell. In der Aus- und laufenden Weiterbildung sind Sensibilisierung, Selbstreflexion und Gesprächsführung wichtige Kernbereiche. Das Berufsfeld der LehrerInnen ist für Personen ohne österreichische Staatsbürgerschaft zu öffnen.

Die SubventionsgeberInnen und Trägerorganisationen sind aufgerufen, langfristige und nachhaltige Programme zu fördern und dabei die Erfahrungen jener MitarbeiterInnen aufzugreifen, die im direkten Kontakt mit der Zielgruppe stehen.

Murat Süsoy

Mehrsprachigkeit im schulischen Bereich

Zentrale Themen dieser Arbeitsgruppe waren die Fragen, wie die Gruppe der mehrsprachigen Kinder im Schulsystem wahrgenommen wird und wie mit der Mehrsprachigkeit der Kinder umgegangen wird. Im Zentrum der Diskussion stand der Grundschulbereich.

Nach Berichten aus den Vormittags-Workshops wurde der vom Arbeitskreis BILMIK (Bildung und Migrantenkinder) erarbeitete Forderungskatalog zur Verbesserung der schulischen Situation im Bereich IKL unter Bezugnahme auf Ergebnisse der Workshops diskutiert.

Der muttersprachliche Unterricht in Österreich

Um den Ist-Zustand zu klären, wurde folgende Statistik projiziert, die besondere Aufmerksamkeit erregte (vgl. Bali/Garnitschnigg, Informationsblätter des Referats für interkulturelles Lernen Nr.5/2007, bmukk und den Beitrag von Fleck in diesem Band).

SchülerInnen mit anderen Erstsprachen als Deutsch

An Volks-, Haupt-, Sonder-, Polytechnischen und allgemein bildenden höheren Schulen hatten 2005/2006 laut offizieller Statistik in Summe 132.343 SchülerInnen eine andere Erstsprache als Deutsch (in den ersten 4 genannten Schularten (Pflichtschulbereich) waren es 120.382)[1].

SchülerInnen im muttersprachlichen Unterricht

Bei weitem nicht alle diese SchülerInnen erhielten im Schuljahr 2006/2007 auch Unterricht in ihrer Erstsprache. In der Volksschule waren es 28,4%, die tatsächlich am muttersprachlichen Zusatzunterricht teilnahmen, an Hauptschulen betrug der Anteil

---

[1] Gezählt werden in der offiziellen Statistik des bmukk nur SchülerInnen mit anderen Erstsprachen als Deutsch mit höchstens sechs Jahren Schulbesuch in Österreich, auch Angehörige der Volksgruppen sind nicht enthalten. Die tatsächliche Zahl der SchülerInnen mit anderen Erstsprachen ist also insgesamt höher als diese administrativ erhobene und veröffentlichte Zahl.

14,3%, an Sonderschulen 22,5%, in Polytechnischen Schulen nur 5,1% und in der AHS nur 2,3%. Insgesamt erhielten somit nur 19,1% aller SchülerInnen mit anderen Erstsprachen als Deutsch muttersprachlichen Unterricht.

Schulen mit muttersprachlichem Unterricht

Im Schuljahr 2006/2007 wurde österreichweit an 818 Schulen muttersprachlicher Unterricht angeboten, die meisten davon in Oberösterreich (an 207 Schulen), gefolgt von Wien (184 Schulen). 64,1% aller Schulen mit muttersprachlichem Unterricht waren Volksschulen, 29,8% waren Hauptschulen. Im AHS-Bereich wurde nur an 11 Wiener Schulen und einer steirischen Schule Unterricht in der Erstsprache erteilt. Insgesamt fand im Schuljahr 2006/2007 an 14,9% aller allgemein bildenden Schulen (von Volksschule bis AHS) muttersprachlicher Unterricht statt.

Diskussion

Bei Betrachtung dieser Auswertung kann man sich sehr rasch von der heutigen Situation der schulischen muttersprachlichen Betreuung in Österreich ein Bild machen: Demnach haben ca. 80% der in der Statistik aufscheinenden SchülerInnen in Österreich keine Möglichkeit, ihre Erstsprache im Rahmen des muttersprachlichen Unterrichts zu festigen und zu erweitern, obwohl dies nach Meinung von ExpertInnen als Grundlage für Persönlichkeitsentwicklung und den Erwerb einer Fremdsprache sehr wichtig wäre. Es ist offensichtlich, dass ein großer Bedarf an entsprechendem Lehrangebot und an muttersprachlichen LehrerInnen besteht. Es wäre notwendig, die Öffentlichkeit und besonders die Eltern dieser Kinder aufzuklären, dass die Mehrsprachigkeit für ihre Kinder und für die Gesellschaft ein Gewinn ist und nur durch eine gezielte mehrsprachige Erziehung zu erreichen ist.

Situation der muttersprachlichen LehrerInnen

Bei der Diskussion dieses Themas wurde – wie auch in den Workshops des Vormittags – die Forderung laut, weitere mehrsprachige LehrerInnen aus- und fortzubilden, in regulären Beschäftigungsverhältnissen anzustellen und damit ihren Status zu verbessern.

Es wurde mehrmals betont, dass durch den Mangel an Fachkräften in diesem Bereich an vielen Orten die muttersprachliche Förderung nicht mehr als eine punktuelle Maßnahme darstellt.

Zudem arbeiten die derzeit beschäftigten muttersprachlichen LehrerInnen zum Teil seit Jahren in prekären Arbeitsverhältnissen. Diese Missstände müssen schnellstens verbessert sowie Möglichkeiten für Aus- und Fortbildung geschaffen werden.

Interkulturelles Lernen in der Ausbildung der Pädagogischen Hochschulen

Genauso wichtig wie die Aus- und Fortbildung der mutterspachlichen LehrerInnen ist die Ausbildung der LehrerInnen an den österreichischen pädagogischen Hochschulen. IKL (Interkulturelles Lernen) gehört seit Jahren zu den im österreichischen Grundschullehrplan enthaltenen Unterrichtsprinzipien. Leider wird es aber in der Ausbildung nicht in ausreichendem Umfang vermittelt. An der PH Wien gibt es dazu immer noch kein Pflicht-Modul. Das Unterrichtsprinzip IKL sollte auch in das Curriculum der PH Eingang finden, d.h. IKL-Inhalte sollten integraler Bestandteil aller Fächer sein.

Studierende der PH müssen mit der Realität an den Schulen (z.b. in Wien rund 50% Kinder mit nicht-deutscher Muttersprache, praktisch keine rein deutschsprachigen Klassen) vertraut gemacht und für diese Praxisanforderungen ausgebildet werden. In der pädagogischen Ausbildung müssen Themen der Mehrsprachigkeit und kulturellen Vielfalt einen höheren Stellenwert erhalten.

BegleitlehrerInnensystem

Es wurde außerdem großer Unmut von mehreren BegleitlehrerInnen laut, die die Arbeitssituation an ihren Standorten für sehr bedenklich halten. Sie berichteten, dass die Probleme so komplex seien, dass sie mit der Formel „eine Lehrperson – eine Klasse" nicht mehr zu bewältigen sind. Obwohl die Zahl der SchülerInnen mit einer anderen Erstsprache als Deutsch sich von Jahr zu Jahr stetig erhöht hat, hat sich die Schlüsselzahl, mit welcher die Anzahl der BegleitlehrerInnenstunden für Kinder mit Defiziten in der Unterrichtssprache Deutsch berechnet wird, entgegen aller Vernunft und Logik vermindert (derzeit bei 0,16 früher 0,8). Vielerorts erweist sich die Zahl der BegleitlehrerInnen als völlig unzureichend .

Das BegleitlehrerInnensystem geht davon aus, dass nur eine kleine Gruppe von Kindern "begleitet" werden muss. Die Realität sieht aber anders aus: Die BegleitlehrerInnen arbeiten in mehreren Klassen und können daher den (Sprach-)Förderbedarf nicht abdecken, weil praktisch ganze Klassen „Sprachförderklassen" sind (in vielen

Wiener Schulklassen beträgt der Anteil der SchülerInnen mit einer anderen Erstsprache als Deutsch über 90%.). In diesem Fall ist eine mindestens 4-jährige intensive Förderung durch zwei gut ausgebildete LehrerInnen im Team nötig, die auch aus der Mehrsprachigkeit der Kinder einen Nutzen ziehen können.

Unterstützung für die Schulen

Mehrere LehrerInnen beklagten, dass die Anforderungen in mehrsprachigen Klassen ihre individuellen Ressourcen und Kompetenzen überschreiten würden. Daher bedarf es der Unterstützung durch Betreuungseinrichtungen und Zentren für MigrantInnen sowie multilingualer qualifizierter Fachkräfte, wie PsychologInnen, IntegrationsberaterInnen u.ä.

Die Integrationspolitik ist aufgefordert, der Realität in allen Bereichen Rechnung zu tragen, da viele Probleme von der Schule alleine nicht gelöst werden können.

Die öffentliche Meinung ist noch stark vom monolingualen Habitus (Gogolin 1994) geprägt. Zwei- und Mehrsprachigkeit wird eher als Bildungsbehinderung für die Kinder gesehen und weniger als Bildungschance (vgl. auch LEPP-Länderbericht 2008, 84).

Ich arbeite selbst seit 17 Jahren, zuerst als muttersprachlicher Lehrer und jetzt als Begleitlehrer an einer Volksschule im 2. Bezirk in Wien, an der der Anteil der SchülerInnen mit einer anderen Muttersprache als Deutsch über 90% ist. Vor ca. 5 Jahren korrespondierten Kinder unserer Schule per E-Mail mit den Kindern einer Grundschule in Deutschland. In einem der E-Mails als Antwort auf die Beschreibung unserer Schule stand ein Satz, den ich nie vergessen werde:

„Leider können wir hier nicht so viele Sprachen wie ihr.“

Zum ersten Mal erfuhren unsere Kinder, dass ihre Mehrsprachigkeit auch außerhalb der Schule nicht als Manko, sondern als Bereicherung gesehen wurde. Wenn das von allen Beteiligten auch so verstanden und akzeptiert wird, werden unsere Forderungen und Wünsche auf offene Ohren stoßen.

Literatur

Bali, Susi/Garnitschnig, Ines (2007), *Der muttersprachliche Unterricht in Österreich. Statistische Auswertung für das Schuljahr 2006/07*, Informationsblätter des Referats für interkulturelles Lernen Nr. 5, Bundesministerium für Unterricht, Kunst und Kultur, 9. aktualisierte Auflage, Wien.

BILMIK, *Forderungskatalog des Arbeitskreises BILMIK – Bildung und Migrantenkinder. Wiener LehrerInnen an Schulen im 20. und 2. Bezirk*, unveröffentlicht.

Ingrid Gogolin (1994), *Der monolinguale Habitus der multilingualen Schule.* Münster /New York.

Bundesministerium für Unterricht, Kunst und Kultur/Bundesministerium für Wissenschaft und Forschung/Österreichisches Sprachen-Kompetenz-Zentrum, Hrsg. (2008), *Language Education Policy Profile. Länderbericht. Sprach- und Sprachunterrichtspolitik in Österreich: Ist-Stand und Schwerpunkte,*
http://www.coe.int/t/dg4/linguistic/Source/Austria_CountryReport_final_DE.pdf

Sonja Winklbauer

Ressourcenwahrnehmung und Kompetenzorientierung

Die TeilnehmerInnen dieses Workshops beschäftigten sich in Kleingruppen- und Plenararbeit mit einem kurzer Rückblick auf die Vormittagsworkshops, diskutierten die Voraussetzungen für einen Unterricht, der die Ressourcen aller berücksichtigt und sich an den Kompetenzen der Lernenden orientiert, und entwickelten gemeinsam eine „Vision" für das Jahr 2020.

Rückblick auf die Vormittagsworkshops

Im Bezug auf die Ergebnisse der Vormittagsworkshops ist zusammenfassend zu sagen, dass oftmals die Ressourcen und Kompetenzen, die SchülerInnen /Kinder mit Migrationshintergrund mitbringen, aus unterschiedlichen Gründen nicht in zufriedenstellendem Maße erkannt und gefördert werden. Meist liegt es an strukturellen Schwächen und an Personalknappheit; spezielle Initiativen hängen meist von engagierten Einzelpersonen ab. Vor allem in der Sekundarstufe I wurde außerdem festgestellt, dass die existierenden Schultypen in meist unterschiedlicher Intensität an dieses Thema herangehen: in Hauptschulen und kooperativen Mittelschulen scheint es mehr Bemühungen bzw. Projekte zum Thema Mehrsprachigkeit zu geben als an der AHS; als Begründung wurde die größere Zahl an MuttersprachenlehrerInnen und die Berücksichtigung des Themas „Sprache" in verschiedenen Fächern in den beiden erstgenannten Schultypen angeführt.

Voraussetzungen für einen ressourcen- und kompetenzorientierten Unterricht

Im Bereich Interkulturalität muss auf allen Ebenen Bewusstseinsbildung und Sensibilisierung geschehen. Die Professionalisierung der Lehrenden in diesem Bereich muss an pädagogischen Hochschulen, Universitäten und BAKIPs gleichermaßen erfolgen, dies kann nur durch konsequente Personal- und Organisationsentwicklung realisiert werden.

Das Thema Interkulturalität muss in allen Lehrplänen, für Schulen wie auch für Ausbildungsstätten für pädagogische Fachkräfte, verankert und verpflichtend umgesetzt werden. Zur Weiterentwicklung des Faches ist intensiver Austausch zwischen Wissenschaft und Praxis von Nöten, der über Evaluierungen von bestehenden Projekten hinausgeht.

"*Good Practice*"-Modelle (wie z.B. muttersprachliche Alphabetisierung oder Sprach-förderung der Eltern (z.b. Mama lernt Deutsch-Kurse in Wien)) müssen „vor den Vorhang" geholt werden, um anderen Institutionen Inspiration zu bieten und darüber hinaus auch öffentlichkeitswirksam kommuniziert zu werden; in diesem Zusammen-hang wurde auch die Schaffung eines „Interkulturalitäts-*Awards*" genannt.

Eine weitere Voraussetzung zur Förderung der Ressourcen und Kompetenzen liegt in der Stärkung der Identität und des Selbstbewusstseins der SchülerInnen /Kinder. Die Förderung der Muttersprache(n) spielt in diesem Zusammenhang eine bedeutende Rolle und trägt auch dazu bei, dass „*Patchwork*-Identitäten" gestärkt werden können. Dazu ist v.a. Bewusstseinsbildung um die Wichtigkeit der Muttersprache(n) bei den Kindern, Eltern und Lehrenden unumgänglich und in weiterer Folge auch eine grö-ßere Anzahl von bilingualen Lehrenden bzw. ein adäquates und ausreichendes Ange-bot an den Schulen bzw. in den Kindergärten.

Sprachliche Förderung und interkulturelles Lernen soll in allen Fächern bzw. fächer-übergreifend gefördert werden, dies würde u.a. erleichtert werden, wären mehr Päda-gogInnen mit Migrationshintergrund und ExpertInnen mit Migrationshintergrund im Bildungssystem etabliert.

Derzeit hängt die „Nutzung" der Ressource „Mehrsprachigkeit" sehr oft vom indivi-duellen Engagement einzelner Personen ab, dies müsste institutionalisiert werden.

Speziell hervorgehoben wurde die Situation in den Kindergärten: Gerade hier hätte man die Chance, Kinder ohne Leistungsdruck zu fördern und ihre Neugier, Moti-vation und Offenheit zu stärken. Gegenwärtig wird allerdings der Druck auf diese Institution in Hinblick auf die nachfolgende Einschulung massiv erhöht.

Wie in anderen Bildungsinstitutionen ist auch im Kindergartenbereich die Wert-schätzung und Sichtbarmachung der Ressourcen und Kompetenzen (wie z.b. Mehr-sprachigkeit, kulturelle Vielfalt, Unvoreingenommenheit) vom Engagement und der Haltung einzelner Personen abhängig.

Die Wahrnehmung von Ressourcen und Kompetenzen ist auch für den Bereich „Tes-ten und Prüfen" von Bedeutung. Will man nicht auf die sprachlichen /schulischen Defizite der SchülerInnen fokussieren, so muss es adäquate Evaluierungsformen geben. Hier ist ein Mangel an Richtlinien, Erfahrungswerten und Untersuchungen für Leistungsfeststellungen und ein Konzentrieren auf punktuelle Leistungsmessung festzustellen. Weiters wurde LehrerInnenfortbildung in diesem Bereich gefordert.

Selbstverständlich ist auch die Wahrnehmung der Ressourcen und Kompetenzen der Eltern von großer Bedeutung. Dazu ist es wichtig, dass Vorurteile auf allen Seiten abgebaut werden, dass unterschiedliche Gesprächsstile und Herangehensweisen berücksichtigt werden und dass die Mitsprache/Mitgestaltung der Eltern sich nicht etwa auf das Bereitstellen von typischer Kost bei Schulveranstaltungen beschränkt. Um Eltern in das Schulgeschehen einzubeziehen, müssen sie als Partner wahrgenommen werden, wobei auch angemerkt wurde, dass partnerschaftliche Kommunikation in der derzeitigen Schulstruktur kaum möglich ist, ein konstruktiver Austausch wird oft von „Hemmschwellen" auf beiden Seiten behindert. Als förderliche Maßnahmen wurden genannt: (bessere) Informationen in den Herkunftssprachen, Gründung von Elterngruppen, Entwicklung von Konzepten zur interkulturellen Elternarbeit, aktive Einbeziehung der Eltern in Schulprojekte, etwa als ProjektleiterInnen bei Geographie- oder Geschichteprojekten zu ihren Herkunftsländern. In diesem Zusammenhang wurde jedoch darauf hingewiesen, dass Eltern oft nicht gewohnt sind, sich ins Schulgeschehen einzubringen, da dies in ihrem Herkunftsland vielleicht nicht üblich ist. Interkulturelle Elternarbeit hieße demnach auch, sich mit jenen Konzepten von Schule auseinanderzusetzen, die Eltern mitbringen.

Vision/Wunsch für das Jahr 2020

Den Abschluss des Workshops bildete eine optimistische Vorausschau in die Zukunft. Wir schreiben das Jahr 2020, alle Forderungen sind umgesetzt worden. Wie sieht Schule/Unterricht nun aus? Was hat sich konkret verändert? Hier die Gedanken des kurzen Brainstormings:

Die SchülerInnen werden gemeinsam in einer Ganztages- und Gesamtschule unterrichtet. Wertschätzung gegenüber unterschiedlicher Ressourcen, Kulturen, Sprachen und Kompetenzen ist selbstverständlich geworden. Abschlüsse von LehrerInnenausbildungen werden überall anerkannt, es existiert keine Schlechterstellung der muttersprachlichen LehrerInnen mehr. An Schulen und Kindergärten ist die Anzahl an mehrsprachigen PädagogInnen gestiegen. In Österreich werden alle LehrerInnen einschließlich KindergartenpädagogInnen gemeinsam ausgebildet. Für die sprachliche und interkulturelle Förderung/Bildung der Kinder/SchülerInnen fühlen sich alle am Bildungsprozess beteiligten Personen und v.a. auch Institutionen gleichermaßen verantwortlich, die Kinder/SchülerInnen sind nicht mehr davon abhängig, ob es an ihrem Standort eine/n engagierte/n und oft allein gelassene/n „Einzelkämpfer/in" gibt.

SchülerInnen wie PädagogInnen und der Gesellschaft im Allgemeinen sei zu wünschen, dass wir nicht bis zum Jahr 2020 auf diese Veränderungen warten müssen.

Elisabeth Harrasser, Astrid Strießnig

Geschlechtergerechtigkeit

Trotz Gleichbehandlungsgesetz und seiner Verankerung in der Verfassung ist Geschlechtergerechtigkeit im bildungspolitischen Kontext sowohl in der schulpädagogischen Auseinandersetzung und Praxis als auch in der Erwachsenenbildung und hier im Zusammenhang mit dem DaZ/F-Bereich ein grob vernachlässigter Bereich. Entsprechend spärlich findet sich auch wissenschaftliche Literatur zu diesem Thema.

In unserer langjährigen feministischen Praxis in der Erwachsenenbildung und unserer Arbeit mit Frauen mit Migrationshintergrund haben wir über viele Jahre hinweg den Diskurs über die Verwendung geschlechtergerechter Sprache aktiv mitverfolgt und intensive Debatten darüber geführt, wieweit die Sprache das Denken mitbestimmt und so die Strategie des *Gender Mainstreamings* bewusst mitgestalten kann und soll. Diese Erfahrungen möchten wir hier einbringen.

Im Rahmen der hier dokumentierten Tagung war das Thema Geschlechtergerechtigkeit als Querschnittsmaterie aller Vormittagsworkshops und im Rahmen eines einstündigen Nachmittagsworkshops konzipiert, in dem der Ist-Stand beschrieben und die Forderungen und Desiderata zum Thema Geschlechtergerechtigkeit aus den Vormittagsworkshops zusammengetragen werden sollten.

Um den Schwerpunkt in dieser viel zu knapp bemessenen Zeit informativ aber auch etwas aufgelockert und ansprechend zu gestalten, haben wir ein pinkfarbiges Leitsystem mit Comics, Fakten sowie Gesetzesgrundlagen zum Thema auf dem Weg zum Seminarraum installiert[1]. Ein Handout zu den Meilensteinen der bildungspolitischen Geschichte Österreichs zum Thema Geschlechtergerechtigkeit und Gleichstellungspolitik und aktuelle Literaturauszüge (Kargl/Wetschanow/Wodak 1997; Derichs-Kunstmann 2002; Boulter Mandl/Wagner 2004; Kaschuba 2005; Leeb/Tanzberger/Traunsteiner 2007; Friesenbichler 2008) dienten als Einstieg in das Thema.

Unser Seminarraum war der kleinste zur Verfügung stehende, was vordergründig mit der TeilnehmerInnenzahl zu tun hatte. Es mag kein Zufall sein, dass für die Geschlechtergerechtigkeit im Vorfeld die wenigsten Anmeldungen eingelangt waren, wenngleich das Interesse dann vor Ort doch beachtlich schien. Ebenso bezeichnend

---

[1]   Zu den Inhalten vgl. Tenschert (2007).

208

war die Teilnahme von 20 Frauen und immerhin 2 Männern, wodurch wieder bewiesen scheint, dass Geschlechtergerechtigkeit Frauensache ist.

Hervorzuheben ist, dass eine Behandlung und Auseinandersetzung zum Querschnittthema Geschlechtergerechtigkeit in den Vormittagsworkshops nur beschränkt stattgefunden hat (vgl. die Workshops „Elternarbeit" und „Erwachsenenbildung"). Demgegenüber stand das sehr rege Interesse der TeilnehmerInnen aus verschiedensten Institutionen und Organisationen aus allen Bundesländern. Das Hauptanliegen der TeilnehmerInnen war, hier mehr und verbindlichere bildungspolitische Fortbildungen anzuregen und anzubieten.

In vier Arbeitsgruppen wurden viele wichtige Forderungen zusammengefasst, die im Folgenden des besseren Überblicks halber in Stichworten aufgelistet werden:

Elternarbeit

- Verwendung von „Erst- und Familiensprache" statt „Muttersprache"
- beide Elternteile – Väter und Mütter – berücksichtigen
- Erwartungshaltungen und Bilder im Kopf hinterfragen
- bedarfsgerechte Fördermaßnahmen für Mütter und Väter
- Kommunikationsräume für Frauen (mit Migrationshintergrund) schaffen, um sie aus der Isolation herauszuholen
- Selbstverständnis weiblicher MigrantInnen stärken
- Männer in die Erziehungsarbeit aktiv einbeziehen (nicht aus der Verantwortung entlassen)

Geschlechtergerechtigkeit und Diversität im DaF/Z-Bereich

- Angebot bezahlter Kinderbetreuung und adäquate Infrastruktur während der Sprachkurse
- Angebot bezahlter Weiterbildung ausweiten
- differenziertes Kursangebot für Männer und Frauen in verschiedenen Lebenssituationen (Betreuungspflichten, Berufstätigkeit)
- Einsatz und Entwicklung nichtsexistischer Lehrmaterialien
- gendersensible Methodik und Didaktik
- Bedingungen schaffen, die Zugangsmöglichkeiten für Frauen zu Sprachkursen erweitern und deren Isolation durchbrechen

Kindergarten/Vorfeld Schule –
wider die Reproduktion der Rollen

- mehr männliche Pädagogen im Bereich Kindergarten und (Grund-)Schule
- Aufwertung des Berufsbildes der KindergartenpädagogInnen, mit dem Ziel der finanziellen Angleichung der Bezahlung an andere PädagogInnen
- gute Vernetzung von Theorie und Praxis schon in der Ausbildung und später in der Weiterbildung
- Umsetzung gesetzlicher Vorgaben in der Bildungspolitik (z.b. *Gender Mainstreaming*)
- geschlechtergerechte Unterrichtsmaterialien für den Erstsprachunterricht, Verabschiedung von Klischees und Stereotypen
- andere Bezeichnung für „*Mutter*sprachliche/r Zusatzlehrer/in"
- Fortbildung zu geschlechtergerechter Didaktik

Hemmschwellen und Schnittstellen
in der Umsetzung

- begriffliche Klarheit: Verwendung von Erst- bzw. Familiensprache im Gegensatz zu „Muttersprache" und Verwendung von geschlechtsneutraler Sprache
- Sanktionen bei Nichtumsetzung der Geschlechtergerechtigkeit
- mehr inner- und außerschulische finanzielle Ressourcen für die Förderung von Mehrsprachigkeit
- verpflichtende Fortbildungen zum Thema „Geschlechtergerechtigkeit" für alle Lehrenden
- konsequentes Thematisieren von Geschlechtergerechtigkeit in der Praxis, damit sie nicht nur am Papier steht

Fazit

Dass sich einige Forderungen in den Arbeitsgruppen parallel entwickelten und immer wieder gestellt wurden, ist nicht weiter verwunderlich, zeigt es doch den enormen Bedarf an Unterstützung und Fortbildung für PädagogInnen, Lehrende, Eltern und vor allem politisch Verantwortliche. Sie benötigen nicht nur gesetzliche Grundlagen und Richtlinien, sondern auch brauchbare Instrumente und nachhaltige Strategien mit wirksamen Sanktionen, um Geschlechtergerechtigkeit zur täglichen gesellschaftlichen Selbstverständlichkeit aller werden zu lassen.

Literatur

Boulter, Elisabeth/Mandl, Sabine/Wagner, Christoph (2004), „Frauensache Politik" in: *info-blatt der Servicestelle Politische Bildung*, Nr. 1/April 2004, Wien.

Derichs-Kunstmann, Karin (2002), *Geschlechtergerechte Didaktik für die Bildungsarbeit mit Erwachsenen*, Forschungsinstitut Arbeit, Bildung, Partizipation e.v., Bereich Frauen- und Geschlechterforschung.

Friesenbichler, Bianca (2008), „Geschlechtergerechter Sprachgebrauch als Teil und Motor des Gender Mainstreaming", in: *Magazin erwachsenenbildung.at EDUCON*, Nr. /2008, Wien.

Kaschuba, Gerrit (2005), „Theoretische Grundlagen einer geschlechtergerechten Didaktik – Begründungen und Konsequenzen", *GeQuaB-Arbeitsmaterial*, Nr. 2, Januar 2005, Forschungsinstitut Arbeit, Bildung, Partizipation e.v.

Kargl, Maria/Wetschanow, Karin/Wodak, Ruth (1997), *Kreatives Formulieren. Anleitungen zu geschlechtergerechtem Sprachgebrauch*, Bundesministerium für Frauenangelegenheiten und Verbraucherschutz, Schriftenreihe der Frauenministerin Band 13, Wien.

Leeb, Philipp/Tanzberger Renate/Traunsteiner, Bärbel (2007), *Gender – Gleichstellung – Geschlechtergerechtigkeit. Texte – Unterrichtsbeispiele – Projekte*, Zentrum polis – Politik Lernen in der Schule, März 2007, Wien.

Tenschert, Itta (2007), *Grundkurs Gender. Materialien und Methoden zur Sensibilisierung für Gleichstellungsfragen*, EP KLARA!, Innsbruck.

Zur Situation der pädagogischen Fachkräfte

Julia Gartner

Pädagogische Ausbildungen

Thema dieses Workshops waren die Pädagogischen Ausbildungsangebote für Lehrer-Innen im schulischen Bereich und für KindergartenpädogagInnen.

Ausbildung zu KindergartenpädagogInnen

Christa Haberleitner stellte die Ausbildung für KindergartenpädagogInnen an Bundesbildungsanstalten für Kindergartenpädagogik (BAKIP) vor. Da diese Ausbildung auf der Sekundarstufe II angesiedelt ist, hat sie die Aufgabe, den SchülerInnen nicht nur jene Haltungen und Fähigkeiten zu vermitteln, die für eine professionelle pädagogische Arbeit im Berufsfeld Kindergarten und Hort erforderlich sind, sondern ihnen zugleich auch eine fundierte Allgemeinbildung zu geben, die sie zur Universitätsreife führt. Seit 1990 ist ein Abschluss mit Matura möglich. Im Schuljahr 2004/2005 kam es zu einer Änderung des Lehrplans, die dazu führte, dass die Unterrichtsfächer „Sprachentwicklung" und „Sprachbildung" nicht mehr explizit angeboten werden und auch das Fach „Interkulturelle Bildung", vorher als Freifach an einzelnen Standorten belegbar, heute aus fast allen Lehrplänen verschwunden ist. Letzteres sei in die allgemeinen didaktischen Grundsätzen aufgenommen worden, es kann jedoch weiterhin schulautonom angeboten werden; in der BAKIP Ettenreichgasse in Wien 10, ist „Interkulturelle Kompetenz" ein Pflichtgegenstand. Laut Lehrplan, werden nun „Sprachentwicklung", „Interkulturelle Erziehung" und „Interkulturelle Bildung" in der 4. Klasse im Fach „Pädagogik" thematisiert. Hier sollen SchülerInnen eine Wertgrundhaltung erwerben, die durch Toleranz und Wertschätzung gegenüber ihren Mitmenschen wie auch durch aktives Interesse an gesellschaftspolitischen Themen gekennzeichnet ist. Auch das Fach „Didaktik" dient der Persönlichkeitsbildung: Selbstwahrnehmung, -definition und -erfahrung sowie Empathie und Umgang mit und Haltung gegenüber Fremdem sind Bildungs- und Lehraufgaben, die gerade für die sehr jungen Lernenden wichtig sind. Im Fach „Didaktik" wird in der 3. Klasse ein Schwerpunkt auf „Spracherziehung" gelegt, wobei hier natürlich auch Kriterien der Beobachtung von Sprachentwicklung vermittelt werden. Die angehenden PädagogInnen lernen hier, wie man Sprache spielerisch einsetzen kann und Sprachentwicklung bzw. Sprachstand erfasst werden kann. In der 4. Klasse werden dann bildungspolitische Trends thematisiert. Der große Bereich der „Interkulturellen Erziehung" ist schließlich Gegenstand der 5. und letzten Klasse. Bei der Zusatzausbildung zur HorterzieherIn steht auch eine Auseinandersetzung mit Gegenwartsproblemen in Bezug auf Interkulturalität auf dem Lehrplan und es wird unterrichtet, wie sprachliche Kompetenzen von Hortkindern unter Berücksichtigung interkultureller Lerntechniken gefördert werden können.

Die Darstellung zeigt, dass Interkulturalität langsam ins Bewusstsein von PädagogInnen zu rücken beginnt. Es ist aber immer noch ein zu geringer Teil von didaktischer und pädagogischer Ausbildung, wie auch das Thema mehrsprachige Förderung noch viel zu wenig berücksichtigt wird. In der anschließenden Diskussion wurde festgestellt, dass die PädagogInnen zu wenig über die Möglichkeiten einer mehrsprachigen Förderung wissen und allgemein nicht ausreichend über Sprachenvielfalt Bescheid wissen. Der Bereich der Sprach(en)förderung von mehrsprachigen Kindern, sowohl in der Familien- oder Herkunftssprache als auch in der Zweitsprache Deutsch, ist noch nicht Gegenstand der Ausbildung.

Umso problematischer sind die Sprachstandserhebungen einzuschätzen, die ab 2008 in Kindergärten von PädagogInnen durchgeführt werden sollen (vgl. den Beitrag von Blaschitz/de Cillia in diesem Band). Um die PädagogInnen für die Durchführung dieser Tests zu qualifizieren, werden im Rahmen von Fortbildungen nur kurze und bei weitem nicht ausreichende Schulungen angeboten. Es wurde allgemein festgestellt, dass das Weiterbildungssystem in Bezug auf das Thema Sprachförderung und Interkulturalität nicht zufrieden stellend sei (vgl. den Beitrag von Plutzar in diesem Band). Es gibt zu wenige Angebote, die außerdem oft nicht ausreichend besucht werden, weil die Fortbildung in vielen Bundesländern keiner Verpflichtung unterliegt, sondern der Privatinitiative der PädagogInnen überlassen bleibt. Hier sollte ein ausreichendes und verpflichtendes Weiterbildungsprogramm geschaffen werden.

Außerdem wurde als problematisch genannt, dass Personen, die selbst Migrationshintergrund haben, kaum an BAKIPs vertreten sind. Es stellt sich die Frage, ob dafür die sprachlich deutlich an einer „muttersprachlichen" Norm orientierte Eignungsprüfung verantwortlich ist oder ob hier andere Gründe ins Treffen zu führen wären.

Zum Thema Sprachförderung wurde ein interessantes Pilotprojekt der Stadt Salzburg erwähnt: „Rucksack" heißt ein Projekt, bei dem Eltern Themen zuerst in der Familiensprache zu Hause erarbeiten und im Kindergarten anschließend diese Themen auf Deutsch durchgenommen werden.[1] Beispielhaft daran sind der Einbezug der Eltern

---

[1]   http://www.stadt-salzburg.at/internet/salzburg_fuer/familie/t2_184719/t2_224831/t2_233168/
t2_233171/t2_225647/p2_225649.htm

und die dadurch gemeinsame Sprachförderung durch Eltern und Schule, wodurch die Zweitsprache auf dem Fundament der Familiensprache aufbauen kann. Im Zusammenhang der Elternarbeit wurde auch auf den 2008 an der Universität Graz durchgeführten Lehrgang „Interkulturelle Elternbegleitung" hingewiesen, der PädagogInnen aller Schulstufen, aber auch MitarbeiterInnen von NGOs als Zielgruppe hatte.[2]

Ausbildung an den Pädagogischen Hochschulen

Dagmar Unterköfler-Klatzer stellte das System der PH Kärnten vor, wo „Interkulturelle Bildung" Unterrichtsprinzip ist. Bei der Ausbildung zum/r VolksschullehrerIn werden Fächer wie „Interkulturelles Lernen", „Interkulturelle Kompetenz im Zeitalter der Globalisierung", „Migration und Spracherwerb" wie auch „Europäische und politische Bildung" angeboten. Was den aktiven Spracherwerb der Studierenden betrifft, besitzt Englisch einen hohen Stellenwert.

Die Ausbildung für die Hauptschule ist eine Fachausbildung mit Erst- und Zweitfach. Inhalte wie „Europäische Bildung", „Migration und Spracherwerb", „Politische Bildung", „Interkulturelle Kompetenz und Globalisierung" sind ebenfalls Gegenstand dieser Ausbildung.

Die Ausbildung zum/r SonderschulpädagogIn ist ähnlich aufgebaut wie die für die VolksschulpädagogIn, allerdings wird hier keine Fremdsprache angeboten und es gibt auch keine Angebote zu „Migration und Spracherwerb". Letzteres ist in Anbetracht der Tatsache, dass überdurchschnittliche viele zweisprachige Kinder als „Kinder mit besonderem Förderbedarf" eingeschätzt werden, als hoch problematisch einzuschätzen. „Interkulturelles Lernen" und „Politische Bildung" wurden eben erst eingeführt.

An der PH Klagenfurt gibt es ein „Kompetenzzentrum für Mehrsprachigkeit und Interkulturalität" und das ist einmalig in ganz Österreich. Bildungs- und Forschungsschwerpunkt des Zentrums sind „Interkulturelle Pädagogik" in den Bereichen „Sprachdidaktik /Mehrsprachigkeit", „Globales Lernen" sowie „Migration und Friedenspädagogik". Außerdem ist es möglich, Zusatzausbildungen zu absolvieren: für Italienisch in der Volks- und Hauptschule, für Englisch in Volks- und Hauptschule, für zweisprachige Lehrkräfte in Slowenisch /Deutsch und schließlich auch für Deutsch als Zweitsprache. Bei der Ausbildung für Deutsch als Zweitsprache im Umfang von 18 EC wird besonderes Augenmerk auf „Spracherwerb und -didaktik" wie auch auf „Interkulturelle Pädagogik" gelegt.

In der anschließenden Diskussion wurde dem Bereich der Elternarbeit besonders große Wichtigkeit zugemessen, da vielen Eltern mit der Institution Schule bzw. dem

---

[2] http://www.uni-graz.at/weit2www/weit2www_programm-2/weit2www_uk/weit2www_ikea.htm

Schulsystem nicht vertraut sind, es ihnen an Information und Orientierung fehlt, wodurch es zu vermeidbaren Missverständnissen kommen kann.

Kritische Stimmen hinterfragten, was in Fächern wie beispielsweise „Europäische Bildung" vermittelt würde und ob Lehrende an pädagogischen Hochschulen entsprechende Inhalte professionell vermitteln könnten. Wiederum wurde Unzufriedenheit mit dem Fortbildungssystem geäußert. Initiativen, bei denen Lehrende innerhalb von drei Tagen beispielsweise für den Bereich Kompetenzvergleich fortgebildet werden, wurden von einigen TeilnehmerInnen als „Alibi-Aktionen" bezeichnet. Beklagt wurde außerdem, dass zwar Geld für punktuelle Initiativen vorhanden, umfassende Forschung aber nicht möglich sei. Eine wichtige Forderung stellt hier die Schaffung geeigneter Rahmenbedingungen für Forschung dar.

Gabriele Khan sieht den Grund dafür, dass der Bereich der „Interkulturalität" in Kärnten eine bessere Umsetzung als z.b. in Wien findet, etwa in den Richtlinien in Bezug auf Minderheitengruppen an Kärntner Schulen. Das betrifft hauptsächlich den Unterricht an Volksschulen. Ab einer Anmeldung von einem/r SchülerIn durch die Eltern zu zweisprachigem Unterricht kommt dieser zu Stande, ab neun Anmeldungen kann eine Klasse zweisprachig geführt werden. Dabei ist die Gesamtzahl der SchülerInnen auf zwanzig beschränkt und einer Klasse stehen zwei Lehrkräfte zur Verfügung. Die für den Unterricht verantwortliche Lehrperson ist zweisprachig und wird von einer Teamlehrerin, die für den deutschsprachigen Unterricht verantwortlich ist und nicht immer anwesend sein muss, begleitet. Dieser Unterricht kann auch von einsprachigen Kindern besucht werden. Durch die strukturell günstigen Rahmenbedingungen (niedrigere SchülerInnenzahlen), aber auch durch den Aufschwung des Slowenischen durch die EU-Mitgliedschaft Sloweniens und die zunehmende Zahl an Arbeitspendlern von Kärnten nach Slowenien, die einen wirtschaftlichen Nutzen dieser Sprache mit sich bringen, wird der zweisprachige Unterricht attraktiver und öfter genutzt. Das System der TeamlehrerInnen gibt es nur in Kärnten. Während die Ausbildung für VolksschullehrerInnen sechs Semester dauert, gehen die Ausbildungen für TeamlehrerInnen und zweisprachigen LehrerInnen mit acht Semestern darüber hinaus und sind aneinander gekoppelt. In Hauptschulen gibt es keinen zweisprachigen Unterricht mehr, Sprachen werden nur als eigene Fächer angeboten. Es gibt aber ein slowenisches Gymnasium und eine zweisprachige Handelsakademie.

In der anschließenden Diskussion wurde dieses Modell sehr positiv bewertet und die Frage gestellt, warum es diese Ausbildung nicht auch an anderen pädagogischen Hochschulen oder für KindergartenpädagogInnen gäbe. Daran schloss sich die Forderung nach einer Ausweitung der Ausbildung von muttersprachlichen StützlehrerInnen sowie deren Aufwertung und Gleichstellung mit österreichischen PädagogInnen in Bezug auf Bezahlung und Anerkennung an. In Anlehnung an das Kärntner Modell erscheint auch hier eine gemeinsame Ausbildung sinnvoll.

Die TeilnehmerInnen waren sich einig, dass in den Ausbildungen Bewusstseinsbildung in Hinblick auf die Verschiedenartigkeit der Individualität und dem Prinzip der Mehrsprachigkeit, zumindest einer partiellen Mehrsprachigkeit, sehr wichtig ist.

Die scheinbare Willkür bei der Anzahl der Stunden, die für die Angebote zu Interkulturalität oder Mehrsprachigkeit in den Ausbildungen zu Verfügung stehen, wurde kritisiert, wie auch die Tatsache, dass diese Fächer meist nicht als Pflichtfächer im Lehrplan verankert sind.

Als beispielhaft wurde die PH Burgenland genannt, die Lehrgänge anbietet, die auf einen mehrsprachigen Unterricht in Kroatisch an Volks- und Hauptschulen vorbereiten, und die auch Mehrsprachigkeit, Interkulturalität und den Umgang mit Minderheiten fest im Lehrplan verankert hat.

Forderungen und Desiderata

Im Anschluss an diese Beiträge bildeten die TeilnehmerInnen Kleingruppen und formulierten ihre Forderungen für bessere pädagogische Ausbildungen und eine effektivere Förderung von mehrsprachigen Kindern:

1. Mehrsprachigkeit und zweisprachige Bildung muss vom Kindergarten an gefördert werden. Dabei sollte es eine enge Kooperation zwischen mehrsprachigen Personen und einsprachigen PädagogInnen geben (Beispiele: „Rucksackeltern" in Stadt Salzburg und Ausbildungssystem zweisprachige PädagogInnen und TeamlehrerInnen an der PH Kärnten).
2. Mehrsprachige PädagogInnen müssen verstärkt an Bildungseinrichtungen tätig werden. Dafür sollten MigrantInnen mit pädagogischen Ausbildungen rechtlich gleichgestellt werden und ihre im Ausland erworbenen Bildungsabschlüsse anerkannt werden.
3. Muttersprachliche LehrerInnen sollten gemeinsam mit den anderen PädagogInnen ausgebildet werden und eine der österreichischen Grundausbildung gleichwertige Ausbildung bekommen. Eine gemeinsame Ausbildung würde die Teamfähigkeit beider Gruppen stärken.
4. Muttersprachliche LehrerInnen müssen arbeitsrechtlich den österreichischen PädagogInnen gleichgestellt werden.
5. Das Problembewusstsein in Bezug auf Interkulturalität muss auf allen Ebenen geschärft werden und die Lehrenden an BAKIP, PH und Universitäten dahingehend professionalisiert werden. Dafür muss Interkulturalität in allen Lehrplänen als Pflichtgegenstand verankert werden.
6. Konzepte für interkulturelle Elternarbeit müssen entwickelt und in die Ausbildung aufgenommen werden, um die Muttersprache(n) zu stärken und Bewusstsein bei

Eltern und PädagogInnen zu schaffen. Ziel muss sein, dass Eltern und Schule gemeinsam die Entwicklung der Mehrsprachigkeit und der Mehrfach-Identitäten der Kinder stärken.

7. Der Berufseinstieg und die professionelle Weiterentwicklung muss professionell begleitet werden. Dafür ist die Schaffung eines ausreichenden und verpflichtenden Weiterbildungsprogramms notwendig.

8. Gemeinsame Fortbildungsmaßnahmen für pädagogische Berufe müssen angestrebt werden. Das Wissen und die Erfahrungen der KindergartenpädagogInnen müssen in den Fort- und Weiterbildungen der PH eingebunden werden.

9. Die Grundlagen einer die Ausbildung und Praxis begleitenden Forschung müssen an den PHs gelegt werden.

10. Beispiele guter Praxis müssen bekannt gemacht werden.

11. Personen mit Migrationshintergrund und ExpertInnen in Migrationsfragen sollten im pädagogischen Betrieb stärker verankert werden, nicht nur als Pädagoginnen sondern auch als PsychologInnen und SozialarbeiterInnen.

Dagmar Unterköfler-Klatzer

Anforderungen an Lehrende im schulischen Bereich

Evident ist, dass für eine nachhaltige Sprachförderung ein Gesamtkonzept erarbeitet werden muss, dass sowohl eine Kontinuität an den Nahtstellen der Bildungssysteme als auch eine gute Kommunikation zwischen den Bildungsinstitutionen gewährleistet. Sprachförderung kann nur über die gesamte Ausbildungszeit hinweg ermöglicht und gefördert werden. Der Erwerb der deutschen Sprache ist ein wesentlicher Faktor, der mit der Förderung beruflicher und sozialer Integration einhergehen sollte. Eine immens wichtige Voraussetzung für den interkulturellen Dialog, die kulturelle und sprachliche Vielfalt und einen friedvollen Umgang miteinander ist die Akzeptanz und Förderung der Mehrsprachigkeit.

Dieser Workshop bot die Möglichkeit, den Topos „Anforderungen an Lehrende im schulischen Bereich" bereichsübergreifend und vertiefend zu diskutieren. Der vorliegende Beitrag fasst die wichtigsten Diskussionspunkte zusammen.

Kindergarten und Pflichtschule

Die TeilnehmerInnen des Workshops stellten übereinstimmend fest, dass aufgrund einer pädagogischen Ausbildung, die nicht ausreichend auf die multilinguale und multikulturelle Realität in den Schulklassen vorbereitet, in der Praxis noch immer viele Unsicherheiten existieren. Tatsache ist, dass immer mehr Kinder mit einer anderen Erstsprache als Deutsch die österreichischen Kindergärten besuchen. Gerade im Kindergarten sollte, ausgehend von einer altersadäquaten Erweiterung der Sprachfähigkeit der individuellen Sprache, die adäquate Verwendung des Deutschen als Standardsprache hinzukommen. Eine „sprachenanregende Umgebung" ist ebenso bedeutend wie das kontinuierliche Bemühen um die interkulturelle Bildungsarbeit. Die TeilnehmerInnen des Workshops forderten daher

- ein Ausbildungscurriculum, dass die gesellschaftlichen Veränderungen berücksichtigt
- die Schaffung eines Universitätsinstituts für die Früh- und Grundschulpädagogik
- eine gemeinsame Fortbildung von KindergartenpädagogInnen und GrundschulpädagogInnen

- eine sinnvolle Zusammenführung von Zuständigkeitsbereichen
- die Anstellung von PädagogInnen mit Migrationshintergrund
- den kostenfreien Kindergartenbesuch ab dem dritten Lebensjahr

Der Erfahrungsaustausch zur Sprachstandserhebung zeigte, dass noch so manche Unklarheiten und Fragen zu diskutieren wären. Geht man jedoch von jener Maxime aus, wonach die Förderung von Mehrsprachigkeit auf dem Recht jeder Person auf seine Erstsprache beruht, so muss eine mehrsprachige Sprachstandserhebung im Kindergarten postuliert werden. Ziel ist es, Maßnahmen zu entwickeln, welche die Deutschkompetenz intensiv fördern und zugleich die Mehrsprachigkeit und interkulturelle Bildung beinhalten.

Die Aufgabe unseres Schulsystems besteht darin, die im Ansatz vorhandene Zwei- oder Mehrsprachigkeit zu fördern. Die Fähigkeit, mehrere Sprachen zu sprechen, ist ein besonderer Schatz, den es zu heben gilt; sie ist eine Ressource, die den SchülerInnen in der Ausbildung und im späteren Berufsleben sehr hilfreich sein kann.

Der Lehrplanzusatz „Deutsch für Schüler mit nichtdeutscher Muttersprache" ist als Differenzierungshilfe für den Unterricht zu verstehen. Für außerordentliche SchülerInnen mit nichtdeutscher Muttersprache kann zum Erwerb der Unterrichtssprache ein besonderer Förderunterricht angeboten werden. Es muss allerdings betont werden, dass die gesetzliche Zubilligung eines Status als „außerordentliche/r SchülerIn" im Ausmaß von zwei Jahren keinesfalls in allen Fällen ausreichend ist, um dem Unterricht in der deutschen Sprache folgen und positive Lernerfolge erzielen zu können. Vielmehr benötigen viele SchülerInnen mit einer anderen Erstsprache als Deutsch einen mehrjährigen DaZ-Unterricht.

Leistungsfeststellung und Dokumentation

Grundsätzlich wurde festgestellt, dass es keine klaren Richtlinien bezüglich der Leistungsbeurteilung für SchülerInnen mit Migrationshintergrund gibt. Dies birgt aber auch den Vorteil eines großen „Spielraumes" für die PädagogInnen.

Die Forderungen der TeilnehmerInnen zum Thema Leistungsfeststellung und Dokumentation betrafen folgende Punkte:

- gemeinsame Ausbildung aller PädagogInnen (aller Stufen)
- ein Ausbildungscurriculum und bessere Dienstverträge für MuttersprachenlehrerInnen

- verpflichtender Unterricht in der Erstsprache
- Verbesserung der Zusammenarbeit zwischen Kindergarten und Volksschule
- eine gezielte Vorbereitung bzw. Ausbildung für Sprachtesterhebende im Sinne der Qualitätssicherung
- ein kostenloses und freiwilliges Förderangebot für Kinder ab 3 Jahren (DaZ und L1 Deutsch)

Die Möglichkeit einer Maturaprüfung aus „Deutsch als Zweitsprache" wurde als begrüßenswert erachtet. Einige TeilnehmerInnen merkten aber kritisch an, dass eine DaZ-Note im Maturazeugnis eventuell schlechtere Chancen am Arbeitsmarkt zur Folge haben könnte. Im Bezug auf „Mehrsprachigkeit als Bildungsziel" wurde vehement gefordert, die Mehrsprachigkeit bei der Leistungsbeurteilung und bei der Matura konsequent zu berücksichtigen. Ein Exkurs zur aktuellen Problematik der Bildungsstandards erfolgte sehr kontroversiell.

Eine angeregte Diskussion fand zum Aspekt „Umgang mit Fehlern" statt. Die Analyse und Klassifizierung sprachlicher Fehler und Abweichungen in schriftlichen Texten soll als Basis für ein zielgerichtetes Arbeiten und ein fachgerechtes Umgehen mit sprachlichen Abweichungen dienen. Die Korrektur sollte im Rahmen interaktiven Handelns zwischen dem /der SchülerIn und dem /der PädagogIn vorgenommen werden.

Generell wird ein Bewertungssystem angestrebt, das fördert und keinesfalls selektiert!

Die TeilnehmerInnen sprachen sich für eine intensivere Forschungstätigkeit aus. Forschendes Lehren ist ein Beitrag zur Professionalisierung des Lehrberufs. Dafür sollten vom Ministerium die notwendigen Ressourcen zur Verfügung gestellt werden.

Aus-, Fort- und Weiterbildung

Grundsätzlich wird von allen LehrerInnen eine wohlwollende Offenheit für SchülerInnen, die mit unterschiedlichen sprachlichen, kulturellen und sozialen Erfahrungen in die Schule kommen, erwartet. Es sollte ihnen gelingen, professionell mit Mehrsprachigkeit und interkulturellen Dynamiken umzugehen und den Schülern und Eltern mit Migrationshintergrund mit Toleranz und Wertschätzung zu begegnen. In der Ausbildung sowie Fort- und Weiterbildung müssen Aspekte wie Persönlichkeitsbildung, Selbsterfahrung, Selbstwahrnehmung, Fähigkeit zu Empathie und Konfliktmanagement neben den fachspezifischen Inhalten immer wieder fokussiert werden. Für einen gelungenen Unterricht ist die verstärkte Teamarbeit von PädagogInnen mit Fachausbildung, DaZ-LehrerInnen sowie MuttersprachenlehrerInnen notwendig.

Die Pädagogischen Hochschulen sind gefordert, dazu professionelle Angebote für die Ausbildung und Fortbildung zu konzipieren.

Die Hochschul-Curriculaverordnung – HCV (§§ 40 bis 43 Hochschulgesetz 2005, BGBl. I Nr. 30/2006) verordnet in diesem Zusammenhang Folgendes:

> § 3 (2) Die Studien sind unter Beachtung der gesellschaftlichen, pädagogischen, wirtschaftlichen, technologischen und bildungspolitischen Entwicklungen als wissenschaftlich fundierte und berufsfeldbezogene Hochschulbildung zu gestalten, wobei auf Anforderungen wie insbesondere […] Deutsch als Zweitsprache, [...] Herstellung internationaler, europäischer und interkultureller Bezüge […] Bedacht zu nehmen ist.

Der reale Studienbetrieb an den Pädagogischen Hochschulen entspricht nicht immer diesen Vorgaben:

Lehrveranstaltungen bzw. Lehrgänge wie „Interkulturelles Lernen" oder „Deutsch als Zweitsprache" werden nicht an allen Pädagogischen Hochschulen angeboten. Die in der HCV genannten Inhalte sind in den Curricula zu wenig verankert, obwohl das Interkulturelle Lernen in den Lehrplänen der Pflichtschulen expressis verbis als ein Unterrichtsprinzip festgeschrieben ist.

Bemerkenswerte Ansätze bieten bilinguale Schulversuche in Graz sowie die Ausbildung zum /zur TeamlehrerIn und zum /zur zweisprachigen LehrerIn (slowenisch-deutsch) an der Pädagogischen Hochschule Kärnten. In der Steiermark wird ein Lehrgang zum Thema „Interkulturelle Elternbildung" und in Kärnten der Lehrgang „Deutsch als Zweitsprache – Umgang mit sprachlicher und kultureller Vielfalt in heterogenen Klassen" erfolgreich angeboten.

Die TeilnehmerInnen forderten in diesem Zusammenhang
- eine bessere Vorbereitung auf die aktuelle Schulrealität
- eine Angleichung der Ausbildungen (Pädagogische Hochschule, Universität)
- bessere Arbeitsbedingungen für MuttersprachenlehrerInnen (Ausbildung, Bezahlung)

Als sehr wichtig und notwendig werden von den TeilnehmerInnen Fortbildungsangebote zum Thema „SchülerInnen mit Migrationshintergrund" erachtet. Lehrgänge für „Deutsch als Zweitsprache" stellen ein wertvolles Weiterbildungsangebot dar. Sie befähigen zur Durchführung eines kindgerechten, differenzierenden und handlungsorientierten DaZ-Unterrichts für SchülerInnen mit einer anderen Erstsprache als Deutsch sowie zur Umsetzung und Festigung der grundlegenden Ideen des Unterrichtsprinzips Interkulturelles Lernen in der Schule. Neben der Sprachkompetenz forcieren die Fortbildungsangebote auch die Sensibilisierung bezüglich der Vermittlung zwischen den Kulturen – die interkulturelle Pädagogik.

MuttersprachenlehrerInnen unterstützen die SchülerInnen beim Erwerb bzw. bei der Weiterentwicklung der Erstsprache. Sie übernehmen eine bedeutende Mittlerfunktion, wenn es darum geht, dass SchülerInnen mit Migrationshintergrund die Zugehörigkeit zum Sprach- und Kulturkreis ihrer Eltern bewusst wertschätzen. Die Förderung der Erstsprache ist ein Beitrag zur Identitätsbildung und eine sehr wichtige Voraussetzung zum Erwerb der Zweitsprache Deutsch. Die TeilnehmerInnen des Workshops traten für eine Aufwertung der MuttersprachenlehrerInnen ein. Mit dem Ziel einer vollwertigen Lehrerqualifikation sollte ein neues Ausbildungscurriculum für MuttersprachenlehrerInnen mit Migrationshintergrund entwickelt werden. Spezifische Erfahrungen und Kompetenzen sowie bereits zuvor erworbene Qualifikationen sollten angerechnet werden.

Begleitung von Eltern mit Migrationshintergrund

Die Auseinandersetzung mit der Thematik Interkulturelle Elternarbeit zeigt, dass die Elternarbeit eine anspruchsvolle Herausforderung an Lehrende darstellt. In der Praxis kommt es des Öfteren vor, dass sich Migranteneltern in Österreich nicht willkommen fühlen. Neben den sprachlichen Missverständnissen kommt es manchmal auch zu Missverständnissen bezüglich der Wertehaltungen und der Bedeutung von Schule. Die LehrerInnen sollten daher die Kompetenz, systematisch die eigene berufliche Tätigkeit zu reflektieren und die Qualität ihres Tuns durch Selbstevaluation zu entwickeln, aufweisen. Sie benötigen die Fähigkeit zur Weiterentwicklung ihrer persönlichen Handlungskompetenz in interkulturellen Begegnungen. Es sei betont, dass bereits im Erststudium von PädagogInnen die interkulturelle Elternbegleitung integriert sein sollte. Eltern mit einer anderen Erstsprache sind für unser Bildungssystem eine wertvolle Bereicherung und eine wichtige Ressource.

In der Auseinandersetzung mit der Frage „Wie können Eltern den Spracherwerb ihrer Kinder fördern?" wurde Folgendes festgestellt:
Zur Wahrung der Bildungschancen von Schülern mit Migrationshintergrund ist die Sprachkompetenz von großer Wichtigkeit. Das bedeutet, dass der Erwerb der Muttersprache sowie der Zweitsprache Deutsch intensiv gefördert werden muss – von den Eltern, den LehrerInnen und den Verantwortlichen der Bildungspolitik. Hierbei geht es darum, Eltern zu einer Auseinandersetzung mit ihrer Elternrolle und mit verschiedenen Erziehungsstilen anzuregen und sie in Bezug auf unser Schulsystem zu informieren und zu begleiten. Die TeilnehmerInnen berichteten sowohl über teil-

weise großes Interesse von Seiten der Eltern als auch über distanziertes Verhalten von Eltern. Nach wie vor arbeiten in den Elternvereinen zu wenige Eltern mit Migrationshintergrund aktiv mit. In diesem Zusammenhang sollten unbedingt Maßnahmen zur Bewusstseinsbildung für die Wichtigkeit der Integration von Eltern getroffen werden.

Ein Exkurs zur Problematik der Übersetzungsarbeit zeigte, dass die WorkshopteilnehmerInnen sehr unterschiedliche Auffassungen vertreten:

• Eine Simultanübersetzung wird befürwortet, da die Eltern mit einer anderen Erstsprache als Deutsch auch die Möglichkeit haben, einige deutsche Worte oder Phrasen zu hören bzw. zu verstehen. Diese Situation wird als vertrauensbildende Maßnahme betrachtet.
• Eine hierarchisch geprägte Situation kann sich durch die Anwesenheit eines Übersetzers/einer Übersetzerin ergeben. Es wird vorgeschlagen, dass die Lehrperson den Gesprächsinhalt dem/der ÜbersetzerIn übermittelt und diese Person schließlich die Gesprächsführung übernimmt.
• SchülerInnen, welche der Sprache der Migranteneltern mächtig sind, können Übersetzungsdienste leisten. Es ist zu bedenken, dass nicht alle Themen den Kindern und Jugendlichen zumutbar sind.

Zu bedenken ist jedenfalls, dass die gewählte Form der Übersetzung und Gesprächsführung Auswirkungen auf den Verlauf des Gesprächs hat.

Bedeutende Aspekte für eine gelungene Begegnung „auf gleicher Augenhöhe“ sind:

• Empathie, Interesse und Verständnis für die Situation von Eltern mit Migrationshintergrund
• Schaffung einer vertrauensvollen Atmosphäre
• gute Rahmenbedingungen und genügend Zeit für persönliche Gespräche
• ein respektvoller, wertschätzender Umgang miteinander
• Bereitstellung von allgemeinen und aktuellen Informationen zum österreichischen Bildungssystem
• Orientierungshilfe für den Alltag und für Erziehungsfragen
• Information über Möglichkeiten zur Unterstützung und Hilfe

Es ist festzuhalten, dass die Elternbegleitung und – beratung kontinuierlich und schultypenübergreifend gewährleistet werden sollte.

Abschließend sei betont, dass ein friedvolles Zusammenleben von Menschen mit Diversitäten hinsichtlich der Sprache und Kultur im Mittelpunkt der schulpolitischen und pädagogischen Bestrebungen stehen muss. PädagogInnen sind aufgefordert, die Vielfalt der Sprachen und Kulturen für den Unterricht zu nutzen und Mehrsprachigkeit und Multikulturalität als große Chance und Bereicherung zu erachten.

Wenn die Bildungseinrichtungen hinsichtlich der sprachlichen Förderung ihren Ansprüchen gerecht werden wollen, ist es unabdinglich, dass sich die Sprachbildung, im Sinne des lebenslangen Lernens, über die gesamte Ausbildungszeit hinweg erstreckt.

Martin Wurzenrainer
Anforderungen an Lehrende in der Erwachsenenbildung

In diesem Workshop-Crossing zum Themenschwerpunkt *Anforderungen an Lehrende* wurden aus den Vormittags-Workshops 4–7 die gesammelten Aspekte präsentiert und im Plenum intensiv diskutiert. Im Folgenden wird versucht, die Ergebnisse aus den Präsentationen mit den Diskussionsbeiträgen verknüpft darzustellen.

Die Arbeitsgruppe *Pädagogische Ausbildungen (WS 6)* brachte als Hauptaspekt die Forderung nach einer Verankerung der Themen *Frühe Mehrsprachigkeit, Migration* und *Interkulturelle Kompetenz* in alle pädagogischen Ausbildungen als Pflichtveranstaltungen ein. Das ist notwendig, da Unterrichtende und Lehrende unabhängig davon, ob sie an Kindergärten, Pflichtschulen, Höheren Schulen, Hochschulen / Universitäten oder im Erwachsenenbildungsbereich arbeiten, immer eine zentrale Mittlerfunktion zwischen den ZuwanderInnen und der Aufnahmegesellschaft übernehmen.

Neben diesen ausbildungsimmanenten inhaltlichen Forderungen wurden von den WorkshopteilnehmerInnen auch konkrete Forderungen nach Gleichstellung der Qualifikationsanforderungen von TeamlehrerInnen und Volks-/HauptschullehrerInnen eingebracht und in diesem Zusammenhang eine generelle Vereinheitlichung aller pädagogischen Ausbildungen auf Hochschulniveau, aber auch die Öffnung des Zugangs zu (schul-)pädagogischen Ausbildungen für Personen ohne österreichische Staatsbürgerschaft als notwendig erklärt.

Die Arbeitsgruppe *Erwachsenenbildung (WS 7)* beschrieb die Anforderungen an Lehrende als vielfältig und bezog sich dabei vor allem auf die so genannten „Integrationsvereinbarungskurse". Neben Problemen, die auf der großen Bandbreite an Heterogenität innerhalb einer LernerInnengruppe hinsichtlich unterschiedlich ausgeprägter Teilfertigkeiten, LernerInnenbiografien, sozialökonomischem Umfeld, Herkunftsländern etc. basieren, stellen auch administrative und juristische Auflagen durch politische Vorgaben erhebliche Anforderungen, die nicht selten die individuellen Ressourcen der Lehrenden überschreiten. Diese strukturell evozierten Konfliktsituationen spitzen sich in den „Integrationsvereinbarungskursen", die auf die geforderte Prüfung vorbereiten, zu; der positive Ausgang dieser Prüfung ist mit existenziellen Konsequenzen der Lernenden verbunden. Die Unterrichtenden in solchen Maßnahmen sehen sich durch die Politik dazu funktionalisiert, die teilweise existenzbedrohenden gesetzlichen Bestimmungen zu exekutieren.

In diesem Zusammenhang wurden die Ergebnisse aus der Arbeitsgruppe *Leistungsfeststellung und Dokumentation (WS 5)* in die Diskussion eingebracht. Hier wurde festgehalten, dass die Lehrenden in der Erwachsenenbildung zwar eine Leistungsüberprüfung durchführen müssen, dazu aber nicht bzw. nur unzureichend ausgebildet werden. Generell wird die momentan sehr defizitorientierte Leistungsfeststellung in Frage gestellt und das Ersetzen derselben durch eine Leistungsfeststellung und -dokumentation in Form eines Portfolios als effizientere Alternative betont. In solchen oder anderen alternativen Leistungsfeststellungsverfahren müssten neben der Hervorhebung von Stärken auch Leistungen unabhängig von Deutschkenntnissen, wie z.b. Qualifikationen, die im Herkunftsland erworben wurden, Eingang finden.

In diesem Kontext wurden die Aspekte *Leistungsfeststellung* und *Integrationsvereinbarung* intensiv diskutiert, da hier eine erhebliche Unzufriedenheit der Lehrenden vorherrscht, die vorrangig aus jenen Anforderungen resultiert, die über die eigentliche Tätigkeit als Unterrichtende hinausgehen. In der dazu sehr intensiv geführten Plenumsdiskussion wurden folgende Fragen und Forderungen aufgeworfen, die an die zuständigen gesetzlichen Vertreter adressiert sind:

- Warum werden Leistungen, die während des Integrationsvereinbarungskurs erbracht werden, vom Gesetzgeber nicht in die Leistungsfeststellung einbezogen?
- Wozu werden vom Gesetzgeber die Prüfungsergebnisse gesammelt?
- Was passiert mit den Ergebnissen?
- Es bedarf einer kritischen Reflexion seitens der Lehrenden und Trägerorganisationen bezüglich einer möglichen *Leistungsverwertung* der Testergebnisse durch den Gesetzgeber!

In der Arbeitsgruppe, die sich mit *Elternarbeit (WS 4)* beschäftigt hat, wurde insbesondere hervorgehoben, dass sowohl Kindergarten- und SchulpädagogInnen, aber auch andere Personen, die mit Eltern arbeiten, wie z.B. SozialarbeiterInnen, (Schul-) MediatorInnen, ElternbildnerInnen, etc. sich dessen stärker bewusst werden müssen, dass bei dieser Arbeit auch emotionale und nicht nur sachlich-informative Aspekte eine wichtige Rolle spielen. Deshalb ist es notwendig, die persönliche Einstellung zu den Themen *Migration* und *(Frühe)Mehrsprachigkeit* zu reflektieren und selbst zu evaluieren. Kritisiert wurden von den WorkshopteilnehmerInnen einerseits das mangelnde fachliche Wissen der Agierenden zu den Bereichen *Frühe Mehrsprachigkeit* und *Interkulturelle Kompetenz* und andererseits die – zumindest von den

WorkshopteilnehmerInnen so wahrgenommene – Kontaktvermeidung der PädagogInnen mit Eltern von ZuwanderInnenkindern. Allerdings wurde in diesem Zusammenhang die Kritik auf die durch die Politik vorgegebenen Rahmenbedingungen fokussiert, die es beispielsweise KindergartenpädagogInnen und SchuldirektorInnen oft aus Ressourcenknappheit verunmöglichen, eine offene und engagierte Elternarbeit zu leisten.

Vorschläge für eine Verbesserung der aktuellen Situation wären beispielsweise Angebote seitens Kindergärten und Schulen für Elterngespräche zu schaffen, noch bevor diese durch Konflikte notwendig werden, oder eine stärkere Einbindung der zugewanderten Eltern in Kindergärten und Schulen, um ihre Ressourcen zu nützen und sie in ihrer Rolle als MittlerInnen zwischen ZuwanderInnen und Aufnahmegesellschaft zu stärken..

Aus den Präsentationen und Diskussionsbeiträgen des Workshops sind zwei wesentliche Forderungen an die Politik abzuleiten:
Der Gesetzgeber ist dazu aufgefordert, Rahmenbedingungen zu schaffen, in denen auf allen pädagogischen Ebenen (Kindergarten, schulischer und außerschulischer Bereich, Erwachsenenbildung etc.) als Lehrkraft professionell und realitätsnah gearbeitet werden kann. Dazu gehören neben der Verankerung der Themen *(Frühe) Mehrsprachigkeit, Migration* und *Interkulturelle Kompetenz* in die Aus- und Weiterbildung auch geänderte Arbeitsbedingungen vor allem für Lehrende im Erwachsenenbildungsbereich, wie leistungsadäquate Entlohnung, Abschaffung der prekären und unsicheren Arbeitsverhältnisse, bezahlte Team- und Erfahrungsaustauschsitzungen, bezahlte aber auch verpflichtende Weiterbildung etc.

Es ist auch die Aufgabe der Politik, dass es in der Aufnahmegesellschaft und insbesondere im Bildungsbereich zu einem Umdenken kommt: Die Themenbereiche *Mehrsprachigkeit* und *Migration* müssen sprachenpolitisch durch konsequente Öffentlichkeitsarbeit positiv besetzt werden; sprachliche und kulturelle Vielfalt muss als Chance und Ressource und nicht als Abweichung von der Norm anerkannt werden.

Das Image der Lehrenden muss dringend eine – auch von außen wahrnehmbare – Aufwertung erfahren, indem auch vom Gesetzgeber und nicht zuletzt von der Aufnahmegesellschaft anerkannt wird, dass sie die zentrale Mittlerrolle zwischen ZuwanderInnen und Aufnahmegesellschaft innehaben.

Autorinnen und Autoren dieses Bandes

Reva Akkuş, Psychagogin und Kommunikationstrainerin.

Verena Blaschitz, Österreichische Akademie der Wissenschaften.

Klaus-Börge Boeckmann, Universität Wien, Institut für Germanistik, Lehrstuhl Deutsch als Fremdsprache.

Katharina Brizić, Österreichische Akademie der Wissenschaften.

Rudolf de Cillia, Universität Wien, Institut für Sprachwissenschaft.

Keziban Demirbaş, Beraterin Elternarbeit.

Margit Doubek, Österreichisches Sprachdiplom, Prüfungszentrale.

Maria Fill, Trainerin DaF/DaZ und Alphabetisierung, Verein Peregrina und WIHOK Universität Wien.

Elfie Fleck, Bundesministerium für Unterricht, Kunst und Kultur, Abteilung I/13a, Referat für Migration und Schule.

Julia Gartner, Studentin Deutsch als Fremdsprache und Anthropologie, Universität Wien.

Eva Grabher, okay. zusammen leben, Projektstelle für Zuwanderung und Integration.

Christa Haberleitner, Bildungsanstalt für Kindergartenpädagogik Pressbaum.

Barbara Haider, Volkshochschule Ottakring, Jugendbildungszentrum.

Elisabeth Harrasser, Verein LEFÖ.

Barbara Herzog-Punzenberger, Österreichische Akademie der Wissenschaften.

Angelika Hrubesch, Volkshochschule Ottakring, Jugendbildungszentrum.

Gordana Ilić Marković, HAK/HaS des bfi Wien und Universität Wien.

Nadja Kerschhofer-Puhalo, Sprachwissenschafterin und Lehrende, Verein Station Wien.

Hans-Jürgen Krumm, Universität Wien, Institut für Germanistik, Lehrstuhl Deutsch als Fremdsprache.

Thomas Laimer, Volkshochschule Ottakring, Jugendbildungszentrum.

Anna Lasselsberger, Bundesministerium für Unterricht, Kunst und Kultur, Abteilung I/13a, Referat für Migration und Schule.

Werner Mayer, Sprachförderzentrum Wien.

Imke Mohr, Universität Wien, Institut für Germanistik, Lehrstuhl Deutsch als Fremdsprache.

Verena Plutzar, Universität Wien, Institut für Germanistik, Lehrstuhl Deutsch als Fremdsprache.

Hans H. Reich, Universität Koblenz-Landau, Institut für Bildung im Kindes- und Jugendalter, Arbeitsbereich Interkulturelle Bildung.

Monika Ritter, Volkshochschule Ottakring, Alfa-Zentrum.

Barbara Rössl, Sprachwissenschafterin und Lehrende.

Sabine Schmölzer-Eibinger, Universität Graz, Germanistische Linguistik/Deutsch als Fremdsprache.

Marianne Seidel, Kooperative Mittelschule Geblergasse, 1170 Wien, und Sprachförderzentrum Wien.

Annette Sprung, Karl-Franzens-Universität Graz, Institut für Erziehungs- und Bildungswissenschaft, Fachbereich Weiterbildung.

Astrid Strießnig, Verein Hebebühne Tulln.

Murat Süsoy, Volksschule Darwingasse, 1020 Wien.

Dagmar Unterköfler-Klatzer, Pädagogische Hochschule Kärnten.

Sonja Winklbauer, Universität Wien, Sprachenzentrum.

Claudia Winklhofer, Pädagogische Hochschule Salzburg.

Martin Wurzenrainer, Verein Projekt Integrationshaus.

Fachtagung
Nachhaltige Sprachförderung

veranstaltet vom Netzwerk SprachenRechte
in Kooperation mit der Universität Wien,
verbal und ÖDaF
mit Unterstützung des bmukk und
der Stadt Wien

28.–29. Februar 2008

Universität Wien
Hörsaal C1 des Hörsaalzentrums des Universitätscampus
Spitalgasse 2, Hof 2
1090 Wien
und
Institut für Germanistik
Dr.-Karl-Lueger-Ring 1
1010 Wien

Donnerstag, 28.2.2008
Hörsaal C1, Universitätscampus Hof 2, Spitalgasse 2
Moderation: Nadja Kerschhofer-Puhalo

13.00–14.00 Anmeldung

14.00–14.15 Begrüßung
Verena Plutzar (Netzwerk SprachenRechte)
Franz Römer (Dekan der Philologisch-Kulturwissenschaftlichen Fakultät)
Hans-Jürgen Krumm (Institut für Germanistik)

14.15–15.30 Bildungschancen von MigrantInnen
- *Bildungsbe(nach)teiligung von Kindern und Jugendlichen mit Migrationshintergrund an österreichischen Schulen* (Barbara Herzog-Punzenberger, Österreichische Akademie der Wissenschaften)
- *Spiel mir das Lied vom Sprachtod. Bekannte und weniger bekannte Erkenntnisse zu Familiensprache und Bildungserfolg* (Katharina Brizić, Institut für Sprachwissenschaft, Universität Wien)
- *Lifelong learning? Partizipationschancen erwachsener MigrantInnen an/durch Weiterbildung* (Annette Sprung, Institut für Erziehungs- und Bildungswissenschaft, Universität Graz)

15.30–16.00 Pause

16.00–16.45 Sprachförderung in Österreich – eine Bestandsaufnahme
- *Angebote im schulischen Bereich* (Elfie Fleck, Bundesministerium für Unterricht, Kunst und Kultur)
- *Angebote im außerschulischen Bereich* (Rudolf de Cillia, Institut für Sprachwissenschaft, Universität Wien)

16.45–17.30 Ausbildungsangebote und Qualifikationsmaßnahmen für Unterrichtende in Österreich
- *Die Ausbildungssituation von Lehrenden an Schulen* (Klaus-Börge Boeckmann, Institut für Germanistik/ Deutsch als Fremd- und Zweitsprache, Universität Wien)
- *Qualifizierung für Unterrichtende im außerschulischen Bereich* (Verena Plutzar, Institut für Germanistik/ Deutsch als Fremd- und Zweitsprache, Universität Wien)

17.30–18.00 Pause

18.00–18.45 *Umgang mit und Förderung von gesellschaftlicher Mehrsprachigkeit im wissenschaftlichen Diskurs mit besonderer Berücksichtigung des Testens und Prüfens*

- *Förderung von Mehrsprachigkeit an Schulen – Bedingungen und Konsequenzen* (Hans Reich, Institut für Bildung im Kindes- und Jugendalter, Arbeitsbereich Interkulturelle Bildung, Universität Koblenz-Landau)
- *Sprache und Integration erwachsener MigrantInnen und Grenzen von Sprachtests* (Hans-Jürgen Krumm, Institut für Germanistik/ Deutsch als Fremd- und Zweitsprache, Universität Wien)

18.45–19.00 *Abschluss des 1. Konferenztags*

19.30 *Playback-Theater mit dem Ad-Hoc-Theater*

Freitag, 29.2.2008
Übungsräume des Instituts für Germanistik, Universität Wien,
Dr.-Karl-Lueger-Ring 1, Stiege VII und IX, 2. Stock

10.00–12.30 Workshops

- **Workshop 1: Kindergarten und Grundschule**
  – **Moderation:** Susannah Bständig (EVS Goldschlagstraße, 1150 Wien)
  – **Impulsreferate:** Marianne Erasimus (Niederösterreichische Landesregierung, Abteilung Kindergarten), Werner Mayer (Sprachförderzentrum Wien)
- **Workshop 2: Sekundarstufe I**
  – **Moderation:** Claudia Winklhofer (PH Salzburg)
  – **Impulsreferate:** Sabine Schmölzer-Eibinger (Universität Graz), Marianne Seidel (KMS Geblergasse, 1170 Wien)
- **Workshop 3: Sekundarstufe II inkl. berufsbildender Bereich**
  – **Moderation:** Imke Mohr (Universität Wien)
  – **Impulsreferate:** Anna Lasselsberger (bmukk, Referat für Migration und Schule und RGORG 1150 Wien), Thomas Laimer (Jugendbildungszentrum der VHS Ottakring), Gordana Illić Marković (HAK/HaS des bfi Wien und Universität Wien), Barbara Haider (Jugendbildungszentrum der VHS Ottakring)
- **Workshop 4: Elternarbeit**
  – **Moderation:** Maria Fill
  – **Impulsreferate:** Reva Akkuş (Psychagogin), Martin Wurzenrainer (Verein Projekt Integrationshaus), Keziban Demirbaş (Verein Station Wien)
- **Workshop 5: Leistungsfeststellung und Dokumentation**
  – **Moderation:** Angelika Hrubesch (Jugendbildungszentrum der VHS Ottakring)
  – **Impulsreferate:** Margit Doubek (Büro des Österreichischen Sprachdiploms), Barbara Rössl (Projektzentrum für Vergleichende Bildungsforschung)
- **Workshop 6: Pädagogische Ausbildungen**
  – **Moderation:** Renate Faistauer (Universität Wien)
  – **Impulsreferate:** Christa Haberleitner (BAKIP Pressbaum), Dagmar Unterköfler-Klatzer (PH Kärnten)
- **Workshop 7: Erwachsenenbildung**
  – **Moderation:** Ursula Makoschitz (peregrina)
  – **Impulsreferate:** Eva Grabher (Verein okay.zusammen leben, Dornbirn), Monika Ritter (Alfa-Zentrum Ottakring), Irmgard Stieglmayer (Verein Station Wien, VHS Floridsdorf, Weiterbildungsakademie Wien)

6 Themenschwerpunkte werden in den WS behandelt:
1. Status Quo im Umgang mit **Mehrsprachigkeit**
2. Wahrnehmung von **Ressourcen und Kompetenzen** der Lernenden an Stelle von Defizitorientierung
3. **Anforderungen an Lehrende**
4. Schaffung von **Kontinuität** bei Übergängen von und zu weiteren Schulstufen
5. Schaffung von **Geschlechtergerechtigkeit**
6. **Forderungen und Desiderata**

12.30–13.30 Mittagspause

13.30–14.45 Workshop-Crossing zu den Themenschwerpunkten
• Bericht und Austausch zu den Ergebnissen der Vormittags-Workshops 1 bis 7
• Auseinandersetzung mit den vorgegebenen Themenschwerpunkten und Diskussion

• **WS 8 a und b: Umgang mit Mehrsprachigkeit**
  WS 8a: Mehrsprachigkeit im schulischen Bereich
  – Moderation: Murat Süsoy (VS Darwingasse, 1020 Wien)
  WS 8b: Mehrsprachigkeit in der Erwachsenenbildung
  – Moderation: Verena Lammer (Sprachheilschule Wien)
• **WS 9: Ressourcenwahrnehmung und Kompetenzorientierung**
  – Moderation: Sonja Winklbauer (Sprachenzentrum der Universität Wien)
• **WS 10 a und b: Anforderungen an Lehrende**
  WS 10a: Anforderungen an Lehrende im schulischen Bereich
  – Moderation: Dagmar Unterköfler-Klatzer (PH Kärnten)
  WS 10b: Anforderungen an Lehrende in der Erwachsenenbildung
  – Moderation: Martin Wurzenrainer (Verein Projekt Integrationshaus)
• **WS 11: Kontinuität und Nachhaltigkeit in den Übergängen zwischen Bildungseinrichtungen**
  – Moderation: Heide Rosenmayr (VS Friesgasse, 1150 Wien)
• **WS 12: Geschlechtergerechtigkeit**
  – Moderation: Elisabeth Harrasser (LEFÖ), Astrid Strießnig (Hebebühne Tulln)

Parallel dazu wird ein **Katalog von Mindeststandards** durch eine Redaktionsgruppe formuliert.

Hörsaal C1, Universitätscampus Hof 2, Spitalgasse 2.

15.30–17.30 Podiumsdiskussion: Nachhaltige Sprachförderung: Utopie oder Praxis?

Moderation: Elfie Pennauer

Katalog der Mindeststandards – Präsentation
durch Hans Reich (Institut für Bildung im Kindes- und Jugendalter, Arbeitsbereich Interkulturelle Bildung, Universität Koblenz-Landau)

Diskussion mit VertreterInnen aus Politik und Wissenschaft
Katharina Cortolezis-Schlager (Stadträtin für Bildung, Wissenschaft und Wirtschaft), Sektionschef Dr. Anton Dobart (Bundesministerium für Unterricht, Kunst und Kultur), MMag. Gordana Ilić Marković (HAK/HaS des bfi Wien und Universität Wien), Univ.-Prof. Dr. Hans-Jürgen Krumm (Universität Wien, Univ.-Prof. Dr. Hans Reich (Universität Koblenz-Landau), OStR Prof. Dr. Karl Rieder (Pädagogische Hochschule Wien).

17.30 Abschluss
Arthur Mettinger (Vizerektor der Universität Wien)
Verena Plutzar (Netzwerk SprachenRechte)